北京市社会科学理论著作出版基金资助

汉译国外普通语言学典籍研究
（1906—1949）

Exploring the Chinese Translations of General Linguistic Classics: 1906-1949

贾洪伟 著

首都师范大学出版社
CAPITAL NORMAL UNIVERSITY PRESS

图书在版编目(CIP)数据

汉译国外普通语言学典籍研究＝Exploring the Chinese Translations of General Linguistic Classics：1906-1949/贾洪伟著．—北京：首都师范大学出版社，2017.9
ISBN 978-7-5656-3592-2

Ⅰ.①汉… Ⅱ.①贾… Ⅲ.①普通语言学－研究 Ⅳ.①H0

中国版本图书馆 CIP 数据核字(2017)第 134737 号

HANYI GUOWAI PUTONG YUYANXUE DIANJI YANJIU (1906—1949)
汉译国外普通语言学典籍研究（1906—1949）
贾洪伟 著

责任编辑	孙少红

首都师范大学出版社出版发行

地	址	北京西三环北路 105 号
邮	编	100048
电	话	68418523（总编室） 68982468（发行部）
网	址	http://cnupn.cnu.edu.cn
印	刷	北京九州迅驰传媒文化有限公司
经	销	全国新华书店
版	次	2017 年 9 月第 1 版
印	次	2017 年 9 月第 1 次印刷
开	本	890mm×1240mm 1/32
印	张	10.625
字	数	285 千
定	价	28.00 元

版权所有 违者必究
如有质量问题 请与出版社联系退换

代序一

中国没有开创科学的语言学，却为科学的语言学做出重大贡献，因为中国有相当发达的语文学，即前语言学。严格来说，语文学与语言学没有截然的界限，没有语文学就没有语言学，两门学科只是传承关系。所以要分开来说，在语言学上加上"科学"两字，并不代表语文学是不"科学"的，只是说明语言学使用了现代科学的成果，在理论和方法上更符合现代科学的范畴。语言进入现代科学的范畴是从历史语言学开始的，历史语言学就是建立在语文学基础上的，没有语文学的历史研究，就无法建立科学的历史语言学。中国的历史语言学如果离开了中国传统语文学中的文字、音韵和训诂等学问，必定寸步难行。中国音韵学中的声、韵、调分析法，至今是中国历史语言学，甚至现代语音学分析的一个基本概念和方法，中国语文学的成果如韵书和韵图至今是中国历史语言学比较不可或缺的资料。现代语音学引以为荣的音位概念和互补原则，在语文学中早就使用，否则几千年前创造的文字为什么大多是音位文字而不是音素文字就无法解释。语文学只是限于时代的局限性没有总结出科学的理论和方法。

在 20 世纪初"西学东渐"的热潮中，语言学也不例外，一些著名的学者从国外引进现代语言学，并用来研究中国的语言。那时的引进是兼容并包，不分学派，百花齐放，应该是与世界同步的。1949 年以后，情况大变，独尊苏联，全面关闭了引进西方语言学的通道。当时的苏联脱离了俄国语言学研究的优良传统，在政治高压下形成了一种只能在马列主义的理论指导下从事语言学研究的思潮。中国引进了这种研究思潮，以哲学的理论基础代替了学科的基础理论，形成一花独放，与苏联自成一派，远离了世界语言学发展的道路和共同进步的方向将近半个世纪。直至 20

世纪80年代改革开放时期,语言学才重新回到与世界接轨的正确方向,不仅引进科学的理论、先进的科技和方法,更重要的是解放了思想,激发了创造的力量。回顾这段令人深思的曲折历史,自有发人深省的地方。唐太宗说:"以史为鉴,可以知兴替。"所谓"兴替"就是温故知新,即回顾可以了解渊源开阔眼界,正视缘由深入现实,发现变化预测未来。原来在语言学界不太受关注的语言学史研究,像其他社会科学拨乱反正一样,"史"的研究重新受到关注。洪伟因时得势,顺应潮流,写出《汉译国外普通语言学典籍研究(1906—1949)》一书,意在推动语言学史研究,开辟新研究领域,构建新研究框架,贯通古今,融合中外,使语言学史的研究有所发见、有所推进、有所创造,是适应语言学研究和社会实践需要的一件值得花费精力来做的好事。

通读书稿,觉得本书有以下几个特点:

第一,研究时段选择在中国引进现代语言学萌芽期的半个世纪。这个时期是中国语言学筚路蓝缕的开创阶段,政治尚未统制学术,思想自由,视野宽阔,引进和译介者大多属于大师级人物和著名学者,他们大多博通古今,兼涉中外,引进和译介的典籍以及各自的著作,意义深远,流传至今。特别是这段历史所受关注不够,论述较少,值得进一步探究和介绍。

第二,作者构建了一个新的"述史"框架:以史带论,以论及人,沟通古今,论法结合,述议互照。作者不仅讲史,探讨中国语言学的发生和发展,而且全面介绍、评价和深入分析汉译典籍和有关著述的内容和方法,特别是详细介绍了译介者和著作者的生平、经历和成就,使读者能通过这些译著和作者更加清晰地认识这些典籍和著作的重要意义和深远影响。

第三,作者精通外语,在论史的过程中,便有了形实结合的新视角,即不仅探讨和研究史实,论述典籍的内容和方法;而且兼及译介形式和方法,比如术语和版式的流变和发展。这实际上已涉及学术和术语的规范及其历史,是前人在史论中很少关注的。名不正则言不顺,一个学科的发展,范畴的建立,分类的确定，术语的发展和规范是一个重大问题，作者以丰富的资料和深入的探讨为史论研究提出了一个新的研究领域和方向。

第四，作者着意介绍和研究了这些萌芽期引进的典籍和著作对语言学不同学科和门类的深远影响。包括语音、语义、结构、形态和类型等有关语言各种要素涉及的问题，以及历史语言学、心理语言学、社会语言学、民族语言学、应用语言学等语言学的各种学科。读者通过这些介绍和研究可以深入地了解中国语言学发展的脉络及其与国外语言学之间的渊源关系。附录中特别提供了《苏联语义学思想在中国：历史反思》一文，总结了中国语言学经历的曲折道路和经验教训，是一份值得一读的好资料。

这部著作虽然只是一部断代的语言学史，所述时间不长，却又像是一部学科史和学术史，除了给读者一种历史感受，同时也能激发读者对语言学学习和研究的兴趣，认识学科发展的过程和影响。希望这部著作的出版能在诸多语言学史的作品中产生令人耳目一新的感觉，这或许是作者的初衷，也是我们的期望。特此为序。

贺阳

中国人民大学文学院

2015 年 10 月

代序二

  语言研究,古今中外均有之。关于词物对应关系,古希腊学者立足语言符号的意义与形式、使用与起源,提出"本质论"与"约定论",形成了"规则论"与"不规则论"二元对立的语言研究传统。前者认为,词是由事物本质命名,二者自然地、不可分割地联系在一起,因此词与物常常是"一对一"的关系,如同一棵树在水中有个倒影,树是本质,树影则是树的体现;后者认为,词是由使用者规定或因习惯约定俗成的,二者任意地、不牢固地联系在一起,因此词与物常常是"一对多"或"多对一"的关系。前者被称作"本质论"或"规则论",后者被称为"约定论"或"不规则论"[①]。

  周秦诸子立足词语命名和语言使用提出"名实""正名""约定俗成"等学说。老子"名可名,非常名"主论命名及名实关系,实则涉及语义指称问题;孔子"君君、臣臣、父父、子子""信如君不君,臣不臣,父不父,子不子,虽有粟,吾得而食诸?""……名不正则言不顺,言不顺则事不成,事不成则礼乐不兴,礼乐不兴则刑罚不中,刑罚不中则民无所措手足。故君子名之必可言也,言之必可行也。君子于其言,无所苟而已矣。"主论政务与名实关系,实则涉及语言文字规范化使用问题;荀子"名无固宜,约之以命,约定俗成谓之宜"及"勿以奇辞以乱正名",主论名实对应关系和语言使用问题,实则涉及词物对应的关系问题及语言文字规范性使用的问题。此类思想散见于古代诸家文献,如《庄子·逍遥游》《尹文子·大道上》《公孙龙子·名实论》《公孙龙子·

  [①] 见王远新:《语义学学科史研究的新进展——〈国外语义学在中国的传播与影响〉序》,1页,上海:上海交通大学出版社,2014年。

指物论》《墨子·经说》《荀子·正名篇》等①。先秦诸子关于语言与意义、名与实的理论探讨，虽未发展成独立的系统的语言研究范式，但各派着眼辨识名实关系以求把握语言性质，自足诠释名实关系以求理解语言内容的研究思路，对后世语言研究产生了重要影响。西汉扬雄历经艰险撰毕《𬨎轩使者绝代语释别国方言》，其收集材料的方法就是现代社会语言学田野调查的基本方法②。东汉许慎《说文解字》分析小篆的内部结构，开创"据形系联"的部首归类法，揭示了汉字内部结构的系统性，为后人沟通传统训诂学的意义推求与建立新训诂学和现代语义学相关问题的关系阐释奠定了学理基础。

中国语言研究由传统小学走向学科化，自有学科发展的内部需求和外部促进因素，但不能忽略国外语言学的影响和推动作用。关于国外语言学的入华时间，不同文献说法不一，大致有依据印度胜论说、《马氏文通》语法说、章太炎立学科名目说、胡以鲁写作本土语言学著作说等观点。

中国传统语言研究历史久远，但现代语言学单列为学科必然关涉到章太炎于 1906 年在日本《国粹学报》第 24 至 25 期发表《论语言文字之学》，将语言研究命名为"语言文字学"这一史实。有关章氏之后至 1949 年的中国现代语言学断代史问题，虽见诸中国语言学史类的著述，但大都比较零散，缺乏系统性和充分性。具体而言，中国现代语义学史、国外语言学的中国化、中国传统语言学与中国现代语言学的比较研究、中国传统语言学治学方法与中国现代语言学治学方法的比较、中国现代语言学概念和术语的衍化等主题的史学研究，均有待深化和系统化。譬如，中国普通语言学的发端问题、中国现代语义学的发端问题、中国现代语言学的句法发端问题、国外语言学的传播路径、国外语言学的影

---

① 见王远新：《古代语言学简史》，13—20 页，北京，中央民族大学出版社，2006 年。

② 见贾洪伟：《田野调查与语言研究考察——兼述〈语言田野调查实录〉》，载《语言与翻译》，10—12 页，2013 年第 3 期。

响程度、中国现代语言学的阶段性特征、语言学术语的更替与规范化问题、影响中国现代语言学发展的内外部因素、学科史的启示意义等，均需条分缕析，深入探讨。

已有的中国语言学史类著述，或多或少涉及1906—1949年间中国普通语言学断代史问题，如王力《中国语言学史》（山西人民出版社，1981）、濮之珍《中国语言学史》（上海古籍出版社，1987）、邵敬敏等《中国理论语言学史》（华东师范大学出版社，1991）、王远新《中国民族语言学史》（中央民族大学出版社，1993）、何九盈《中国现代语言学史》（广东教育出版社，1995）、刘坚《二十世纪的中国语言学》（北京大学出版社，1998）、赵振铎《中国语言学史》（河北教育出版社，2000）、盛林等《二十世纪中国的语言学》（党建读物出版社，2005）等，对该期内容均有所涉及，但从总体来看，用力均有所不足，不是文献不全面，不能完整地呈现该期发展脉络；就是分期差异较大，未能细致、系统地呈现国外语言学在该期发展过程中的重大事件、重大变革、重要思想、重要术语更替及其影响和启示意义。

令人欣慰的是，《汉译国外普通语言学典籍研究（1906—1949）》（原为作者博士论文《西方普通语言学典籍汉译（1906—1949）及其对中国语言学的影响》，北京外国语大学，2011）弥补了这方面的不足。在撰写博士学位论文过程中，作者积累了大量语言学原始文献，且通过博士和博士后阶段的积累，掌握了学科史学的研究套路和写作规范，经过几年的增删与修改得以完成这部断代史著作。

作者秉承"史—论—法"有效结合的史学精神，以1906—1949年近半个世纪来国外语言学汉译典籍为对象，以国外语言学在中国的传播与影响为切入点，系统梳理国外普通语言学典籍在中国的译介与传播历程，细致分析语言学重要术语的衍化，准确界定国外普通语言学典籍汉译的学科史地位，反思其对中国语言学的启示，彰显了"述往事、思来者、明道理"的史学精神。

这部著作选题较好，构思严谨，材料丰富，史料翔实，分析得当,史实与文本分析相互连通。书末所附《论苏联语言学汉译历史分期(附苏联普通语言学典籍汉译大事记)》《苏联语义学思想在中国:历史反思》《国外普通语言学典籍译介大事记(1906—1949)》等,不但能有效地与该书正文建立互动关系,联系1949年后中国现代语言学和语义学的发展动向,还能有效地说明社会文化氛围与学科发展的关联具有一定的参考价值。总之,《汉译国外普通语言学典籍研究(1906—1949)》是一部有分量的语言学断代史、学科译介史著作,我作为作者的博士后合作研究导师,乐为之序。

王远新

中央民族大学少数民族语言文学系

2015年12月30日

前　言

　　20 世纪上半叶是中国现代语言学引进国外普通语言学理论的重要时期。虽然国内不少著作(特别是语言学史方面的著作)对这一重要时期有所涉及，但大多都不够详细，所涉及的文献也不是很全面，且以译介为着眼点，以译介文本为分析依据，并以此来展开论述和分析的著述就更为少见。

　　基于这种状况，本书以 1906—1949 年间中国引进国外普通语言学[①]的著述为分析依据，以引进国外普通语言学典籍的方法和途径为切入点，系统梳理该段时期中国译介国外语言学思想的历史，一方面有助于我们了解当时国人以何种方式引进了哪些理论，对中国现代语言学起了怎样的影响，对今日中国语言学的发展和语言教学有怎样的启示，如何在引进、模仿与创新之间寻求平衡；另一方面也有助于我们廓清中外语言学之间的承袭关系，为中国语言学史的探索提供必要的补充。

　　本书第一章回顾 1906—1949 年间汉译国外普通语言学典籍研究的历史与现状，界定译介的定义与研究范围，阐述选题目标与意义、研究问题与范围等；第二章梳理该期汉译国外普通语言学典籍研究的历史，根据传入路径、时间和译介方式等标准分期，总结各个时期的代表人物、著作及其特征；第三章集中分析该期的译介文本，归纳该期引进的术语，考察该期语言学术语的流变，总结该期中国语言学典籍译介的过程走向以及该时期中国语言学典籍印刷版式的流变；第四章从语言学本体（语音、结构、

[①] 本书之所以使用"国外语言学"而非"西方语言学"，其一是因为"西方语言学"本就是模糊所指，比较难于界定"印度胜论说"的归属问题；其二是因为"西方语言学"无法包括日本语言学、通过日本引进的苏联语言学以及从苏联直接传过来的苏联语言学。因而，若非引用，或已说明的特殊原因，本书一概以"国外语言学"统辖之。

形态与类型、意义等)和语言学分支学科(历史语言学、心理语言学、社会语言学、民族语言学、应用语言学等)两个层面,归纳该时期国外语言学典籍汉译对中国现代语言学本体各部门及其分支学科所产生的影响;第五章梳理中国传统语言学的治学方法和特点,介绍现代语言学治学方法的引进,论述中国传统语言学治学方法与现代语言学治学方法的差异,阐述引进现代语言学治学方法的意义;第六章总结该时期汉译国外语言学典籍的历史成因、影响该期语言学典籍汉译的因素、语言学典籍译介的作用、语言学典籍译介对中国语言学发展的影响和本书的研究发现,归纳该期语言学典籍汉译的启示以及本研究的不足与展望。

本书创新点有四:

第一,以国外语言学典籍汉译的方式和途径为分析依据,梳理该期中国译介国外现代语言学思想的成果,划分国外现代语言学思想在中国的传播和接受的历史,归纳重要人物、作品及其该期的主要特征,是同类研究中最为系统和全面的第一部断代史和语言学译介史著作。

第二,从译介方式入手,以文本分析为依据,采用考证和比较分析法探明国外语言学思想对中国现代语言学的影响以及影响的程度和范围,同时还追溯不同文本之间的关联,还原该期中国语言学发展的原貌,为叙述中国现代语言学史提供佐证。

第三,梳理该期中国现代语言学的重要概念、术语及其演变的脉络及其对中国现代语言学产生的影响,同时归纳中国现代语言学的研究方法及其与中国传统语言学治学方法间的差异。

第四,对该期汉译国外普通语言学典籍研究给予学科史的定位与评价,反思该段历史对中国现代语言学研究的启示:语言学研究须重视模仿与创新间的平衡,注意引进的新理论对现有语言学研究的推动作用,重视不同语言间的参照比对,期望能为中国现代语言学史和语言学译介史研究提供借鉴和启迪。

本书发现有六:

第一,通过文本阅读,确立了西方普通语言学思想传入中国的具体时段,且每个著作译者的关注点不同,各部著作之间没有紧密的关联,在语料的取舍方面尺度各异,即:这些著作所用的外文语料不够全面,甚至根本缺少相应的语料,而且理论上的独立思考也不够充分。

第二,20世纪30年代以前与30年代以后的语言学著述在印刷版式方面差异较大。

第三,1949年前中国已经引进外国有关应用语言学、社会语言学、民族语言学、历史语言学、语言学史、语言与思维等研究的思想,且已经开始相关的研究和实践。

第四,在这个时间范围内,中国引进的语言学典籍,有的在本国地位并不高,影响也不大,其引进完全是受到当时国际大环境的影响,如有关国际语和世界语的著述。

第五,该期的语言学典籍,模仿和译介多于对比和创新,其对中国现代语言学的创新研究和国外语言学新理论的引进,须做好对比、模仿和创新间的平衡。

第六,中国现代语言学并非是西方现代语言学的舶来品,而是中国传统语文学研究与国外现代语言学理论相结合的产物。

作为一部以1906—1949年间国外普通语言学译介文本为分析主题的专著,本书尚未穷尽此期所有文献,且就现有分析而言,也不可能面面俱到,现有的不足留待以后撰文阐述。因作者才疏学浅,书中肯定有不当和错漏之处,希望大方之家不吝指正。

目 录

第一章 绪 论 …………………………………………… （1）
  - 一、选题目标与意义 ………………………………… （1）
  - 二、研究问题与范围 ………………………………… （2）
  - 三、历史与现状综述 ………………………………… （3）
  - 四、语言学典籍译介史研究的特点 ………………… （11）
  - 五、语言学典籍译介史研究的方法 ………………… （14）
  - 六、译介的概念界定 ………………………………… （16）
  - 七、本书结构 ………………………………………… （47）

第二章 语言学典籍译介研究概述与分期 …………… （48）
  - 一、典籍译介的历史综述 …………………………… （48）
  - 二、历史分期 ………………………………………… （54）
  - 三、本章小结 ………………………………………… （61）

第三章 20世纪上半叶普通语言学典籍译介文本分析 …… （62）
  - 一、译述文本分析 …………………………………… （62）
  - 二、编译文本分析 …………………………………… （88）
  - 三、直译文本分析 …………………………………… （120）
  - 四、转译文本分析 …………………………………… （141）
  - 五、特殊文本分析 …………………………………… （154）
  - 六、术语引进 ………………………………………… （164）
  - 七、语言学术语的流变 ……………………………… （165）
  - 八、译介的过程走向 ………………………………… （195）
  - 九、写作出版规范的演变 …………………………… （196）

十、本章小结 ································· (198)
第四章　典籍译介对中国现代语言学本体及其分支的影响
　　　　　 ····································· (199)
　　一、语言学本体 ································· (199)
　　二、语言学分支学科 ······························ (209)
　　三、本章小结 ································· (224)
第五章　典籍译介对中国语言学研究方法的影响 ············ (226)
　　一、中国传统语言学研究方法 ······················· (226)
　　二、现代语言学研究方法的译介 ····················· (233)
　　三、传统语言学研究方法与现代语言学研究方法的差异
　　　 ····································· (235)
　　四、引进现代语言学研究方法的意义 ··················· (237)
　　五、本章小结 ································· (238)
第六章　余　论 ··································· (239)
　　一、20世纪上半叶国外语言学典籍汉译的历史成因
　　　 ····································· (239)
　　二、影响20世纪上半叶中国译介国外语言学典籍的因素
　　　 ····································· (242)
　　三、20世纪上半叶中国译介国外语言学典籍的作用
　　　 ····································· (244)
　　四、语言学典籍译介对中国语言学发展的影响 ·········· (245)
　　五、20世纪上半叶中国译介国外语言学典籍的启示
　　　 ····································· (246)
　　六、研究发现 ································· (248)
　　七、不足与展望 ································ (249)
附录1　论苏联语言学汉译历史分期 ··················· (251)
附录2　苏联语义学思想在中国：历史反思 ············· (271)
附录3　20世纪上半叶中国译介国外语言学典籍分布表
　　　 ····································· (283)
附录4　20世纪上半叶语言学典籍译介者信息 ·········· (285)

附录5　语言类型划分术语译介表 …………………… (287)
附录6　20世纪上半叶中国文法研究方法演变表 ………… (288)
附录7　国外普通语言学典籍译介大事记(1906—1949) … (289)
参考文献 …………………………………………………… (300)
参考文本 …………………………………………………… (306)
后记 ………………………………………………………… (319)

第一章 绪 论

一、选题目标与意义

迄今为止，本书探讨的话题——语言学典籍译介史（1906—1949），在史籍之中，只有马祖毅主编的《中国翻译通史·现当代部分（第一卷）》（湖北教育出版社，2006）及邵敬敏与方经民合著的《中国理论语言学史》（1991）稍有涉猎。

目前，国内外对国外普通语言学典籍给予通史性研究的，只有德国学者海恩瑞奇（Patrick Heinrich，出生日期不详）的《西方语言学在日本的接受》（*The Reception of Western Linguistics in Japan*，2002）和中国姚小平教授在台湾辅仁大学的讲座记录文稿《中国语言学典籍汉译史》（2007）。而对语言学典籍译介史的阶段性研究，即断代史研究，尚未发现。

本书对自1906年章太炎提出"语言文字学"到1949年的语言学典籍的译介给予断代史研究，拟从横、纵两个层面全面地考察1906—1949年间中国语言学典籍的译介状况，旨在挖掘当时国人学者的译介动向、译介方法的使用、术语的演变与更替、语言学思想和研究方法的流变，揭示中国语言学在萌芽时期发展的轨迹、特点、成就及其对中国语言学所产生的影响。最终，中国普通语言学思想与国外普通语言学思想的源流关系得以清晰地呈现。

本研究的现实意义有四：（1）有助于了解当时国人以何种方式，引进了哪些语言学理论，对中国现代语言学产生怎样的影响？（2）有助于了解20世纪上半叶中国译介国外语言学典籍对中国语言学的发展和语言教学的开展具有怎样的启示？（3）今日中国语言研究和语言教学如何在引进、模仿与创新之间寻求平衡？(4)有助于廓清中外语言学之间的承袭关系，以图为中国语言学史的探索和书写提供必要的补充。

本研究的理论意义有三：(1)本研究属于断代史研究，涵盖了专题史的内容及文本的微观分析，可丰富国内语言学史的类型研究；(2)为今后国内开展以译介为切入点的史学研究提供借鉴；(3)揭示学科史学研究的重要性，以便更好地定位语言学史的学科地位。

二、研究问题与范围

1. 研究问题

20世纪上半叶中国语言学史有一个特征：以翻译介绍外国语言学理论为主。这些外国普通语言学理论和思想的传入方式不一，有的是译述，有的是编译，有的转译，有的是直接翻译，在语音、词汇、语法、句法、语义、语言起源等层面对中国语言学的萌生和建立起到了重要的作用。那么，这些理论著作的译介是否存在规律？这些译介作品以什么方式行使其作用？对中国早期现代语言学产生了怎样的影响？当时是什么因素导致国外普通语言学理论和思想以这种方式传入中国？中国早期现代语言学典籍译介过程中是否产生术语和思想的"误读"？如果有，产生了何种影响？这些构成了本书研究的主要问题。

2. 研究范围

本书的研究范围分为文本和内容两个层面。文本范围主要是针对中国普通语言学典籍中的译述作品、编译作品、转译作品和译著等加以纵向探讨。而内容范围则针对20世纪上半叶中国普通语言学典籍文本的构成、译介方法与特点、语言学术语的流变和该期国外普通语言学典籍对中国普通语言学思想和方法的影响等给予横向和纵向探索，找出典籍译介背后隐藏的原因及规律。

三、历史与现状综述

文献综述旨在介绍和分析本项研究在国内外的研究状况,以便从中发现前人不足之处,抑或是前人所未发现的问题,给当前的研究提供新的视角、历史的佐证及可供承袭之处。20世纪上半叶汉译国外普通语言学典籍论题的综述,由语言学史和翻译史文献中有关本课题的研究综述和国内外相关的研究现状两部分构成,以窥视前人研究的不周之处以及国内外当前对汉译普通语言学典籍研究的状况与程度。

1. 语言学史文献中有关本课题的研究综述

从现有语言学史史料看,对1906—1949年间中国普通语言学的发展状况给予关注的,始于北京大学岑麒祥教授编著的《语言学史概要》(1957)。在新版(2008:294—297)中,他用了近三页的篇幅介绍该阶段中国普通语言学的发展状况,其着眼点是该历史阶段从事的文法研究状况,只是附带地提及了语言学的一些著述,如胡以鲁《国语学草创》(1913)①、张世禄《语言学原理》(1931)和岑麒祥《语音学概论》(1939),且把后两部归入高校教材。不管是语法学的著述还是语言学的文献,他都详细地交代了有关文本的细节,偶尔也会述及这些书籍所受国外语言学思想的影响。岑麒祥(1957;2008)偏重于汉语语法研究的著述,原因可能在于:自1906年起,国人运用国外语言理论研究汉语语法,旨在认识汉语在普通语言学中的地位,尚未顾及普通语言学的理论层面。

在《中国语言学史》(1981)的"西学东渐"时期,王力探讨瑞典汉学家高本汉(B. Karlgren,1889—1978)②的汉学研究对中国语

---

① 胡以鲁:《国语学草创》,首版于1912年,后于1913、1915、1923、1930、1933、1935等年分别再版,详见第三章第一节。

② 对相关作者的生卒年月,本书采取首次注释方式,其后一律省略不计。

言学产生的影响及其《中国音韵学研究》和《汉语词类》的翻译问题，也附带谈及马伯乐（H. Maspero，1883—1945）和西门（Walter Simon，1893—1981）等人的成就和影响（王力，1981：195）。他认为，在国外语言学的影响下，中国做出的成果并不多。在仅有的几本著述中，他对沈步洲的《言语学概论》（1931）并不看好，"倒反是胡以鲁的《国语学草创》里面介绍了不少普通语言学①的知识，可惜译名过时了，现在的人不容易看懂了"（王力，1981：206），且"胡以鲁在他的《国语学草创》中，一方面介绍西方的语言学说，另一方面也介绍了他的老师章太炎的语言学。但是，'中西合璧'是做不好的②"（王力，1981：206—207）。书中王力只提及这几部有关普通语言学的著述，并认为也就胡以鲁（1913）和沈步洲（1931）具有一点代表性，可见他对这段历史时期的普通语言学所持的态度。

在《中国语言学史》（1987）中，濮之珍从马建忠的《马氏文通》（1898）开始论述中国语言学的"萌芽期"。她认为，《马氏文通》是中国语法学诞生的标志，并从理论上给予比前人更为详尽的评述（濮之珍，1987：462—479）。关于中国现代语言学，她论述了章太炎《论语言文字之学》（1910）③、胡以鲁《国语学草创》（1913）、高本汉《中国音韵学研究》（1926）等理论著作，并肯定了各自的历

---

① 有关普通语言学是什么的问题，仍有学者存在疑问，甚至在笔者博士论文答辩时，还曾引发多位学者之间的论争。其实，早在20世纪五六十年代，苏联笼罩下的语言学著述对此问题均有涉及。譬如，按照契科巴瓦教授拟定的普通语言学大纲，岑麒祥编写了《普通语言学》（1957）一书。该书第一章第一节"普通语言学的意义"以"什么是普通语言学"和"普通语言学的任务"两节探讨普通语言学的定义问题。有关这一问题的答案，可扼要归纳如下：其一，普通语言学就是语言学的一部分，即它的理论部分；其二，普通语言学是就各种语言的描写研究、历史研究和历史比较研究的结果加以概括而成；其三，普通语言学的任务在于：阐明语言的本质、起源和演变，分析语言所采用的方法，确定语言的构成及其构成的各个部门，认定语言学在科学体系中的地位等（参见岑麒祥，1957：1—4）。

② 这一评述是不公允的，但本部分的着眼点不在此处，故不详论。

③ 《论语言文字之学》首次于1906年发表在《国粹学报》第24、25两期，而于1910年出版的是《语言缘起说》，收入《国故论衡》（1910）。

史价值,同时也言及这些著述所受到的国外语言学理论的影响,但涉及不多。此外,她认为,胡以鲁《国语学草创》(1913)是中国第一部语言学理论著作(濮之珍,1987:477),对胡以鲁在中国普通语言学建立过程中所做出的贡献给予了充分的肯定。但濮著没有涉及文本的分析和翻译文本对中国普通语言学发展产生的影响。

在《中国理论语言学史》(1991)中,邵敬敏和方经民翔实而系统地论述了《国语学草创》(1912)、《语言学大意》(1923)、《言语学通论》(1930)、《言语学概论》(1931)、《语言学原理》(1931)、《中国语言学研究》(1933)、《语言学通论》(1937)、《语言学概论》(1945)①等中国20世纪上半叶的语言学著作,详细地交代了这些著述的特点、影响及其与国外语言学间的源流关系。此外,作者还对中国语言学发展的特征给予了阶段性的总结:"(一)以翻译介绍外国语言学理论为主,然后用一些汉语事实予以说明、补充,然而真正做到全面、系统、科学评述的则还不多;(二)各分支学科局部的理论研究较有成绩,某些领域还颇有特色,然而高度概括的一般语言学理论的研究却较少;(三)运用国外现成的语言学理论和方法来分析汉语事实做得比较好,但从汉语研究或汉藏语研究中总结出若干语言学理论(的)却很少"(邵敬敏,1991:31)。这是迄今为止对中国普通语言学著述中的译介阐述得较为详细和广泛的著作。

在《中国现代语言学史》(1995)中,何九盈把中国20世纪上半叶普通语言学的内容安排在第一章("现代语文运动")的第四节。他首先简介这段历史时期各位学者的著述,如章太炎《国故论衡·语言缘起说》(1910)、《文始》(1910)和《新方言》(1907),胡以鲁《国语学草创》(1913),乐嗣炳《语言学大意》(1923),王古鲁《言语学通论》(1930),沈步洲《言语学概论》(1931),张世禄《语言学原理》(1931),雷通群《言语学大纲》(1931),张世禄与蓝

---

① 周辨明、黄典诚译著,1945年由国立厦门大学出版,共480页。

文海《语言学通论》(1937)等；然后把沈步洲《言语学概论》作为个案，窥见当时语言学典籍的整体面貌，认为"基本面貌差不多，论题大同而小异"(何九盈，1995：62)。最后，在这些语言学典籍的基础上，他对该期的语言学给予总体的评述。其中，何氏关于中国语言学著作对国外语言学理论的引进、翻译和借鉴，探讨得十分充分，并论述叶斯伯森(Otto Jespersen, 1860—1943)、施来哈尔①(August Schleicher, 1821—1868)、索绪尔等人的理论，追溯其对中国语言学的影响。

在刘坚主编的《二十世纪的中国语言学》(1998)第十五章"二十世纪的中国普通语言学"中，石安石将20世纪20年代到现在(1996)分为三个时期：启蒙时期、起步时期和进展期。在启蒙期(20年代初至40年代末)，石氏按照"普通语言学""语音学"和"语义学"的次序阐述这段史实。在普通语言学部分，他主要涉猎了胡以鲁《国语学草创》(1923)，乐嗣炳《语言学大意》(1923)，王古鲁《言语学通论》②(1930)，沈步洲《言语学概论》(1931)，张世禄《语言学原理》(1931)、《语言学概论》(1934)、《语言学通论》(1937)，并将同属普通语言学的《语言学概论》(周辨明、黄典诚，1945)放在语义学(李安宅《意义学》)后面，标明出版日期为1985年。他认为，虽然胡以鲁《国语学草创》(商务印书馆，1923)"'介绍了不少普通语言学的知识'，为同时期各种语言学著作提及和引用，但它毕竟是一部讲汉语的理论著作，是一部'汉语概论'，而不是普通语言学专著"(石安石，1998：684)，并认为胡以鲁在北大讲授语言学时所写的《言语学讲义》才是普通语言学的著述。他否定了胡以鲁(1912)在中国普通语言学史上的标志性作用，反倒是推举篇幅不大的乐嗣炳著《语言学大意》(1923)为中国"第一部普通语言学著作"(石安石，1998：684)，详细地阐述了该书的

---

① 也述及了施氏和其他几位语言学家的不同译名。
② 石氏原文(1998：684)为："王古鲁《语言学通论》"，实为：王古鲁《言语学通论》(世界书局，1930)。

内容细节和受欢迎程度。另外，他对每本著作都给予了详细的阐述，特别推举张世禄和沈步洲的两部概论并加以对比。

在《中国语言学史》(2000)中，赵振铎以五四为中国语言学发展的"分水岭"，将章太炎放在"清代至五四时期"来讨论。他从内容、方法、理论根源及其利弊等方面透彻地评述章氏的语言学理论。在"五四至八十年代"部分，他自胡以鲁开始，提及沈步洲《言语学概论》(1931)、王古鲁《言语学通论》(1930)和乐嗣炳《语言学大意》(1923)①等，然后谈到张世禄《语言学原理》(1931)、《语言学概论》(1934)和张氏与蓝文海《语言学通论》(1937)，继而对岑麒祥、方光焘、高名凯等人的著述给予详略不一的评述，其中评述得最为细致的当属胡以鲁和张世禄二人的著述。

在《二十世纪中国的语言学》(2005)中，盛林、宫辰和李开等把马建忠《马氏文通》(1898)、章太炎《语言缘起说》(1910)和高本汉《中国音韵学研究》(1926)等视为"泽被百年的语言文字学三大奠基之作"，并对其加以深层次的挖掘和评述；然后对胡以鲁《国语学草创》(1912)、沈步洲《言语学概论》(1931)、张世禄《语言学概论》(1934)、林语堂《语言学论丛》(1931)等给予系统的梳理和评述，且详细地交代了各自所受到的国外语言学思想的影响。

在《中国语言学史》(2006)中，邓文彬以马建忠《马氏文通》为中国普通语言学的开端并展开论述；继而对20世纪上半叶中国普通语言学的著述给予总体的评论，认为"建国前的这些普通语言学著作，都是介绍或借鉴国外普通语言学理论的，有的甚至还是直接翻译的，一般都是把国外语言学理论拿来结合汉语的实际加以阐发，在语言学理论上很少有自己的创见"(邓文彬，2006：314)。其中，论述最为详细的是《国语学草创》，对其余(乐嗣炳、王古鲁、沈步洲、张世禄等)只是交代了基本的出版信息。

纵观与这段历史相关的语言学史文献，对语言学典籍的译介

---

① 此处，赵振铎先生只是提及，没有提供各书籍的出版时间和出版机构。此外，王古鲁的《言语学通论》还缺了"通论"二字。

涉及较多的是邵敬敏与方经民合编《中国理论语言学史》(1991)，以及何九盈《中国现代语言学史》(1995)。前者把译介看作语言学典籍阶段性特征，即"以翻译介绍外国语言学理论为主，然后用一些汉语事实予以说明、补充"(邵敬敏，1991：31)；后者则在总体评价部分着重中国语言学著作对国外普通语言学理论的引进、翻译和借鉴的探讨，并以理论个案的形式追述其对中国语言学的影响。通过对上述文献的介绍、分析和总结，笔者发现几乎所有的文献都存在如下特征：

(1)典籍文献的掌握不够全面。类似的典籍还有章士钊译《情为语变之原论》(1930)、周辨明编译《万国通语论》(1933)、李安宅编译《意义学》(1934)、孙伯坚转译《言语学与国际语》(1935)、董世礼译注《日耳曼语系研究》(1935)、李安宅《巫术与语言》(1936)、魏龙译《中国新文字的文法和写法》(1936)、徐沫译《新兴言语理论》(1936)、林祝敔译《比较文字学概论》(1940)、林祝敔编译《语言学史》(1943)、水夫编译《人怎样开始讲话》(1949)等，其中石安石对李安宅(1934)和林祝敔(1943)有所涉及，但不够深入和系统。

(2)对20世纪上半叶中国普通语言学的开端划分不一，有的以马建忠(1898)为开端，如濮之珍(1987)、盛林(2005)、邓文彬(2006)等；有的以胡以鲁(1912)为开端，如岑麒祥(1957)、王力(1981)、邵敬敏和方经民(1991)等；有的以章太炎(1906/1910)为开端，如何九盈(1995)、赵振铎(2000)、贾洪伟(2014)等；有的以乐嗣炳(1923)为开端，如石安石(1998)等。

(3)因著者的个人偏好和主观选择，文本分析的均衡度不够，有的著述一带而过，如赵振铎(2000：473)、邓文彬(2006：314)等；有的过于详细，如赵振铎(2000：413—427)、邓文彬(2006：214—217)等；有的过于简约，如何九盈(1995：62—63)等。这样就导致整本书中对各个部分的分布不均匀，每个部分又对各个层面造成不均匀的分布，因而导致部分史实未能得以充分呈现。

(4)文本分析的准确度不够，导致某些文本时常出现有关文本分析性的错误,如认为黎锦熙的"句本位"观是依照《纳氏文法》而提出的①(邓文彬,2006:220)。

此外,在早期的语言学典籍中,"模仿"或"借鉴"是普遍存在的,其体现的形式或借鉴的方式就是译介或翻译,这就构成了这一阶段语言学典籍的一个显著的特征。

2. 翻译史中有关本课题的研究综述

就现有翻译史的文献看,对20世纪汉译国外普通语言学典籍给予关注的,仅有马祖毅主编的《中国翻译通史·现当代部分(第一卷)》(2006)的第二十章"语言学"。书中按照时间顺序举列了自章太炎始至2000年的语言学著作信息,无历史分期,也未做分类单独阐述,近似于语言学大事记,且其中穿插着国外语言学家的介绍,如生平、教育背景、语言理论观点等。

马祖毅(2006)虽从章太炎谈起,却未提及章氏的重要著述《论语言文字之学》(1906),还认为"我们一般称'五四'运动以后的语言学为中国现代语言学"(马祖毅,2006:699),继而扼要地列举了胡以鲁《国语学草创》(1923)所受到的外来影响,并将其定义为"中国现代语言学史上第一部汉语概论性质的著作"(马祖毅,2006:699)。之后,他列举了该时期重要的几部语言学著作:乐嗣炳《语言学大意》(1923)、王古鲁《言语学通论》(1930)、沈步洲《言语学概论》(1931)、张世禄《语言学原理》(1931)、雷通群《言语学大纲》(1931)、张世禄《语言学概论》(1937)等,所提供的信息基本上取自各部著作的序言。

综上所言,该著的特点可以总结如下:

(1)有关20世纪上半叶中国普通语言学典籍的文献掌握不全面、不充分,类似的直译本、转译本和编译本还有很多文献,如章士钊译《情为语变之原论》(1930)、周辨明编译《万国通语论》(1933)、李安宅编译《意义学》(1934)、孙伯坚转译《言语学与国

---

① 有关黎锦熙(1924)中"句本位观"的缘起问题,参见拙文《〈新著国语文法〉思想溯源》(《和田师范专科学校学报》,2013年第2期)。

际语》(1935)、李安宅编译《巫术与语言》(1936)、徐沫译《新兴言语理论》(1936)、林祝敔译《比较文字学概论》(1940)、林祝敔编译《语言学史》(1943)、水夫编译《人怎样开始讲话》(1949),等等。

(2)提供的文本信息过于简单,只提供了版权人、出版者、出版年、著作名等信息,没有涉及译介的内容和方式。

(3)提供的内容和文本信息与事实不符,如胡以鲁《国语学草创》的版本信息、王古鲁《言语学通论》的书名信息等。

(4)中外语言学家的介绍与文本信息混杂交织,给读者辨识著作信息造成障碍。

3. 国内外语言学典籍翻译的研究现状

纵观国内外语言学界和翻译界的相关文献,只有德国学者海恩瑞奇(Patrick Heinrich)和北京外国语大学姚小平教授对语言学典籍的翻译问题做过相关的深入探讨。海恩瑞奇以《西方语言学在日本的接受》(*The Reception of Western Linguistics in Japan*, 2002)为题,对西方语言学在日本的译介及日本语言学科的发展做通史性的研究,并以此文获得博士学位。而姚小平教授是应邀赴台湾辅仁大学外语学院讲学所做的专题报告,后经整理成文。

海恩瑞奇(2002)涵盖近120年的日本语言学研究,从战前及战后两部分阐述影响和促成日本语言学的历史状况。战后部分细分为数节,阐述历史语言学、结构语言学及后结构语言学。他把日本语言学的发展分为三个历史阶段(1890—1930、1930—1970和1970年至今),认为这三个阶段体现了日本语言学研究与西方语言学研究之间不断融合的历史特征。他认为,日本语言学典籍翻译的研究能够揭示日本语言学的历史特征,主要涉及译自西方语言学专著的数量及其内容等。此外,为了梳理日本语言学典籍翻译的历史,他还做了一份日本语言学翻译大事记[①]。

---

① 有关日本语言学典籍翻译大事记,详见其所在大学的网页:http://www.uni-due.de/japan/trans_en.shtml;有关海恩瑞奇博士论文,请参考海恩瑞奇的网络链接:http://www.uni-due.de/japan/research_ph_en.shtml(2009年4月)。现因海恩瑞奇博士到其他学校从事日语发展史研究,原来院校已删除原有相关内容。

在"语言学典籍汉译史"①(2007)中,姚小平将这段时期(1906—1949)看作"汉译史四个阶段②"中的萌动期:20世纪前半叶。在国外语言学典籍汉译史的萌动期部分,他首先界定了术语"典籍",然后阐述了"国语学""言语学""语言学"的流变,同时举列出这一历史阶段的主要著述;继而以王古鲁的《言语学通论》(1930)为例,说明语言学典籍汉译所呈现的状态、在中国的接受过程及人们对翻译作品的态度。最后,在纵观历史发展的情况下,他总结了中国出现语言学典籍汉译的历史原因,以及在那个特定时代译介文本较少的因由。该文以翻译视角为切入点来论述中国语言学著述汉译史。跟其他的史学著述相比,这篇论文没有把语法学的典籍囊括在内,这与作者对"语言学典籍"的界定有关。

由上述可见,普通语言学典籍的翻译是日本接触欧洲语言学的重要途径,从而构成了日本语言学的一个重要特征。因此,要研究欧洲语言学在日本的早期接受课题,语言学典籍翻译是必不可少的研究要素。就中国普通语言学典籍而言,姚小平(2007)是研究语言学典籍翻译的专题文章,不但论述了语言学发展中的现象和接受情况,还论述了汉译语言学典籍的成因。

四、语言学典籍译介史研究的特点

自古,史学研究秉承的是"实事求是"和"无证不信"的原则,中国语言学典籍译介史也不例外。史学研究尊重从史实出发,对第一手材料加以穷尽性的研究,而且得出的"观点与材料应该是统一的,观点必须要以材料为依据"(何九盈,2006:253)。国外

---

① 该文是姚小平教授于2007年4月中旬至下旬,应邀参加台湾辅仁大学外语学院"卓越教学计划——国际师生共教共学"活动所做的报告,后发表于《辅仁外语学报》2007年7月(总第四期)。

② 姚小平划分的四个阶段为:萌动期(20世纪前半叶)、彷徨期(1950—1966)、复苏期(1978—1990)和拓展期(1990年至今)。

普通语言学典籍汉译史的研究同样也不例外。

下面从学科性质、研究角度和与语言学史的区别等层面，阐述国外普通语言学典籍汉译史研究的特点。

1. 学科性质

与语言学史的性质相比，汉译国外普通语言学典籍的历史既属于语言学研究的范畴，又属于史学研究与译学研究的交叉领域，是以译介文本类型为划分标准的语言学史研究。在语言学范畴内，语言学史是语言学的一个分支，以语言学概念术语、流派和各个分支的发展历史为研究对象，揭示语言学的历史发展状态和规律；在史学范畴内，国外普通语言学典籍汉译的历史属于学术史，以中国语言学家译介文本为研究对象，揭示国外普通语言学理论思想在中国的传播轨迹，或者说，揭示中国语言学引进和借鉴国外普通语言学思想和研究方法的历史演变；在译学范畴内，它既属于翻译研究中的译介史研究，又属于翻译方法的研究，以1906—1949年间汉译中国语言学典籍的策略、文本和译介者为研究对象，旨在挖掘20世纪上半叶汉译国外普通语言学典籍的方法分布、文本选择、概念术语和研究方法等译名的演变发展，最终梳理出国外普通语言学思想在中国如何被接受的历史脉络。

可见，国外普通语言学典籍译介史与语言学史相同，都属于学术史的范畴。中国语言学史旨在梳理中国语言学领域的历史成绩，并对这些研究成果给予描写、分析、评判，而国外普通语言学典籍译介史则着重于中国早期译介国外普通语言学思想和概念术语方面做出的成绩，并从译介的角度对这些成果加以梳理、描写和评析。

2. 研究对象

国外普通语言学典籍汉译（译介）史是以译介手段为切入点，按照学术史的标准，拟从横、纵两个层面全面考察中国普通语言学典籍中的译述作品、编译作品、转译作品和译著等，旨在挖掘当时学术界的译介动向、译介方法、术语的演变与更替、中国语言学思想和研究方法的流变、对萌芽时期的中国语言学所造成的影响及其在早期中国本土化的发展脉络。

3. 研究任务

本书拟从横纵层面探讨1906—1949年间中国普通语言学典籍中的译介文本①(译述本、编译本、转译本、直译本等),揭示早期中国语言学文本的构成、译介方法、译介特征、译介的成因与演变、学科术语译名的流变及其对中国语言学的影响,进而总结西方普通语言学思想传入中国的途径和形式,及其在中国的接受和影响,最终从译介的角度呈现中国语言学萌芽时期的发展脉络。

4. 与语言学史的区别

由于都是语言学研究和史学研究的交叉学科,且都是以第一手文献为研究对象,西方普通语言学典籍汉译史与语言学史具有很大的相似性,即:属于学术史研究范畴,均以文献考证为手段,采用归纳、比较分析和解释等方法,对史实的价值做出判断;但因为作者的个性和背景不同,都含有一定程度的主观性因素。

尽管两者间存在一定的相似性,但也存在着本质的不同,至少在学科性质(参见四、1)、研究对象(四、2)和研究任务(四、3)方面有所不同。就研究对象而言,语言学史以语言学理论思想、流派和研究方法为对象,而语言学典籍译介史则以译介文本为对象。语言学史探讨的是语言学学科思想和理论发生、发展和演变的历史,旨在揭示语言学思想发展的客观规律;语言学典籍

---

① 因此期的摘译行为并未形成独立的作品,如此期语言学著作前言所说,大多译介者都有选择地删除无益于当时语言学学习和教学的内容,换言之也就是摘取了有益于当时教学和学习的内容(如王古鲁《言语学通论》、张世禄《语言学通论》),或是摘取几部书的相关内容,排列为单独读本(如周辨明、黄典诚《语言学概要》),但因此类文本不占主流,且并非是成文的唯一方式(如《言语学通论》和《语言学概要》均以编译为主要成文方式,而《语言学通论》则属于弗斯语言学著作Speech的直译中的部分摘译行为),故本书不做单独考察。

译介史探讨的是引进国外语言学的方式、方法以及在中国传播与本土化的发展脉络。

五、语言学典籍译介史研究的方法

1. 考据法

考据法，又称考证法，也有称为考据学或朴学的，是研究历史、语言等学问的一种实证方法，主要是通过搜集资料和证据，加以鉴定分析，运用排比、分类、归纳、演绎等逻辑推理方法，判定事件、材料的真伪与是非，推求和印证某一现象与结论。可见，考据法崇信"实事求是"的精神和"无证不信"的学术理念。

考据盛行于清代乾嘉时期，诸学者使用这种方法对遗存文献资料加以广泛搜集、整理、校勘、注疏和研究，取得了巨大成就，后人称其为乾嘉学派。乾嘉学派的研究目的、对象、领域与汉代相近，都是要探究古文"经"的原始含义，因此，又被称为"汉学"。但是，乾嘉学派与汉代经师有所不同，汉代经师注重训诂注释，而清代学者推崇考据辨伪。

本书拟用此法考辨、分析、归纳整理20世纪上半叶中国语言学的有关概念、术语、研究方法等，推求和印证某些概念、术语和研究方法的输入途径和传播轨迹。此外，也应用此法考察胡以鲁《国语学草创》的初版和版本流变问题。

2. 归纳法

归纳法是语言研究中的一种常用方法，是19世纪和20世纪语言学研究（例如德国洪堡，美国鲍亚士、布龙菲尔德、霍凯特等）普遍使用的方法，是在实验基础上抽象和概括事物间关系的一种科研方法，即透过现象抓本质，将一定的物理事实（现象、过程）归入某个范畴，并找到支配的规律性。这种方法是通过运用比较、分析、综合、抽象、概括以及探究因果关系等一系列逻辑方法考察各种事例，总结出一般性猜想或假说，然后再运用演绎对其修正和补充，直至最后得出普遍性结论。

本书采用归纳法中的对比分析和抽象概括,以 1906—1949 年间出版的普通语言学译介文本为基础,分析总结其术语概念、研究方法、引介途径、译介方法等方面的内容,概括 20 世纪上半叶中国普通语言学的引进途径、引进方式、发展脉络以及其承袭关系等。

3. 追根溯源法

追根溯源法适用于对中国语言学研究初期所习用的概念、术语及其所接受的语言学思想,考究源流及其发展变化。在这个过程中,以胡以鲁的《国语学草创》(1912)为纲,对所涉内容进行上推(直到章太炎通过日本早期学者的著述对国外语言学思想的引介)和下寻(自胡以鲁始,至新中国成立的 1949 年),廓清早期中国语言学研究中的概念、术语和指导思想的系统发展和演变。

本方法比较适用于对概念、术语和语言学思想的系统承袭、演变和发展给予"纵向"的研究,因为上述三者在语言研究中具备基本的稳定性,同时又具有充足的史迹可供追寻,有利于理清这个阶段语言学研究中的发展脉络、各年代间诸学者间的承袭关系和语言学研究中的派系思想的发生、发展及演变。然而这种方法也存在其局限性,不太适用于"横向"研究。

此外,就本书的应用而言,追根溯源法与归纳法、考据法有很大的不同:追根溯源法贵在从一个既定目标朝上、下两个方向追踪其在系统应用中的痕迹,起溯清源头和梳理发展脉络的作用;归纳法贵在从纷繁复杂的史迹中,搜寻相关性质的材料给予归类和总结;考据法则贵在对史迹中的一个事实或某个现象给予纵深的考究,以确定事实或现象的真伪、产生的年代、出自何人之手等基本的史实,而追根溯源法却不关注其所涉目标的真伪,只关心其产生的年代、作者及其在历史中的演变和发展。

4. 比较法

所谓比较法,一方面是历史比较语言学从事语言谱系分类时,对两门或两门以上具有亲缘关系的语言,做贯穿历史的音系、形态和句法等层面的比较分析,寻其相同点以便对其归类的方法，也称历史比较法。另一方面，对两门或多门没有亲缘关系的语言，做共时的音系、形态、句法和语义等的比较研究，寻其差异以便互相区别，这种方法被称为对比法。比较法与对比法有所不同，比较法是历时性的纵向操作，其对象为两门或两门以上具有亲属关系的语言，以求其相同点为主；对比法是共时性的横向操作，其对象为两门或多门没有亲缘关系的语言，以求其差异为主。两者间的差异是因两者所服务的研究任务不同而产生的。

本书使用的比较法，集上述的比较法和对比法于一体。根据比较法在本书中的使用，可分为纵向比较法、横向比较法和纵横结合比较法三类。纵向比较法相当于历时比较法：将具有亲缘关系的语言或同类文本，在不同历史条件下的具体形态加以比较的方法，具有历史性、时间顺序性以及纵深性的特点，用于本书中相关文本信息和内容的推求。横向比较法相当于共时对比法：将同一时间平面上的不同语言或文本，按照某个同一的标准加以比较。譬如，将日本学者安藤正次《言语学概论》(1927)的两个文本：王古鲁的《言语学通论》(1930)和雷通群《言语学大纲》(1931)给予比较研究。至于纵横结合比较法，是将纵向比较（历时比较法）和横向比较（共时对比法）结合的方法。通过横纵比较，既可了解两者或多者间在历史发展中的同异，又可了解其在同一时间层面的同异，从而对事物获得更为全面的认识。

六、译介的概念界定

每当出现新术语，相关领域的学者都要对其定义和定位，"译介"也理应如此。中国近现代语言学中的译介现象出现在借鉴国外语言学思想的早期[①]，对中国现代语言学的建立和发展起了

---

① 此处仅就近现代而言，若谈及中国借鉴国外语言学的早期，当回溯至随印度僧人鸠摩罗什等人传入的《八章书》语法，以及从事汉梵转换过程中对汉语诗体、音律、韵律、章体等层面产生的影响。

很大的作用，但对这一现象尚未见专门的研究。

在"西学东渐"初期，不管是文学文本、语言学文本，还是宗教、科学文本的引进，都不免出现"译介"现象。这种现象在文学和宗教文本中出现得略早，而在语言学文本中则直至1906年章太炎提出"语言文字之学"时才出现（或更早些的马建忠的《马氏文通》）。20世纪上半叶中国语言学典籍中的译介，既指1906—1949年间中国语言学引介国外普通语言学思想的译介作品，又指中国引进国外语言学理论思想过程中使用的引进方法和策略。

本节主要系统阐述译介的定义、对象、任务和分类等，为后文论述奠定理论基础。此外，还界定和分析了译介与译介学的同异。

1. 何谓"译介"？

从语言研究的角度说，译介既是传播语言文化思想赖以发生的基础，又是延续其生命的有效手段。就译介发生的本质而言，译介须跨越两种言语符号，这两种符号可属同一语言体系，也可属不同语言体系，或是同一时间段内不同的语言符号，抑或是不同时间段内相同或不同的语言符号。同一语言不同时间段的语言符号间的译介行为，属于美国语言学家雅各布森（Roman Jakobson，1896—1982）在1959年所提出的语内翻译[①]，而不同语言中相同或不同时间段的语言符号间所进行的译介，属于语际翻译[②]。

---

① 雅氏在《论翻译的语言学诸方面》中，从符号学的视角将翻译分为三种：语内翻译、语际翻译和符际翻译。其中语内翻译或称重组，指将一门语言的符号翻译成同一语言的其他符号（Intrallingual translation or rewording is an interpretation of verbal signs by means of other signs of the same language. Jacobsen，1959：233）。

② 语际翻译或称翻译本体，指将一门语言的符号翻译成其他语言符号（Interlingual translation or translation proper is an interpretation of verbal signs by means of some other language. Jacobsen，1959：233）。此外，雅氏提出的"符际翻译"存在一定的问题，即雅氏原本指非语言符号或语言符号与非语言符号间的转换，而语言本身是符号的重要成员，因此语际翻译和语内翻译也同样包括在符际翻译的范畴之中，不妨把符际翻译改称为"非语翻译"，这样能够更好地区分"语内翻译""语际翻译"和"非语翻译"。有关雅氏三重译域的批判分析与重构，参见拙文《雅各布森三重译域之译介符号学剖析》（2016年第5期）以及 Roman Jakobsin's Triadic Division of Translation Revisited. *Chinese Semiotic Studies* (De Gruyter Mouton). 13(1)：31-46.

无论哪种文化，在其传播和继承中都存在语内翻译。譬如，《易经》《诗经》《论语》等古文经典的历代诠释和选注，莎士比亚文学作品的今译都属于这个范畴。就语际翻译的角度而言，中外文明无不根植于文化的译介传统。在印度佛经引入中国的过程中，汉语的韵律修辞和语法词汇颇受梵文语言文化的影响。西方的语言文化亦是如此。古希腊语是在接受并改变腓尼基语音系统的基础上形成的，拉丁语继承了古希腊和希伯来语的传统，英语语言文化更是吸收了其他众多语言文化的相关成分。譬如，英语文化的两个主要的源泉：《圣经》和莎士比亚的文学作品，基本上是译介自他文化的。可见，译介形成的历史悠久。从发生学的角度说，译介构成了世界各大文化产生和发展的基础条件，也是世界文化相互传播的主要媒介。

那么，为什么译介的形成没有与各个学科发展同步呢？原因是多重的：其一，与欧美哲学中的语言学转向有关——原来语言只是哲学家探索真理的工具，随着认识的不断深入，哲学家转而研究语言，促生了现代语言学，且现代语言学特别重视语言本身的研究，因而人们尚未关注思想文化的传播方式和现象；其二，文化传播越来越频繁，因而译介的地位和作用也随之凸显出来。因此，把译介作为世界文化相互传播的媒介加以研究，就理所当然了。

译介不同于传统的翻译。虽然都是以介绍国外的新思想、新事物为目的，但传统翻译仅有一个源文本，且要尽力做到忠实于源文本的内容、体裁、风格等，可见，传统翻译着重于"怎么译"和"译什么"；译介不仅源文本不固定，还可能订正、缩减、删增和重新编排源文本的内容等，因以介绍国外的新思想为任务，不拘泥于介绍方法的使用，除了翻译以外，可能使用摘译、缩译、转译，还可能使用编译，其方法的选择，全凭介绍特定思想和事物的要求来决定。可见，译介研究也关注"怎么译"和"译什么"，但其侧重的不是语言层面上原语与译语间如何转换的问题，而是源文本在转换过程中信息的失与落、缩与增以及源文本在译介产品中的地位与作用,即:鉴别文本的性质、生成方式、信息来源、署名人的工作策略等,还有译介产品和译介者在学科史(语言学史和翻译史)中的地位及其学术影响。

译介研究属于翻译研究范畴,统称为 translation studies①,目前还没有专门的术语。谢天振(1999:1)提出"medio-translatology"命名"译介学",但那是从媒介学的角度出发来研究比较文学,不适合语言学,或曰全学科的"译介研究",因此不能照搬沿用。译介研究本质上是以各种翻译方法为手段,引进和介绍西方文化思想,因而其命名可以按照 translation ＋ introduction 的模

---

① 目前,各学科的学者纷纷根据自己学科的视角,对翻译进行研究,给翻译研究命名。大体上,翻译研究有如下十余个学科名称:translation studies 是由 James Holmes 在 *The Name and Nature of Translation Studies*(1972)中提出的,用指翻译研究这一学科,当前得到普遍认可和使用;translation theories 是由 Anton Popovič 在 *Dictionary for the Analysis of Literary Translation*(1976:23)定义为:系统研究翻译的学科,专注于翻译过程和文本的研究,得到英国翻译理论家纽马克(1981/1988:19)、赖斯与弗米尔(1984:3)、霍姆斯(1988:69,73,93—94)、皮姆(1992:188)、贝克(1994:16)等的响应;science of translation 是由奈达在 *Toward a Science of Translation*(1964:3)中提出的,专指在乔姆斯基语言学影响下,《圣经》翻译过程中的"分析""转化"和"重构"的"翻译三阶段模式",后人用来专指非文学的翻译研究,对德国学者影响比较大;Überset-zungswissenschaft,也作 Translation-swissenschaft,是受美国奈达的"翻译科学"影响,由科勒(Werner Koller)在 *Übersetzungswissen-schaft*(1971)一文中率先使用,威尔斯(Wilss)在 *Übersetzungswissenschaft. Probleme und Methoden*(英译本为:*The Science of Translation*:*Problems and Methods*,1982)中进一步区分了模式理论、语言对的描写和语言对的应用研究等。不久,在其专著 *Einführung in dieÜbersetzungswissenschaft*(1979/ 1992)中,科勒又探讨了翻译过程和译作的研究,最终建立了德国翻译科学派;traductology 也作 traductologie,是由海里斯(Harris)在评论 *Toward a Science of Translation*(1977:90—91)一文中提出的,指科学的翻译研究,后来虽被多国学者所采纳,但未能普遍使用;translatology 也是由海里斯(Harris)在加拿大 Meta 期刊,评论奈达的 *Toward a Science of Translation*(1977:90—91)一文中提出的,倾向于翻译研究的语言学层面,后被来自德国、丹麦、中国等国的翻译学者所接受,但所用不广;medio- translatology 是由中国上海外国语大学谢天振在《译介学》(1999:1—2)中提出的,指从比较文化和比较文学中媒介学的角度,对翻译(尤其是文学翻译)和翻译文学进行的跨文化研究,关注翻译转换过程中信息的失落、变形、增添与扩展等问题。

式,用 transductology 来命名,即译介研究的统称,语言学典籍的译介研究可以是 linguistic transductology 或 transductology of linguistic thoughts。同理,研究中国文学译介的可以是 transductology of Chinese literature。若指译介行为,则用 transducting;若指译介文本,可用 transducted text,也可用 transduction。

从文化研究的角度说,译介研究也是一种跨文化交流的实践活动,研究外国思想传入中国的方式,对中国相关领域造成的影响,以及这些译介文本的性质归属和学科地位等。

2. 何谓语言学典籍中的"译介"?

语言学典籍中的译介,指国外语言学思想赖以传入中国的方式,以及运用这种方式形成的语言学文本策略。本书所指的语言学典籍的译介,只限于跨语言译介的文本、行为、方式和策略。从属性看,语言学典籍的译介研究属于雅各布森所主张的"语际翻译"范畴;而从发生学角度看,语言学典籍的译介研究又属于跨文化研究中语言思想的传播研究。

英文的术语可以用上文(二、1)中提出的"linguistic transductology"或"transductology of linguistic thoughts",指代语言学思想的译介研究,包括早期语言学的文本研究、译介行为、译介策略、译介者意图、译介者、语言学典籍译介史、语言学译介者思想、语言学译介者的译介理论研究等,可以分为四类:文本研究、行为研究、影响研究和理论研究。

文本研究和行为研究是本书的重点,前者包括源语文本和译语文本间的对比研究、译介文本的思想来源研究、译介版本研究、文本评价研究等;后者包括译介方法研究、译介策略研究、译介者意图研究等。两者之间是互参互证、相辅相成的关系,即文本研究属于整个研究的观察、分析和描写阶段,构成了行为研究的前提,只有观察的充分,才能分析充分;只有分析充分,才能描写充分;三者都做得充分,才能做出有效的行为分析。行为研究属于整个研究的解释和总结阶段,借助文本研究的观察、分析和描写,总结译介文本构成的方法以及译介者采取的译介策略,进而解释文本构成的意图。

影响研究是考察译介文本在特定时间特定范围内的影响,可以是语言层面、内容层面、文体风格层面的。本书专门从史学的视角,对语言学术语、思想、写作规范、出版规范等的影响给予贯穿历史的研究。

理论研究可以是译介行为理论、译介者双语能力研究、译介范式研究、译介哲学,也可以是译介策略、译介史的写作规范,等等。本书只涉及译介行为、译介策略和译介者意图的理论研究。

综上,文本研究、行为研究、影响研究和理论研究间呈现的是从实践到理论的轮廓,四者间是互相依存、互参互证的关系。

3. 语言学典籍译介的对象

关于语言学典籍的译介对象,前文已有所涉及。语言学典籍的译介研究,以语言学文本、译介行为、译介策略、译介者意图和译介者为研究对象。

本书是从译介的角度考察国外普通语言学思想在中国的接受和影响,因而,本书所指的语言学文本专指自1906—1949年间出现的普通语言学著作及部分论文,有的是孤立文本,有的是译述文本,有的是编译文本,有的是转译文本,有的是直接翻译文本(下称直译文本),等等。因本书的研究初衷所限,本研究会略微涉及源文本与译文本、译文本与译文本间的比较研究,以及针对孤立文本的多文本比较互证研究。

译介行为主要是靠研究现有的语言学文献。根据译介者的写作目的和市场需求,译介者在写作过程中采取不同的译介策略。在相关的语言学文本中,上述的译介策略构成了"隐形"的证据,即文本中的相关信息,采取考据、历史追溯和比较的方法,找出隐藏该文本背后的源文本,作为确立译介行为的佐证。语言学译介研究中,译介行为包括译述、编译、缩译、摘译、直译等,不同的译介行为,有不同的研究方法,参看本书第三章。

译介策略的研究,从文本研究①中汲取相关信息,比如:译介者对文本信息的组织形式、源文本信息的呈现方式、源文本信息的使用目的②、源文本的择取和译介文本的用途③等,从行为研究中获得文本构成的方式,如:删、增、译、述、编、改等,通过整合归纳这些信息,总结出译介文本构成中的译介策略。

译介者的意图通常与译介文本产生时的社会政治、经济、文化、教育等的背景息息相关。就 20 世纪上半叶的中国普通语言学典籍而言,大多数译介文本都是以教科书的形式出现的。教科书式的文本要求其内容要多元化,其观点要公允,其材料要有代表性,这就意味着译介文本要由多个源文本的信息综合而成,或以一个特定文本的框架为主线,或以译介者自身构建的框架为主线,抑或采取多文本的共核加以删增、编排,形式多样,不一而足。此外,还有的译介文本是为解决社会热血青年求知而产生的,这样的文本或是直接翻译源文本,或是摘取多文本信息重新编排,或是以译介者的框架为主线取多文本信息编译而成。这样各行各色的译介文本,恰好构成译介者意图研究的佐证。

从施为者的角度看,译介者可以是作者,如孤立文本④的作者,凭借记忆、间接阅读、直接阅读或听讲座等方式摄取的信息,运用叙述的方式写作文本;译介者可以是译述者,凭借直接阅读的方式摄取信息,运用翻译、叙述、既翻译又叙述,或翻译或叙述的方式写作文本;译介者也可以是编译者,按照自己的写

---

① 源文本、译介文本和相关文本,即有关文章、评论、学科史文献和存在引用关系的文本等,与当前符号学领域中所说的附文本(paratext)有些类似。有关内容,请参见 Gérard Genette 于 1987 年著,由 Jane E. Lewin 英译的 *Paratexts:Thresholds of Interpretation*(Cambridge University Press, 1997)。另有 Valerie Pellatt 主编的论文集 *Text,Extratext,Metatextard Parext in Translation* (Cambridge Schola Publishing, 2013)。

② 作为支持或驳斥某观点的佐证,或作为新观点而引入,等等。

③ 通常见于前言、序言等。

④ 譬如章太炎的《论语言文字之学》(1906)和《语言缘起说》(1910),及胡以鲁的《国语学草创》(1912)等。

作思路编排和翻译来自一个或几个源文本的相关内容，组合成信息量较大、范围较广、内容较全的文本；译介者还可以是摘译者，根据现实需要将某源文本或多个源文本的内容，进行剪裁、重组、翻译成文；译介者更可以是缩译者，取一个或多个源文本的梗概信息翻译成文，抑或是转译者，以译介者通晓的外文为择选依据，因不懂某部国际知名作品所用的语言，遂取能读懂语言的译本，以该译本为蓝本，将其转写成母语，等等。就译介者作为研究对象而言，译介者的研究内容不仅包括译介者的背景信息、译介作品、译介方法，还包括其所提出的理论观点及其译介作品造成的影响等。

可见，正因存在各行各色的译介作品，才会存在基于这些译介文本的译介研究。不管是文本、行为、策略、意图研究，还是译介者研究，都不能脱离文本而独立存在。

4. 译介方法和译介文本分类

译介的分类，是以译介文本为基础，以观察和分析译介行为为依据，对译介方法和文本给予分类。通常来说，译介的方法有增添、删改、译述、直译、编译、编写、摘译、缩译等，其中，由直译、缩译、摘译、译述、转译等方法产生的译介文本自成一个门类，而由增添、删改、编译、编写等方法产生的译介文本则构成编译文本。因此，译介文本由译述、摘译、编译、缩译和直译等文本构成。

译述

近年来，有关译述的研究文献越来越多，但学者对译述的理解和定义则各不相同①。有人认为，译述是"将原文主要内容译出，以译者的身份对其加以介绍和评论"（方梦之等，2005），例如：严复译介《天演论》（林从龙，1984；高国抗等，1994；高拜

---

① 本书作者2009年12月19日在中国期刊网搜索栏键入关键字"译述"得到结果13条，包括一篇硕士论文（李双娟，2008），12篇期刊文章，其中赵佃学（1998）、谢飘云（2002）、吴燕（2007）、杜慧敏（2008）、刘心力（2008）、李兆国（2009）等未见有"译述"的英文对应术语。其他文章所使用的英文对应术语，详见下文。

石,2004等)、梁启超引介西学(李兆国,2009)、(王宗炎,1983)等;有人认为,译述是"对原作进行解读与转述","'述'是老调重弹,只不过换了'弹'的工具,它是译者用自己的话将原作内容转述出来"(黄忠廉,2000:101);也有人认为,译述是基于原作思想在另一门语言中的翻译加改写,或翻译、改写、评述合而为一的文本构成方式(方开瑞,2007:73—77)。实质上,这样定义的译述已经涉及编译的范畴。本书认为,译述可以是在透彻理解源文本的基础上,以叙述的方式来呈现源文本内容的一种译介方式,例如:明末清初的科学科技翻译(吴雁南,1982:242—246;孙玮,1995:473—474;曹增友,1999:149—156等);也可以是在透彻理解一个或数个源文本的基础上,概括和提炼源文本的要旨,再以叙述或叙述加评论的方式呈现源文本内容的译介方式。

尽管译述的研究已有一段时日,但国内学界尚未确定其英文译名。有人采用"translating plus reviewing"(方梦之,2005:123),指译出原文内容,再以译者的身份对其加以评论,这个定义只侧重译述行为中的"翻译"和"评论"层面,而没有顾及"叙述"的层面;还有人分别用 interpretation(冯奇、万华,2001;杨元,2004等)、translation(庄浩然,2003)、adaptive translation(李双娟,2008)、translating freely(方开瑞,2007)、translating account(易前良、李寄,2006;李寄,2007[①])来指称"译述",不免存在出入。这些指称中,interpretation 指阐释,如同解释,并无评论成分;translation 指翻译,是译述的上义词,不免过于笼统;adaptive translation 指变通的翻译,也称作"变译"(卓振英,2003;曾昭涛、罗其娟,2007);translating freely 指自由翻译,类似于"意译";而 translating account 指翻译陈述或翻译阐述,与译述比较接近。

我们认为,译述指的是翻译加叙述,即 translation + narra-

---

① 李寄(2006)与李寄(2007)为同一篇文章,详见参考书目。

tion。国外对这一现象早有关注,1996 年丹尼尔·霍卡特写了一篇论文,题为《译述文本中的口述读者研究:西蒙·欧提兹著〈美好旅程〉中"郊狼故事"的个案研究》("The Audience of Oral Performance in Narrative Translation: Coyote Stories in Simon Ortiz's A Good Journey")①,修改后曾在美国图书馆学会年会(ALA Conference)上宣读;2001 年圣荷西州立大学哲学系研究生斯哥特·斯托德(Scott R. Stroud),在亚特兰大全国交流协会年会上宣读了一篇论文,题目为《跨越文化的译述:从〈博伽梵歌〉到〈重返荣耀〉》("Narrative Translation across Cultures: From the 'Bhagavad Gita' to 'The Legend of Bagger Vance'")②,上述两篇文章中的 narrative translation 就是"译述"的英文对应术语。此外,在 2003 年 3 月美国爱荷华大学举行第三届跨学科学术年会,即"技能、批评与文化"③,其中设有"译述"专题(Translation as Narrative Strategy)。2006 年英国翻译理论家梦娜·贝克(Mona Baker)出版了专著《翻译与冲突:译述研究》④。可见,译述的英文对应词国外已有固定术语,无须改弦更张。

通常,译述是以译为主,以述或评为辅,但也存在以述评为主,以译为辅的。采用什么模式取决于译述者的写作意图。就形式而言,译述大体上有如下几种:一、先译后述,即先译介内容要旨,然后加以评论;二、夹译夹述,即译一部分,叙述评论一部分,然后再译一部分,再叙述评论一部分,以此类推;三、先

---

① 丹尼尔·霍卡特(Daniel L. Hocutt)在里士满大学(Richmond University)选修丹尼尔·尼尔森博士开的"美国本土文学"课时,写的学期论文。参见 http://danielhocutt.com/writing.htm, 2010-4-28。

② 该论文的网址为:http://www.eric.ed.gov/ERICWebPortal/custom/portlets/recordDetails/detailmini.jsp?_nfpb=true&_&ERICExtSearch_SearchValue_0=ED458648&ERICExtSearch_SearchType_0=no&accno=ED458648, 2010-4-29。

③ CRAFT, CRITIQUE, CULTURE: The University of Iowa's 3rd Annual Interdisciplinary Conference on Writing in the Academy, March 28—30, 2003: http://www.h-net.org/announce/show.cgi?ID=132783, 2010-4-29。

④ 英文书名为 Translation and Conflict: a narrative account。

述后译再评述,即先叙述某人或著作的观点,然后具体译介观点的具体内容(通常引用为多),最后对这一观点加以评点。上述三种译述行为属于技术层面,如果要探索技术操作背后的动因、技术产品的销售、应用及其所造成的影响,势必形成译述策略研究。译述技术是译述策略的实施工具,也是译述策略的具体体现,而译述策略是译述技术操作的理论根源,可见两者是互为源流的关系。关于译述策略的研究,详见第三章第一节中的相关论述。

摘译①

因为资料资源有限,或出于写作的便利,或是受到时代大气候的影响,译述多出现在某学科理论思想引进的早期,而摘译通常是为图写作或阅读的便利而出现的,也带有些许的时代气息。与译述相比,摘译者需要在翻译前,摘选所需要的材料,但无须对其做出评述。今天的摘译只发生在一部作品的内部,而在学科引进的早期,通常是几部著述的摘译文本镶嵌在一部著述之中,以马赛克式结构来呈现该学科的相关知识体系②,不否定只在一部著述内部发生的摘译,譬如,1937 年,张世禄与蓝文海摘取英国语言学家弗斯 *Speech*(1930)一书的前七章,出版《语言学通论》(1937)一书。此外,更为鲜明的时代特征是:这些著述往往以"著"或"编"的形式出现,完全淹没了文本形成过程中的"摘译"行为。

摘译的历史也许可以追溯至中国早期的佛经翻译。尽管摘译早已存在,但人们并未对这一现象给予充分的关注。从现有文献

---

① 本节主体内容,曾以《摘译研究评议》为名,发表于《民族翻译》2013 年第 2 期,特此说明。

② 这种镶嵌于文本中的马赛克结构,有人称为"互文性",即:每一个文本的外部形式都是由马赛克似的引语片段的拼积而镶成的,每一个文本形式都是另一种文本的吸收和转换。(every text is constructed as an intertextual mosaic of citations; every text is an intertextual absorption and transformation of other texts. Kristeva, 1969: 146)也有人称为"文本对话"(in dialogue),参见 Marcus Tomalin, 2008: 86; 116。

来看，自20世纪90年代起，学界已有人着手摘译现象的研究（温玉仿，1989）。截至2009年12月20日，中国期刊网上共有以"摘译"为"关键词"的文献9篇（部），其中硕士论文1部（胡远兵，2004）、文章8篇。此外，在有关"变译"研究的著述中，也设有论述"摘译"的专门章节（黄忠廉，2000；2002等）。尽管如此，目前国内还没有统一的"摘译"界定。

有人认为，摘译是"以翻译为手段对原文作摘要，即从原文中抽出主题内容，以简练的译入语写成摘要"（方梦之，2005：136），其长短不一，依要求和原文本长度而定；有人认为，摘译是"先摘后译的翻译变体活动"，"'摘'的对象可以是报刊的一文，书中的一章，文中的一段，段中的一句，句中的一词，然后将其完整地翻译出来"（田传茂，2005：15）。可见，范围局限于一个文本范围内，对象具有不固定性，依需要而定，比摘要式摘译范围有所扩大，但并没有交代摘译后文本的生成问题；还有人认为，摘译指"与原文相比，是缩减了的非全译的正文"（李魁彩等，1999：405），与缩译混淆了。可见，摘译的文本既可能是摘要翻译，也可能是摘取文本中部分内容的独立翻译文本。为了区别上述两者，最好将摘要翻译①单列一类，用 summary translation 来定名。

汉许慎在《说文解字》中，把"摘"解释为"取也"，也就是"摘译"中"摘"的本义。我们认为，摘译就是在某一文本或多个文本中选取所需材料，经翻译后，按需求组成新的文本，这一文本可长可短，既可按原文本篇章顺序组排，也可按摘译者的意图重新组排。

---

① 摘要翻译与提要翻译不同：摘要翻译（summary translation）因特定需要而构成的一种独立的翻译类别，专门用于提取特定文本的信息然后转后成其他语言，或阅读文本后掌握文本要点后，直接用目标语言写成；而提要翻译（abstract translation）通常置于期刊文章、学位论文、学术报告的正文前面或后面，还有单独呈现的会议提要，字数通常限定在300字左右，会议提要字数一般限定在500—1000字左右，以简单扼要的形式呈现文章的主要思想，这样翻译叫提要翻译。

摘译的英文术语，也同定义一样尚未统一。截至 2009 年 12 月 20 日，中国期刊网上以"摘译"为关键词的搜索结果中，温玉仿(1989)、田传茂(2005)和冉诗洋(2009)等未见有"摘译"的英文术语，其他 6 篇论文，有的采用 a selection of translation（韩琴，2008），有的采用 selective translation（胡远兵，2004），有的采用 selected translation（龙元祥、李飞林，2006；俞建村，2001 等），也有人采用 abstract translation（方梦之等，2005），还有人采用 abridging translation（文军、陈世军，2001；文军、齐荣乐等，2007）等。上述四个英文"术语"中，a selection of translation 是由短语构成的，指翻译文本的选择，或选取翻译内容；selective translation 指选择原文本或原文本的某些内容加以翻译，不妨称为选译或选择性翻译；selected translation 指在选择原文本或原文本内容基础上的翻译文本，例如《档案与史学》2001 年第 1 期载有《宁波英国领事贸易报告选译》一文，其中的"选译"就是"selected translation"；abstract translation 指的是提要的翻译，即在通读原文、透彻理解原文的基础上，用另外一门语言译写出原文本的提要；abridging translation 指的是某文本的节略翻译，或在删节某文本后再翻译，抑或是直接节译某文本，可见，abridging translation 更适合称为"节译"。

"摘译"指的是摘取或选取某文本或多个文本的内容，然后将其翻译组合成新的文本，因此不妨用 extract translation 或 excerpt translation。由于 extract 多指语料库操作中的语料提取，为了避免混淆，本书选择 excerpt translation 作为摘译的英文术语。excerpt 有文本"选录""摘录"和"摘要"等语义指称，正符合"摘译"中"摘"的语义指称，而且 excerpt 也不只局限于摘取某一文本的内容，还可以指摘取多个文本的内容，符合"摘译"的行为特征。

通常，摘译是以摘为主，以译为辅，也可能存在以译为主，以摘为辅的行为。运用什么模式，在于摘译者的写作意图。就形式而言，摘译大体有两种：(1)先摘后译，即先按需要摘取一本或多文本的相关内容，然后翻译，再组排成篇，或先摘取，组排成篇，再翻译；（2）先译后摘，即先翻译某文本或某几部文本，然后摘取其相关内容，组排成篇。上述两种摘译行为属于技术层面，且以"先摘后译"者居多，也有摘取现成译文的，本书将其划归第二类。如果要探索技术操作背后的动因、产品的应用、销售及其所造成的影响，则涉及摘译策略研究。摘译技术是摘译策略的实施工具，也是摘译策略的具体体现，而摘译策略则是摘译技术操作的理论根源，可见两者是互为源流的关系。关于摘译策略的研究，受篇幅所限，将另文详述。

编译[①]

与译述相比，编译重在"编""述""评"和"译"，其特点在于体例编排和材料选取，不像译述那样"述评"多，"翻译"少，或两者不相上下；与摘译相比，编译除了摘选材料外，还要按写作需要，将这些材料组排成篇。在引入"西学"的早期，编译曾是广泛采用的译介手段之一，但未能及时引起人们的关注。

国内翻译界对编译的关注和研究，始于20世纪80年代。1986年维颐、嘉祥、同均等在《翻译通讯》发表《常用译法归类》，提出编译的定义，总结编译的特点和存在的形式；同年，邝日强在《上海科技翻译》期刊上发表《我的业余编译活动》，对其多年积累的科技编译实践经验进行总结，同时也归纳了编译文本的诸多优点；1987年于鹏飞等在《外语教学》期刊上发表《翻译作品编译浅析》，从科技作品编译的角度探讨了编译的方式，并总结出了编译的优点；1988年战英民在《上海科技翻译》期刊上发表《综述性译文的编译技法》，对编译的方式方法给予经验总结；同年，沈澄如在《中国科技翻译》期刊上发表《谈〈世界科技〉编译工作》，文中谈及编译工作的形式，影射了"编"的实质；1989年黄汉生在《上海科技翻译》期刊上发表《科技消息编译中的一些问题》，对国

---

① 编译部分的主体内容，曾以《编译研究综述》为名，发表于《上海翻译》2011年第1期。

外科技材料抢译过程中所发生的问题加以总结,并提出"在全面理解基础上,进行摘、编、改的工作"(1989:38—40);同年,王心纯在《中国科技翻译》期刊上发表《漫话编译生涯》,从期刊编辑的视角漫谈多年编译的体会和心得。上述几篇文章,基本上被认为是中国编译研究的开端,此后,研究编译的文章日见增多。

为了进一步了解国内编译研究的具体状况,笔者在"中国期刊网"的"外国语言文字"分目下,分别以"编译"为"关键词"和"题名"为搜索条件,搜索自1911年至2009年12月23日以来的所有文章,获得以"编译"为"关键词"的结果105项,以"编译"为"题名"的结果123项(不含4篇英文篇目),详见表1.1。

表1.1 中国期刊网搜索结果类别分布统计

类别	期刊	年鉴	会议论文	博士论文	硕士论文	报纸文章	总数
关键词	79	6	5	2	13		105
题名	94		8	2	18	1	123

从表1.1中可见,在"关键词"为条件的搜索结果中,期刊和硕士论文数目最多,分别占总数的75.24%和12.38%;而在"题名"为条件的搜索结果中,期刊和硕士论文数目也是最多,分别占总数的76.42%和14.63%。除了6部年鉴外,以"题名"为条件的搜索结果,远胜于以"关键词"为条件的搜索结果。因此,本书分析以"题名"条件所得的信息为基础。

根据历年研究成果分布可见(参见表1.2),2000年以前,基本上没有会议论文、博士论文和硕士论文,编译的研究成果主要是以期刊文章为主;2000年以后,编译研究的成果数量越来越多,相继出现了会议论文、硕博论文和报纸文章等多层面的研究成果交流方式,研究的范围也有所扩大,其中探讨新闻和外宣题材的尤其多,近20余篇。仅2007、2008两年,研究编译成果的总量各21篇(部),2007年发表期刊文章14篇,会议论文1篇,报纸文章1篇和硕士论文5篇;2008年发表期刊论文16篇,博士论文1篇,硕士论文4篇。这些数据说明,学界对编译现象的兴趣越来越浓厚，对编译的研究越来越深入，正朝纵深层面发展，有利于编译研究的不断深化。

表1.2 编译成果年代分布统计

年代	期刊	会议	博士论文	硕士论文	报纸文章	年代	期刊	会议	博士论文	硕士论文	报纸文章
1986	1					1999	2				
1987	1					2000	3				
1988	1					2001	6	1			
1989	2					2002	4	2			
1990						2003	3		1	1	
1991	3					2004	5	1		4	
1993	2					2005	4	3			
1994	2					2006	7			4	
1996	1					2007	14	1		5	1
1997	3					2008	16		1	4	
1998	3					2009	11				

有关编译的历史发展，可用一句话来概括：20世纪80年代的文章多局限于编译实践的经验之谈（维颐等，1986；于鹏飞等，1987；黄汉生，1988；沈澄如，1988；王心纯，1989；战英民，1989等），20世纪90年代的文章开始专注于编译技术、技巧、忠实和准确等原则性问题的探讨（魏晋慧，1990；桂乾元，1997；唐若水，1998等），而2000年之后的研究，则大多关注具体题材具体领域的编译实践与理论问题，已从技术和技巧的初级阶段上升到了理论探讨的层面（刘丽芬、黄忠廉，2001；穆凤良等，2001；黄忠廉，2002；田传茂，2006；马景秀，2006；文军等，2007；张永中等，2008等）。尽管编译的研究数目不断增多，研究的层次也不断地攀升，但对编译的理解和认识还是存在诸多分歧，主要体现在编译的学科定义、英文命名、学科特点、研究范

围等基本层面。

关于编译的定义，有人认为，"编译指的是译者不只对原文进行翻译，同时还进行一定的编辑加工。因此，这种译法包含了编和译双重意义。它（……）往往是将原文译出后，以其内容为资料，进行加工创作。编译的过程实际上是译者在理解消化原文的基础上根据需要进行再创作的过程"（维颐等，1986：64）；有人认为，"编译以原文内容为主架或主要内容，译者用自己的话语组织、串联译文的翻译"（桂乾元，1997：41）；有人认为，"编译指编辑和翻译，是夹杂着编辑的翻译活动，是先编后译的过程，是根据翻译对象的特殊要求对一篇或几篇原作加工整理后再进行翻译的变译活动"（许明武，1998：32；刘丽芬、黄忠廉，2001：42；文军、宋佳，2007：69）；有人认为，"编译是译者在完全理解了原文的基础上进行再创作的过程"（魏晋慧，1999：41）；有人认为，"编译就是（可能）采用摘译的方法，再作处理和加工，正确处理量中求质、长中求短、乱中求序和一般需求中求特殊需求的几对辩证关系"（刘丽芬、黄忠廉，2001：42）；有人认为，"编译是以保留相同的主题为原则，比较随意地改变原文的文本结构"（穆凤良、许建平，2001：37）；有人认为，"编译指将原语文化信息转换成译语文化信息以满足读者特定需求"（黄忠廉，2002：78；马景秀，2006：421；马景秀，2006：47等）；也有人认为，"编译也着眼于译，是在摘译的基础上译者加了'编'的功夫，以更适合于译入语读者的阅读口味和习惯。'编'是指在不改变原文主要信息的前提下，译者所作的文字处理，包括为使译稿顺畅而增加一些连接性词语，为突出重点而作语序或段落的调整、压缩等"（方梦之，2005：135）；还有人认为，"编译是先编辑后翻译，是对一个或几个语篇单位加工整理后再进行翻译的过程"（张永中等，2008：141）。可见，这些定义都是为了各自的写作意图，围绕"编"和"译"做出的各行其是的厘定。

经分析，我们发现：（1）上述定义都是以"原作"为主架或内容来源，以充分理解原作为前提条件，可以说是，趋向原文本的策略行为；(2)这些定义都主张在以原文本为依归的情况下，加工处理原文本；(3)所有定义都认为编译是翻译活动的一种，具有翻译和编辑的双重特点。上述定义的分歧也很大，特别是"先译后编"和"先编后译"的问题，一派主张"先译后编"，可以将原文译出后，以其内容为资料，进行加工创作（维颐等，1986：64），译者用自己的话语组织，串联译文（桂乾元，1997：41），也可以在理解了原文的基础上进行再创作（魏晋慧，1999：41），采用摘译的方法，再作处理和加工（刘丽芬、黄忠廉，2001：42）；另一派主张"先编后译"，认为编译是夹杂着编辑的翻译活动，是先编后译的过程（刘丽芬、黄忠廉，2001：42；田传茂，2006：100；张永中等，2008：141等），是在摘译的基础上译者加了"编"的功夫（方梦之，2005：135）。

我们认为，编译就是在理解原文内容基础上，译者按照读者需求，选取相关信息，经整理和编辑，组成书稿的过程和策略。广义上的编译包括"先译后编"和"先编后译"两种类型，前者也可称"译编"，是在摘译或翻译的基础上，择取所需内容，组排成书（篇）的做法；后者是狭义的编译，是择取所需内容，对其加工整理后，再翻译的做法。如果按照"理解即是翻译"这一广义的翻译定义，以理解原文为前提的编译行为都属"先译后编"的类型。如果是"编"和"译"由不同的人分工完成，先"编"者为"先编后译"，而后"编"者为"先译后编"。一个编译文本属于哪种类型，在于编译过程中编译者所采取的编译策略，而不是研究者硬性规定的，跟文本研究一样，属于描写研究。此外，编译研究可以分为宏观研究和微观研究两个层面，宏观研究包括编译发生的（时代）背景、存在理据、适用范围、（产生的）影响、编译者所用的策略、编译的历史和编译者研究等；微观研究包括编译技巧、编译的文体风格、编译语言的雅俗、原译文本结构的变化等。

编译的英文命名与编译的定义一样，分歧很大。经统计，目前已有15个英文术语与"编译"对应使用：translation（任月花，2008）、reader-friendly translation（那晓宇，2007）、translation and edition(唐若水，1998；徐建国，2008 等)、translate and edit（文军、宋佳，2007）、translating and editing(魏晋慧，1999；刘丽芬、黄忠廉，2001 等)、transediting(段黎霞，2004；杨义容，2008；张柏兰，2007；张伟，2007；曹莹，2008 等)、editing(田传茂，2006)、editing and translation（唐红，2004）、edition translation(张永中等，2008)、edited translation(李蓓蓓，2007 等)、editing translation(方幸福，2002；胡雍丰，2006)、adapted translation(方梦之，2005)、adaptation(陈明瑶，2001；穆凤良等，2001；洪珺，2005；刘冰，2006；刘娟，2006；马景秀，2006；季怡，2007；曹志颖，2008 等)、compilation(马逢莒，1991；张春新，2004 等)、condensed translation（马景秀，2005)等。

上述英文术语大体可分为五类：第一类属于"编译"的上义词范畴，譬如 translation 和 reader-friendly translation(编译、归化、同化译文都属于这一范畴)；第二类属于专门术语，如：compilation 专指词典或大型书籍的编撰；第三类另有所指，adaptation 是改编文本，可能是语内翻译(如名著改编本)，也可能是语际翻译，adapted translation 是改译，改编原文本，然后翻译，抑或是直接改编翻译本，两种情况都存在，而 condensed translation 指缩译，将原文本浓缩，再翻译，与摘要翻译有类似；第四类虽接近编译，但与编译实质还存在一定的距离，譬如 editing 指对文本材料加工整理的编辑行为，不含有翻译行为；edited translation 指的是经编辑过的翻译文本或被编辑过文本的翻译，属于"先译后编"类型；editing translation 指对译文加以编辑的行为，属于"先译后编"类型；edition translation 属于汉语的偏正构词方式，不大符合英文构词习惯，应有连接词 and；editing and translation 指编辑行为与译文，是一对不协调的组合；第五类确是编译的对应术语，但不具有学科术语的概括能力，而只是编译行为、过程和文本的具体所指，譬如 translating and editing 指编译的行为或过程，transediting 为 translating 与 editing 的缩写,translate and edit 指编译动作或行为,translation and edition 指编译文本。

可见,这些术语不具有学科术语所具有的概括、排他和专业等特性。鉴于此,本书提出 transeditology(translate+edit+ology)指称"编译研究",包括编译行为、编译技巧、编译策略、编译文本、编译者和编译历史等的研究。在 transeditology 的框架中,我们用 transediting 指编译行为,用 transedition 指编译文本或产品,用 transeditor 指编译者,用 transedition process 指编译过程。

编译策略之所以广为采用,在于以下特点:(1)自由程度高,不拘泥于原文结构和内容,任取所需;(2)实用性强,各种体裁、风格、领域的文本都适用;(3)语言灵活,便于通俗化和民族化,易于读者阅读和接受;(4)应用性强,可编、评、述、译同时进行①,便于普及文化智识,有利于与本土文化相融合;(5)有利于分散的资源整合,将一部或几部文本的所需信息,编译出版,满足读者的需求。然而,编译策略也存在一定的不足,尤其以下三点:(1)编译文本不利于保持原作的文体风格和篇章脉络;(2)不利于读者找寻原作中的文本细节信息,如引用来源、文本索引、各种注释等;(3)使用受到一定程度的限制,对于文学文本来说,编译就可能造成很大的文本损失。可见,编译比较适用于传达文本信息和内容,而不适用于传达文本的风格和语言特色,行使的是翻译的社会功能,是为特定读者服务的。

纵观翻译实践的历史,我们发现,早期的翻译文本多数都存

---

① 值得注意的是,"编译中不能加入'译者自己一定的想象',不要译者的诠释,必须从原作出发,译介的仍是作者的思想"(许明武,1998:32),混淆了摘要翻译、缩译与编译的界限。编译中的"编",并非是"编辑学"中的调整和润色,而是按照写作者自己的意图,对已有材料加以相应的翻译、述写、评论、修订等,王古鲁按照日本安藤正次《言语学概论》(1927)编译的《言语学通论》(1930),是个很好的例子。此外,王古鲁在 1931 年出版的编译作品《中国近代戏曲史》,也是典型的编译作品,可供参考。

在编译的痕迹，这些文本或是以一部著作为主架，或是以数部著作为信息来源，经过翻译、加工、集成书稿，满足特殊时期特定读者的阅读需要。就早期的著述而言，编译的操作程序和特点，已不单单是翻译过程中的技巧和技术，而是关涉到成书、销售、使用及其影响的各个层面，已构成翻译、编辑成书的策略。这一策略产生于特定历史时代，具体到不同学科，而有所变化，语言学中的编译策略产生于20世纪上半叶，所谓西方语言学思想东传的萌芽时期，譬如王古鲁(1930)和林祝敔(1943)是典型的编译案例，详见本书第四章第二节。这种策略直到今天在语言学领域仍有零星使用，如涂纪亮主编的《语言哲学名著选辑》(1988)、汪榕培等编译的《八十年代国外语言学的新天地》(1992)等，而在其他领域，特别是在经济、科学、新闻、外宣等领域，编译的运用正日益广泛。

缩译①

在引入西学的初期，缩译曾是广泛采用的译介手段之一。早在20世纪初叶，就有人缩译马克思理论，将马克思主义思想介绍到中国，也有人缩译耶斯伯森的国际语思想(如傅平，1932)等。随着全球化的演进，缩译作为快捷便利的翻译手段在新闻报道、科技等领域仍广为使用。

对于缩译的理性思考，始于黄忠廉的两部变译研究著作：《翻译变体研究》(2000)和《变译研究》(2002)，之后田传茂与黄忠廉(2006)系统地归纳总结了缩译的原则和方法。截至2011年8月18日，中国知网共有3篇以"缩译"为关键词的搜索结果，其中一篇为缩译原则与方法的浅论(叶一君，2011)，一篇为缩译过程研究的硕士论文(范志坚，2006)，另一篇为新闻报道汉英缩译的应用研究。可见，缩译研究尚未取得编译、译述、重写等翻译策略研究的学术地位。黄忠廉(2000：142)认为，缩译是指缩减原文

---

① 本节内容曾以《缩译研究评议》为名，发表于《民族翻译》2014年第2期，特此说明。

的长度。基于该定义,叶一君(2011:91)认为,缩减后的译文篇幅只有原文的一半,有的时候甚至是原文篇幅的十分之一或更少,以便让外国读者更好地了解中国发生的事情。黄忠廉(2000)和叶一君(2011)的定义只着重于缩译的篇幅长度,丢失了缩译最为重要的本质,即原文本的内容。田传茂与黄忠廉(2006:43)对上述定义修正如下:"缩译是压缩性翻译,是以一定的篇幅再现原作的主干内容。这里,'一定的篇幅'指缩译的长度一般应限制在千字之内,因为缩译的主要目的是帮助读者在有限时间内(如三五分钟)了解原作的大意,至于原作的语言风格、情节的起承转合等不属于缩译传达的对象。缩译是原作的缩微。"这个定义相对比较完善,但过于决定地认为缩译的篇幅当限制在三五分钟可以通读的千字之内,且将原文本的言语风格、情节等排除在缩译处理范围之外,与该文缩译原则中的"原作的压缩性""内容的忠实性""语篇结构的一致性"和"译文的整体连贯性"相冲突。上述定义的特点可归纳如下:其一,缩译的性质是缩减原文长度;其二,将缩译文本长度限制在原文篇幅一半或千字之内;其三,以原文本内容为基础,再现原文主干内容;其四,均认为缩译文本为精简的篇幅再现原文的主干内容。

  在整理上述定义过程中,我们发现如下问题:如果缩译文本是原作的压缩文本,就不能抛开原作的情节起承,否则译文的语篇结构就无法一致,继而译文的整理连贯就会成为空谈,因为缩译文本并非摘要翻译文本,不可以另开炉灶,按照译者自行逻辑,以保证译文的整体连贯。如果缩译文本要内容忠实于原文本,缩译文本就不能将原文本的言语风格(文体)排除在外,因为原文本的文体风格也属于内容忠实的成分,丢失了原文本风格的缩译文本,也就无内容忠实可言。试想,在不考虑文体风格的情况下,将一则新闻报道(文体)缩译成文,改变文体后的缩译文本是否仍属于新闻报道?如果不考虑一则新闻报道中的情节(如新近的动车事件),缩译文本能否忠实地提供给读者欲知的信息?如果不能,缩译的新闻报道是否还有缩译的价值?

因此,我们不妨将缩译重新定义如下:缩译是①以忠实于原文本内容(信息、文体、结构、措辞特点等)为基础的压缩性翻译文本,既可以是原文本整个问题的压缩翻译也可以是原文本某个部分的压缩传译。译者根据任务类型(文本长度、文本类型、文本领域等)按照任务需求(如文本用途、读者类型、读者目的、待译内容等),确定译本篇幅,采取压缩手段再现待译原文本的内容。

尽管有关缩译的研究成果不多,但这些成果中使用的英文称谓尚未统一。截至2009年12月26日,中国知网以"缩译"为关键词的3个搜索结果中,有2个英文称谓,即:abridgement(田传茂、黄忠廉,2006)和condensed translation(范志坚,2006)。其中,abridgement的意思为:(1)Making a book, play, etc shorter by leaving parts out (Oxford Advanced Learner's English-Chinese Dictionary, 2004:5);(2) An abridged book or play has been made shorter by removing some parts of it. (*Collins Cobuild Advanced Learner's English Dictionary*, 2009:4)。

上述英文定义中,《牛津高阶英汉双解词典》在英文释义后添加了汉译"删节、节略",《柯林斯高阶英语学习词典》在英文例句后列有英文释义单词"shortened",可见国内通行的两部引进词典均表明,该英文术语为"删节"和"缩减"的意思,并无"压缩"原文本内容的义项。此外,该术语只有"删节"的义项,没有"翻译"的义项在内,因此不宜用这个术语指称"缩译",反倒适合指称"节译"②(abridged translation)。而condensed translation中condense的释义为:"to put something such as a piece of writing into fewer words, or put a lot of information into a small space"(*Oxford Advanced Learner's English-Chinese Dictionary*, 2004:344),即压缩或浓缩文本信息,与缩译中"缩"的所指颇为相符,

---

① 概念定义中往往出现"是"和"指"两个字,前者交代概念的本质内容,后者大多罗列与概念相关的现象、书写行为,所以厘定术语概念时须谨慎使用。

② 节译是删节或节取部分文本内容的翻译,其译本是删节本,是原文本非完整的译本。

因此用 condensed translation 来指称"缩译"是比较理想的选择。

现以编译、译述、摘译、摘要翻译和提要翻译为参照，两相对比后揭示缩译的特点。

与编译相比，缩译重在压缩、凝结某一文本的特定内容，旨在解决阅读原文本所带来的各种不便，摆脱译文在原文字句层面的束缚，不像编译那样采用"增改"和"评述"，融入大量的文本外内容，如：私自添加脚注、附录等，抑或是将几个相关文本的内容融为一体，编排目录、数目、索引等（如王古鲁，1930；李安宅，1934）。此外，两者在篇幅长度上面也存在一定的区别，不论编译还是缩译，其篇幅取决于译者的意图和原文本类型（书、报、文章或报告）。如果出于同一意图，用两者处理同一文本，编译文本在文本结构、措辞风格、篇幅长度方面或许不同于缩译文本，原因在于两者的处理手段不同。

与译述相比，缩译在选取文本后以最大程度保留原文本精髓为目的，压缩原文本篇幅，传达原文本的精要，而译述则以原文本内容为基础，对原文本的内容或个别细节给予评述、翻译、摘译、改译等，或评多于述，或评多于译，或改多于述译，这是缩译不能允许的。在西方语言学汉译早期，胡以鲁（1912）属于典型的译述文本，该书系统地译述了西方几十位语言学家著述的内容。

与摘译相比，缩译大多将选取的材料浓缩成文，属于原文本的浓缩，而摘译则摘取其部分内容传译成文，属于原文本的片段，两者属于同一文本的整体与局部间的关系。就操作技巧而言，摘译重在选择文本内容，摘取后翻译成文，不能融入编译文本的手段（如张世禄，1937），而缩译重在压缩文本内容，选取或指派文本后可采用类似编译的手段，但不能过多地融入文本外内容，旨在简略。

与摘要翻译（summary translation）和提要翻译（abstract translation）相比，缩译与上述两者的相似点在于，三者均择取原文本的精要，不能融入译者的评述和文本外内容，但摘要翻译一般容摘要写作和翻译于一体，先写作原文本的摘要再翻译，或是直接用外语撰写原文本的摘要，属于用另一门语言总结文本的内容;提要翻译一般无须提要写作,翻译的原文本就是现成的提要,一般篇幅较短(字数从 200 字到 800 字,依据现实需要而不同),属于直接翻译。摘要翻译的用途与缩译比较相似,都是给读者提供简要的文本内容,而提要翻译一般用于期刊文章、学位论文等专业领域,不如摘要翻译和缩译使用范围广泛。

缩译特点大体可归纳为:适用文本范围广、操作性强、传达信息速度快、篇幅短小精悍等。

在西方语言学汉译早期,缩译文本多以独立文章形式出现,但总体来看缩译文本数量较少。

转译

因在特定时期内,社会上通晓特定语种(通常为非通用语种,如 20 世纪三四十年代的俄语、保加利亚语、意大利语、丹麦语等)的知识分子较少,或是不能胜任直接翻译的工作,或是无法满足特定状态下的社会需求,学界或出版界就不得不以通用语种的译本为蓝本开展传译工作。通常来说,转译的底本(蓝本)或由自由译者根据当时社会需求来定,或由翻译赞助人(委托者——学校、出版社、政府机构、非政府组织、商人等)应市场需求而择选的,译者只以该底本(通用语译本)为据,无须考虑源文本与该底本及转译目标文本之间的关系。从转译者角度说,译者做的仍是语际符号文本转换的工作,只是底本是原文本的译本而已,又因无法通读原文本,只能以译本当"原文本"(底本),故无须关注原文本(文本$_1$)与新的目标文本(文本$_3$)之间的信息等量关系,只保证原译本/底本(文本$_2$)与文本$_3$之间的信息守恒即可。从信息源的角度讲,转译以一种外语(媒介语)的译本为原本(底本),将之翻译成另一种语言,在本质上属于重译(方梦之,2005:132),或更精确地说,这一过程属于原文本的二次翻译行为,可表述为:文本$_1$→文本$_2$→文本$_3$ 的思想旅行过程,其中文本$_1$到文本$_2$属第一次符号转换行为(且大多为语际符号转换,但就某种程度上的中国文化典籍外译而言,大多译者所据的是现代白话文本,这一底本其实就是古文原本的语内译本,故而这样的外译文本也属于转

译本),文本₂到文本₃属于以译本为底本的第二次符号转换行为,似乎以弗雷格的语义三角模式更能有效地说明三者之间的关系,即

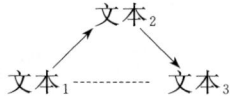

文本₁与文本₂、文本₂与文本₃之间带顺向箭头的实线表示直接关系,在第一次转换中,文本₁为始发文本;在第二次转换中,文本₂为代替文本₁的始发文本,故而文本₁与文本₃之间以虚线连接。二者之间的信息传递和守恒以文本₂为媒介,两次符号转换行为中文本₁实质上经历了两次文化的协商和融合,虽然信息仍处于守恒状态,但在特定层面,特别是民族专属文化层面,不免发生二次翻译引起的"缺损"或曰"二度变形",这是转译本难以逃脱的宿命,因为译者无法决定或操控底本的命运,无法保证底本与原文本之间的转换关联度。

纵观全球翻译史,在文化传通与融合的早期,转译是较为普遍的手段和符号转换方式。据翻译史家考察,我国最早的汉译佛经术语多半非直接译自梵文,而是译自媒介语,或是天竺文字,或是西域某种文字。(方梦之,2005:132)据马祖毅《中国翻译通史·古代史卷》(2006),朝鲜、日本等国以及西藏、新疆、内蒙古等地区的少数民族均有以汉译佛经为底本的经历。即便在今天,中国仍有不少学者以汉译少数民族典籍为底本,从事少数民族典籍的外译工作①。由此可见,不仅1906—1949年间外国语言

---

① 岂不知中国少数民族典籍外译工作,若以汉译本为底本仅从事二次翻译,不但无法保证因二次翻译引发的质量问题,更无法确保原译本之间的文体风格对应,就连这种转译的可持续发展也成问题,即截至2016年12月23日,中国共有少数民族典籍8800余部,汉译本仅不足600部,剩下的8000余部怎么办?这近600部汉译本质量如何?不确定汉译本质量能否充当外译的底本?如此这般,怎么保证少数民族典籍外译的质量、接受度、学术性、知识性等?少数民族接受这样的外译典籍吗?外国人认可这样的典籍吗?政府如何看到这样的外译典籍呢?这些问题都不考虑,闭着眼睛捉麻雀肯定行不通。有关问题参见拙文《我国少数民族典籍外译的问题与对策》(2017年待刊)。

学典籍汉译中存在转译行为,从古到今一直都存在,且具有一定程度的普遍性,但有关转译行为与现象的理性思考则是现当代的学术行为。

截至目前(2015年9月9日),笔者以关键词"转译"为搜索条件,分别获得中国知网数据137条(去除生物等非相关项获得关联数据106项),读秀知识库数据312条(去除非相关项获得关联数据152项)。纵观转译的现有相关文献,中国较早对转译加以理性思考的是祖武于1965年在《文字改革》第5期发表的《从"移译"所想到的》,之后停止十余年,虽然20世纪80年代偶有提及,但终究没有得到重视;90年代因翻译研究发展迅速,有关翻译研究各层面的问题也逐渐得到关注。尽管90年代,翻译界对转译有所关注,但十余年间有关成果数量一直徘徊在单位数,直到2008年后才有所好转。

就现有文献而言,除了生物等领域所指的形变外,转译的所指并不是十分符合术语学对术语的特性和指称所做出的要求:明确性和排他性。之所以这样说,是因为在1965—2015年的所有相关文献中,绝大多数用转译指称词性(词类)的转换现象,也有用该术语指称词汇义项的转用,还有用指以实物为绘图参考的现象,如《中国传统院落空间在当代语境下的转译》(杨海粟,2009)和《莫高窟唐代观音画像的转译与释读》(史忠平、马莉,2010)。该现象属于广义范畴的翻译行为,翻译符号学就认为唐代佛教徒以武则天为原型塑造女相观音,史前佛教徒以佛经描述为依据,以大德高僧为参考,绘制佛、菩萨壁画,这都属于翻译行为[①],但是否属于二次翻译行为的转译有待进一步思考和商榷。因而,在这些文献中仅有少数学者关注中国早期宗教、文学、艺术、科学等领域以通用语种译本为底本的翻译现象,如《我国历史上的转译及其利弊得失》(余协斌、陈静,2004)、《1919年—1949年

---

① 有关此处翻译符号学观点的具体内容,参见贾洪伟《翻译符号学的概念》,《外语教学》,2016年第1期。

中国翻译界的转译现象》(邸爱英，2007)、《中国翻译传统研究：从转译到从原文译(1949—1999)》(王友贵，2008)等，所占比例不足总文献量百分之一二。可见，自1965年，中国翻译文献中的转译所指并不统一，且翻译实践与教学中的转译所指，完全不同于翻译理论、翻译文本、翻译类型中的所指，通读文献后给人有种两张皮的感觉。

本书所用的转译指以日语译本为底本，汉译（俄语写作的）苏联语言学作品。据现有文献，语言学转译本出现在现代科学集中涌入的20世纪30年代，即1934—1935年连续出现据日译本转译的著作章节《言语底发生》和国际语著作《言语学与国际语》，虽然类似的译本数量在总文献中的比例并不高，但毕竟可代表一种类型，故本书拟专门考察之。因历史原因，中国跟苏联走的一直比较近，故对多数中国学者来说，俄语并不陌生，但若触及国际语、社会学、现代科学等话题，大多懂俄语的学者也未必能够胜任，因为难点不在于写作语言，而是国际语的相关内容，特别是人造国际语，如世界语。

翻译

不论中外，翻译的所指范围都很大，编译作品或行为可以称作翻译，摘译作品和行为也可以称作翻译，译述作品和行为还可称作翻译，这些都归属于翻译研究的门类之下。可这正说明翻译所指的范围和模糊程度。在中文里，"翻译"既可指翻译行为，也可指翻译作品，还可指翻译者，这是汉语里所特有的指称形式，很可能是由汉字的类型和表述特点所决定。在英语中，用translate的不同变体表示上述指称，即translating（翻译行为）、translation（翻译作品）、translator（翻译者）等。受英语所指的影响，中国翻译研究界也采用了"翻译行为""翻译作品""译者"等较为具体的术语。

中国的翻译研究历史悠久，口译活动至少可推至东汉光武帝时期（公元25年—公元220年，参见Rachel Lung，2006；马祖毅，2006等），发生在朝廷官员与少数民族之间；笔译主要是佛经翻译,也发生在这一时期;科学与文学翻译发生在明末清初,主要是外国传教士与中国人合作翻译,其中利玛窦(Matteo Ricci,1552—1610)、汤若望(Johann Adam Schall von Bell,1592—1666)、傅兰雅(John Fryer,1839—1928)等是传教士的代表;语言思想的译介也发生在明末清初,主要是外国传教士运用国外经验,编撰供传教士学习汉语用的语法书、字汇手册、词典等,对当时的中国语言研究影响不大,反倒是将中国的语言术语传播到了外国(例如实字与虚字、母音与子音等),其中著名代表有金尼阁(Nicolas Trigault,1577—1629)、马若瑟(Joseph de Prémare,1666—1736)等,这些传教士所编的语法书不但影响了欧洲语言学家对汉语的认识,而且为日后汉语语法的研究奠定了基础,但其对中国语法研究的影响直到1898年后才得以显现。

纵观有关语言学思想译介的历史,我们发现,传教士的语言思想译介虽然发生较早,但在1898年①前,这种译介行为是单向的,未对中国语言研究产生大的影响。中国本土语言学家译介国外语言学思想始于1906年章太炎的《论语言文字之学》,之后,章氏门生胡以鲁编《国语学草创》(1912),大量引进国外语言学思想,从普通语言学视角分析汉语的音、形、义及其缘起,纠正了国际普通语言学界对汉语的错误认识,成为中国普通语言学建立的标志。

迄今为止,涉及国外语言学著作翻译研究的只有姚小平(2007)和贾洪伟(2010a),前者是对中国语言学典籍汉译史加以通史性研究,后者专门对苏联语言学(1991年以前)的译介史给予

---

① 1898年,中国人马建忠参照"格朗玛",编写中国本土第一部汉语文法《马氏文通》。马建忠曾在教会学校上学,据传在法国上学时,修习过语言学课程,但没有确凿的证据证明之;又有人推测他可能接触过传教士所编的中国语法书籍,亦没有翔实可靠的证据。尽管如此,本书只以《马氏文通》为硬性历史证据,假设1898年是西方语法对中国语法研究开始发生影响的一年。有关中国早期学者对《马氏文通》所持的观点,具有代表性的是黄侃在《文心雕龙札记》中做出的批评,参见黄侃《文心雕龙札记》,北京:中华书局,2014年,第111—112页。

梳理和分期。

从1906—1949年间，中国普通语言学典籍中，已经出现今天意义上的翻译著作和理论文章，翻译著作主要出现在1922年之后，而翻译理论的文章主要是这些语言学家日常译介经验的总结和所发现问题的探讨，譬如1910年章士钊发表的《论译名》，胡以鲁针对"论音译"而发表的《论译名》(1914)等。

可见，除了翻译文本是以一个源文本为基础，其他三类译介文本都是建立在一个或多个源文本基础上的。

5. 译介与译介学

尽管"译介"现象在引进外国思想的文本中早已存在，可并未引起学者的及时关注。相对来说，比较文学研究者对"译介行为"的关注略早。20世纪90年代中期，谢天振开始关注文学翻译中的译介文本，提出"译介学"，并首次对其加以界定：

> 译介学不同于一般意义上的翻译研究，如果要对它作一个简明扼要的界定的话，那么不妨说，译介学最初是从比较文学中媒介学的角度出发，目前则越来越多是从比较文化的角度出发对翻译（尤其是文学翻译）和翻译文学进行的研究。严格而言，译介学的研究不是一种语言研究，而是一种文学研究或者文化研究，它关心的不是语言层面上出发语与目的语之间如何转换的问题，它关心的是原文在这种外语和本族语转换过程中信息的失落、变形、增添、扩伸等问题，它关心的是翻译（主要是文学翻译）作为人类一种跨文化交流的实践活动所具有的独特价值和意义。译介学尚没有相应的固定英语术语，曾有人建议可翻译成Medio-Translatology，这个词的前半部分意为"媒介""中介"，英语中的"媒介学"一词即为Mediology，后半部分意为"翻译学"，这样勉强可以表达译介学的意思。（谢天振，1999：1—2）

不久，方梦之等将这一术语收入《译学辞典》(2004/2005)，并在

谢天振(1999)基础上加以重写:

> 从比较文化的角度,对翻译(尤其是文学翻译)和翻译文学进行的跨文化研究,关注翻译转换过程中信息的失落、变形、增添与扩展等问题,关注翻译作为人类一种跨文化交流的实践活动所具有的独特价值与意义。其理论要点包括:分析翻译文学的性质、归属和地位,确立翻译家在文学史上的地位,对文学翻译的创造性叛逆的研究,对翻译中不同文化的误解与误释、文化意象的失落与歪曲的研究,重写"翻译文学史"的必要性和方法论,等等。(方梦之等,2005:198)

可见,比较文学中的译介研究是建立在媒介学和比较文化学研究的基础上的,是一种以文学翻译文本、翻译行为和译者为研究对象的跨文化研究,旨在考察和分析文学翻译文本的影响、接受和传播等,侧重于翻译过程中所表现出的文化交流状况(即理解、交融、误解与排斥),便于在民族文化语境中审视不同文化间的交流方式,改变对文学翻译和翻译文学所持的固有偏见,建立相应的研究方法论,确立正确的学科地位和史学观。

相比之下,比较文学中的译介研究和语言学中的译介研究,都属于依靠文本分析的跨文化研究,但两者又不同。语言学中的译介研究基于语言学文本的信息传递,是一种以语言学文本[①]、译介行为和译介者为研究对象的跨文化研究,旨在从纵、横层面考察和分析西方语言学思想的传入途径、方式、方法及其在中国的接受和影响,侧重于国外语言学在中国早期语言学文本中的呈现方式,以及从译介的角度追溯某些语言学文本的思想来源,并鉴别其成书的形式,做出正确的判断和公允的评述,从而建立语言学中译介研究的方法和方法论体系,确立译介研究在语言学和翻译学研究中的学科地位。此外,由于本书是从译介的视角对语

---

① 源文本与译文本、译文本与译文本、孤立文本等。

言学文本做历史研究，所以把译介研究看作文本间的比较研究。

综上所述，不论是从学科性质、研究对象、研究目的、研究角度，还是从研究方法看，语言学中的译介研究与比较文学中的译介研究都不一样，二者不能混同。

七、本书结构

本书共分六章。第一章绪论阐述本研究的选题目标与意义、历史与现状综述、研究问题与范围、译介史研究的特点和方法以及译介的概念界定，阐述了译介的界定、对象、分类和任务等，并与现行的译介学区分开来；第二章语言学典籍译介研究概述与分期，主要分为译述、编译、翻译和转译等门类，分析语言学典籍的译介文本，追溯语言学术语的引进和流变，总结出译介过程的走向；第三章分析该期的译介文本，归纳该期引进的术语，考察该期语言学术语的流变，总结该期中国语言学典籍译介的过程和走向，以及印刷版式的流变；第四章从语言学本体(语音、结构、形态与类型、意义等)和语言学分支学科(历史语言学、心理语言学、应用语言学等)两个层面，归纳该时期国外语言学典籍汉译对中国现代语言学本体各部门及其分支学科产生的影响；第五章梳理中国传统语言学的治学方法和特点，介绍现代语言学治学方法的引进，论述中国传统语言学治学方法与现代语言学治学方法的差异，阐述引进现代语言学治学方法的意义；第六章总结该时期国外语言学典籍汉译的历史成因、影响该期语言学典籍汉译的因素、语言学典籍译介的作用、语言学典籍译介对中国语言学发展的影响和本书的研究发现，归纳该期语言学典籍汉译的启示以及本研究的不足与展望。

第二章　语言学典籍译介研究概述与分期

本章拟讨论 1906—1949 年间中国语言学典籍译介文本的发生及其历史分期问题。前者属于历史的综述，分为普通语言学的译介文本和特殊文本两部分；后者属于历史的分析，主要阐述这段历史的具体分期问题，以不同的历史事件和译介文本产生的特征为参考，以接触国外普通语言学的路径、国外普通语言学的传入时间和译介文本的类型三个参考点划分这段历史，以便为本书第三章的文本分析做铺垫。

一、典籍译介的历史综述

本章以 20 世纪上半叶中国普通语言学译介文本和特殊文本两部分，叙述中国译介国外语言学的历史发展，窥视前人在引进和译介国外普通语言学理论和思想方面做出的成绩，以及中国语言学在这个时间段的发展脉络，并从学科史的角度扼要评述所涉及的著述。

1. 20 世纪上半叶中国译介国外普通语言学文本概述

近现代中国语言学者对国外语言学的了解，得益于日本的译介。最初的译介在日本出现于 1897 年（参见本书第 10 页及当页脚注①——德国学者 Patrick 的网页）。在 1886 年日本语言学家把这门学科命名为"博言學"①（はくげんがく），在当时的东京帝国大学博言科里讲授。十余年后改"博言学"为"言語學"（げんごがく），

---

① 引入之初，用以指称今天的普通语言学，虽然后来被废弃，但还有零星的使用，比如：日本已故著名语言学家桥本万太郎教授（1932—1987）的《现代博言学》（大修馆书店，1981）。

自此，始用"言語學"（日语的"语言学"）来命名。这个译名对中国语言学的影响是深远的。20世纪30年代前，几乎大多数中国出版的语言学著作或译作都以"言語學"为名就是明证，如王古鲁《言语学通论》(1930)、沈步洲《言语学概论》(1931)、雷通群译《言语学大纲》(1934)、孙伯坚译《言语学与国际语》(1935)和徐沫译《新兴言语理论》(1936)等。

　　日本译介欧美语言学的初期，正值中国学者避地日本，他们通过日本的译介文本接触到了国外的普通语言学理论，进而改革汉语研究的范式，以便达到"救国"的目的。中国对国外语言学理论的译介始于清末章太炎的有关语言学的文章，如《论语言文字之学》(1906)、《新方言》(1907)和《语言缘起说》(1910)等，以及胡以鲁的《国语学草创》(1912)。在《论语言文字之学》中，章太炎受到普通语言学的影响，提出"语言文字学"这一学科名称，标志着中国引进国外语言学的开端；文中借用了"印度胜论说"和英国学者缪勒的语言学说，首次具体而翔实地阐述了汉语的来源问题，尔后整理了有关语言起源的内容，将其细化写成"语言缘起说"收在1910年于日本出版的《国故论衡》。受章太炎的影响，胡以鲁不但引进了国外普通语言学理论，而且运用其探讨汉语特有的语言现象，写成《国语学草创》一书。有人认为，《国语学草创》的问世意味着中国语言学研究开始走上科学的道路，标志着中国理论语言学开始建立。（邵敬敏、方经民，1991：28）

　　虽然早在1906—1912年，章太炎和胡以鲁就在各自的著述中引进了国外语言学理论①，但之后的中国学者主要把精力放在语法的研究上，较少探索语言学理论。可能是因为当时的学者认为，研究汉语的具体问题相对来说更为重要。因此，中国普通语

---

① 上文可见，章太炎所引进的不仅仅是英国学者缪勒的语言学观点，还有"印度胜论说"的主张，因此，本书当涉及章太炎所引进的学说时，均用"国外语言学思想"或"外国语言学思想"以包括西方和印度。此外，一律用西方普通语言学思想，因为自上田万年于19世纪80年代自德国归来，日本的语言学著作基本上是以德国为主的西方语言学的代言人。

言学领域出现了十余年的空白期。1923年乐嗣炳(1901—1984)参考手头西方语言学的资料编著了《语言学大意》,书中所论过于泛化,因而影响不大。1928年方光焘(1898—1964)发表《言语的起源》一文,是中国最早的有关语言起源的专门译文。1930年王古鲁据日本安藤正次《言语学概论》(1927)译介《言语学通论》;同年,章士钊(1881—1973)在德国哥廷根大学翻译了师辟伯①(Hans Sperber,1885—1963)的语言学著作,称为《情为语变之原论》②(商务印书馆,1930),引入词汇变迁的情感根源论。1931年沈步洲著(实为译述)《言语学概论》和张世禄的《语言学原理》面世。1931年林语堂将其译介和翻译的文章结集,冠以《语言学论丛》出版;贺昌群(1903—1973)翻译瑞典汉学家高本汉《中国语言学研究》。1934年是出版语言学著作最多的一年,有李安宅编译《意义学》、张世禄编著《语言学概论》、张世禄译述《汉语词类》和雷通群翻译《言语学大纲》等四部著述及杨伯凯和叶青等编译的"科学论丛"第一辑中的《言语底发生》(1934),率先引进了苏联马尔语言学理论,是中国首次出现译介来自苏联的语言学作品。1935年出版了三部翻译著作,其中《汉语词类》是国内首次出版张世禄译述瑞典高本汉的著作;另外两部是孙伯坚翻译苏联语言学家斯皮义多维奇著《言语学与国际语》和董世礼译注《日耳曼语系研究》;此外,尚有岑麒祥翻译《历史言语学中之比较的方法》一篇。1936年李安宅翻译了Sapir等人论述语言学理论的文章,以《巫术与语言》为题在商务印书馆结集出版;徐沫翻译苏联语言学家安德烈也夫和特雷仁著的《新兴言语理论》。1937年张世禄与蓝文海翻译(也属摘译)英国语言学家弗斯(J. Firth,1890—1960)的《语言学通论》③,引入以弗斯为主流的英国语言学的思想。1943

---

① 该译名为章士钊原译。

② Sperber, Hans. 1914. *Über den Affekt als Ursache der Sprachveränderung : Versuch einer dynamologischen Betrachtung des Sprachlebens.* Halle/saale: Max Niemeyer.

③ Firth, J. 1916. *Speech.* London: Benn's Sixpenny Library.

年林祝敔编译了中国第一部《语言学史》,是根据丹麦语言学家 Pedersen 于 1924 年写就并于 1931 年出版的英文本《十九世纪的欧洲语言学史》①、法国语言学家梅耶(Meillet)的《印欧语比较研究入门》②和丹麦语言学家叶斯伯森(Jespersen)的《语言：本质、起源和发展》③而写成的。1945 年周辨明和黄典诚编译了《语言学概要》,该书共八章,主要是译自帕尔默(L. R. Palmer,1877—1958)的《现代语言学概论》(*An Introduction to Modern Linguistics*,1936)、博德马(F. Bodmer,1893—1955)的《语言的组织》(*The Loom of Language*,1943)和庞克斯特《未来的世界语》(*The Future of International Language*)④,因书后附录了作者所写的文章,故自称为编译。1949 年水夫编译苏联语言学家尼柯尔斯基与雅柯夫列夫合著《人怎样开始讲话》,是一本以人类讲话为视角阐述人类语言形成、演化、特点等问题的普通语言学读本,也是当时语言学界和人民大众了解世界语言种类、动物语言、世界语言起源、人类讲话的必要性、原始人类语言和人类语言差异等问题的科普读物。

---

① Pedersen. H., *The Discovery of Language*: *Linguistic Science in the Nineteenth Century*. Tr. by John Webster Sprado. Indiana University Press, 1931. 本书原系 Aage Friis 编辑的《十九世纪文化史》(*Det Nittende Aarhundrede*)的第十五卷,即丹麦语言学家 Holger Pedersen 的丹麦文本 *Sprogvidenskaben I det Nittende Aarhundrede*: *Metoder og Resultater* (Copenhagen, Gyldendalske Boghandel, 1924)的翻译本,译者为美国伊利诺伊州西北大学的 John W. Spargo,于 1931 年在哈佛大学出版社出版。中国译者其后于 1959 年、1962 年、1972 年分别再版。中文译者钱晋华先生据 Pedersen 的 1931 年版翻译为《十九世纪的欧洲语言学史》,1958 年由北京科学出版社出版。

② Meillet, A. 1922. *Introduction à l'étude comparative des langues indo-européennes*. Paris: Hachette et Cie.

③ Jespersen, O. 1922. *Language*: *Its Nature*, *Origin & Development*. London: George & Unwin. Ltd.

④ Pankhurst, Sylvia. *The Future of International Language*. New York E. P. Dutton. 出版年代不详。虽然加拿大图书馆联盟(Canadian Libraries)的网络档案馆(Internet Archive)提供了不同电子文本,可均未交代本书的出版年代。

通过对1906—1949年间中国语言学发展历史的梳理和研究，我们发现，除了章太炎和胡以鲁是通过日本接触国外语言学的影响外，其他学者几乎全都是直接或间接地受到了西方语言学源文献的影响。影响早期中国语言学研究走向的是"外源"，这个外源的影响也可以分为两个阶段，即开端（1930年以前）和发展（1930—1949），前者重在引进，后者则重在以引进为基础探索汉语问题。国外语言学引进的开端是从章太炎和胡以鲁开始的。章太炎通过接触外国的语言学理论提出了"语言文字学"，结束了"小学""训诂""音韵"三权分立的状态，结束了语言研究附庸于经学的地位。胡以鲁受到"印度胜论说"和德国19世纪语言学家洪堡（Wilhelm von Humboldt，1767—1835）的"内范"（inner form）观和"外范"（outer form）观等的影响，提出了语法研究的理论框架，以打破学人因袭马建忠的学术路线。此外，他还批评国外普通语言学界对汉语地位所持的错误观点，纠正了普通语言学界对汉语的错误认识。其间，偶尔有译介国外语言学理论的著述，但影响不大，或是只在语言学的局部学科产生影响，抑或是因为某种原因无疾而终。譬如，乐嗣炳的《语言学大意》，因其过于泛化，没有起到很大的影响；1930年后也引进了一些国外语言学理论，但与前阶段不同的是，这个时期中国学者开始以国外语言学理论为基础，探索汉语的普通语言学问题，出版了几部影响力较大的教科书和著作，如王古鲁的《言语学通论》（1930），沈步洲的《言语学概论》（1931），张世禄的《语言学原理》（1931）、《语言学概论》（1934）、《语音学概要》（1934），等等。

2. 特殊文本

本书的重点是考察20世纪上半叶中国译介国外语言学理论的著作。由于有些著作是关于普通语言学领域内部的专门研究，所以本书把这些著作归入特殊文本，以弥补正文的缺漏。

1926年，潘尊行用文言文翻译瑞典高本汉《中国语言学研究》，因所用语言古奥，不是很受欢迎，阅读面不广，最终被冯承钧和贺昌群的新译所取代①。1930年，刘复翻译了法国语言学家保罗·巴西②（Paul Passy，1859—1940）的《比较语音学概论》，该书是针对法国外语学习者的不正确发音而写，没有多少理论论述。该书对当时中国外语学习者的语音学习影响较大。几年后，刘复出版了他在法国作的博士论文《四声实验录》（又称《字声实验录》），是中国第一部实验语音学著作，并借此发起中国实验语音学的研究。1931年，张世禄翻译了瑞典汉学家高本汉的《中国语与中国文》，是国内出版的第一部由外国人从国外语言学理论高度研究中国语言文字的著作，对当时的汉语研究具有一定的影响。1933年，厦门大学周辨明依据庞克斯特（E. Sylvia Pankhurst，1882—1960）所著的《未来的世界语》编译出版了《万国通语论》③，引进了有关"万国通语"的思想。针对当时国内语音研究理论的匮乏，张世禄参考了国外普通语音学理论，在1934年编著出版了《语音学纲要》。次年，他又译述了瑞典高本汉的汉学著作《汉语词类》。1936年，魏龙根据苏联龙果夫与周松源合著的《文法初步教科书》编译出版了《中国新文字的文法和写法》，是中国第一次翻译出版苏联语言学家的文法著作。针对国内音韵学教学材料较为缺乏的情况，1939年岑麒祥参考西方音韵学研究成果，编著出版了《语音学概论》，对中国音韵学的教学和研究起到了相当的影响，但书中的评述受到了当时意识形态的影响似乎过于深重。1940年，林祝敔翻译了英国语言学家E. Clodd的《比较文字学概论》；赵元任、罗常培和李方桂合作重译了瑞典高本汉的《中国音韵学研究》，对中国音韵学研究影响很大，且针对高本

---

① 该信息亦载于邵敬敏、方经民（1991：36）与盛林、李开等（2005：29），但该书传布不广，业已失传，有关出版信息不详。冯承钧的译文为《原始中国语为变化语说》(《东方杂志》，1929：77—89)。

② 译著中的译名，现译为帕西。

③ 初见《厦门大学学报》1932年第一卷第二期，后于商务印书馆出版发行。全书共106页，内容包括万国通语是合逻辑的、万国通语的开端、独创语、仿造语等9个章节。

汉著作中的不当情况，发起了学术争鸣。

纵观这些特殊文本，我们发现，这些文本在当时的学术环境下曾起到相当重要的作用，有些甚至开启了中国语言学某个或某些分支研究的大门。虽然这些文本很重要，但鉴于本书的写作重点，只能把这些文本归为特殊文本给予简要处理。

3. 小结

纵观1906—1949年间中国语言学的历史发展，可以得出如下结论：胡以鲁的《国语学草创》不但是最早的语言学专著，也是影响最为深远的一部，而且不论在学术方法上还是在国外语言学家的继承上都具有标榜作用；这个时期不但引进了语言学本体的理论，还引进了语义研究、语音研究、比较的研究（如《比较语音学概论》和《比较文字学概论》）和语言学史研究的著作。

纵观这段历史，我们发现，张世禄、林祝敔和李安宅的著述最多，贡献也很大。张世禄不但编著了语言学和语音学的著作，还翻译了《汉语词类》和普通语言学的著作；林祝敔不但翻译了有关文字比较的著作，还编译了中国第一部《语言学史》；李安宅率先译介和引进语义研究的著作和萨丕尔的语言学理论。此外，这些著作或多或少都涉及语言起源问题，没有在中国古籍中搜罗线索，有套用西方理论之嫌，但对解释汉语词汇的演变发展还是具有一定的启发性。

从这段历史看，中国译介国外普通语言学典籍最初主要经由日本，后来则直接或间接译自英国、美国、瑞典、法国和苏联等。

二、历史分期

在研究一门学科的历史时，适当的分期是有必要的。因研究者的观点或视角殊异，分期有所不同。本书拟从接触国外普通语言学的路径、国外普通语言学传入的时间和译介文本的类型等角度对这段历史加以梳理和分期，旨在从不同角度了解国外普通语言学思想在中国发展的历史脉络。

1. 按接触国外普通语言学的路径分类

中国现代语言学的根源在西方，但中国学者最初接触国外普通语言学思想是通过日本，因而本书把早期中国学者经由日本接触西方语言学的路径作为划分中国语言学史的界限。清末的政变致使大批中国学者避难日本，他们通过日本的译介文本接触到国外语言学，将其译介回国以革新中国"现状"。1937年"卢沟桥事变"爆发，中日关系恶化，中国语言学者不再通过日本这一途径引进国外语言学。本书以1906—1949年间中国出版的语言学著作为依据，把这段历史分为两个时期，即经由日本引进为主的时期和多途径引进期。

在经由日本引进为主的时期，虽然也有类似《语言学大意》(1923)、《比较语音学概论》(1930)和《情为语变之原论》(1930)等著作和翻译作品，但并非是影响中国普通语言学的主流作品。自1906年章太炎发表《论语言文字之学》到1930年王古鲁据日本安藤正次《言语学概论》(1927)编著《言语学通论》这段时期，影响最为深刻的莫过于中国理论语言学的奠基之作《国语学草创》(1912)。《国语学草创》的痕迹似乎在20世纪30年代的著作中还依稀可见，如王古鲁(1930)、张世禄(1930)、沈步洲(1931)、张世禄(1934)等。此外，这个时期有特殊文本两部：《中国语言学研究》(1926)和《比较语音学概论》(1930)，属于语言学门类中的具体研究，且均具有一定的影响，特别是前者对汉语界产生的冲击和影响。

这个时期的特点可总结为：在日本学者的语言学著述及其国外普通语言学译作的影响下，章太炎和胡以鲁发起了引进国外语言学理论的活动，并把国外普通语言学的理论引入课堂，促使各高校相继设立语言学课程。1930年以前，比较有影响力的语言学著作，并兼用作教材的有《国语学草创》(1912)、《言语学通论》(1930)等。

多途径引进期的作品数量高于前一时期，且这些作品对中国语言学的影响也比前一时期更为直接。这些作品有的是直接译自国外语言学家的专著,如《言语学大纲》(1934)、《语言学通论》(1937)、《人怎样开始讲话》(1949)等;有的是经日本转译而来,如《言语学与国际语》(1935);有的是参考了众多国外语言学著作编写而成的,如:《语言学原理》(1931)、《万国通语论》(1933)、《语言学概论》(1934)、《语言学史》(1943)等;有的是从几部国外语言学家的著述中选取相关内容编译而成,如《意义学》(1934)、《语言学概论》(1945)等。从内容和出版数量看,这阶段的著作主要源自英国、美国、苏联、法国、日本、瑞典和德国。其中影响较大的是用于教材的作品,如《言语学概论》(1931)、《语言学原理》(1931)、《语言学概论》(1934)、《语言学概论》(1945)等。从作用看,这一阶段的著述为日后中国语言学的繁荣打下了坚固的基础。

该期有特殊文本如下:《比较文字学概论》(1930)、《原始中国语为变化语说》(1929)、《意义学》(1934)、《语音学纲要》(1934)、《汉语词类》(1935)、《中国新文字的文法和写法》(1936)、《语音学概论》(1939)等,属于语言学具体层面的研究。

2. 按传入时间分类

1906—1949年这段时期构成了中国现代语言学的萌芽期,该期以引进国外的普通语言学思想为主。从时间角度对这段历史加以分期,犹如邵敬敏所言,"历史分期应以中国理论语言学历史发展过程中理论与方法的重大转变突破为标准"(邵敬敏,1991:6),需要选取一部或几部具有标志性的著作来作为时间分类的界限。就这段历史而言,其标志性的著作莫过于章太炎的《论语言文字之学》(1906)和胡以鲁的《国语学草创》(1912),然而在胡以鲁(1912)之后,出现了十余年(1912—1923)的空白期,之后出现了大批量、多层次的引进的现象。根据这种情况,本书把1906—1949年这段历史分为两个阶段:发起期(1906—1922)和引进期(1923—1949)。前者的作品数量比较少,只有两篇文章和一部著作;后者的作品数量相对较多,且不论在引进的方法还是引进理论的范围都较前者有很大的突破。譬如,在引进期,引进的方法有翻译、译述、编译和缩译,而引进的理论则有语词变化的情感根源论(《情为语变之原论》)、语义论(《意义学》)、语言学史等,不像前者那么单一。

发起期的著作相对较少,从1906年章太炎的《论语言文字之学》到1922年,共有《论语言文字之学》(1906)、《语言缘起说》(1910)和《国语学草创》(1912)三部作品。在《论语言文字之学》中,章太炎参考了国外语言学的经验,旗帜鲜明地提出"语言文字学"的学科名称,宣布了中国现代语言研究的开端,结束了传统语言研究附庸在经学之下的地位,打开了引进国外语言学的大门。胡以鲁受到章太炎及国外语言学家的影响,率先引进国外语言学,运用国外语言学研究方法探索汉语,旨在勾勒汉语语法研究的框架,找到汉语在普通语言学中的正确位置,为中国语言学研究指明方向。如果说章太炎(1906)是中国语言学引进国外语言学的开端,胡以鲁(1912)则是中国理论语言学建立的里程碑。

引进期从1923年的《语言学大意》到1949年的《人怎样开始讲话》,共有23部作品。这些作品有的是翻译作品,有的是编译作品,有的是编著作品。譬如,章士钊翻译德国师辟伯的《情为语变之原论》(1930)、雷通群翻译日本安藤正次的《言语学大纲》(1934)等;王古鲁应教学需要据日本安藤正次的《言语学概论》编译了《言语学通论》(1930)、周辨明编译美国庞克斯特的《万国通语论》(1933)、林祝敔为了提醒学界应加强历史比较研究而编译《语言学史》(1943)、周辨明应教学之需编译《语言学概论》(1945)等;张世禄为教学之需编著《语言学原理》(1931)和《语言学概论》(1934)等。就用途而言,有的用作高校语言科的教材,有的供日常阅读或研究,如《情为语变之原论》(1930)、《万国通语论》(1933)、《语言学史》(1943)。此外,这个阶段译介的学科范围除了普通语言学理论外,还有意义学、日耳曼语系研究、文字学、词类划分和语音学等具体语言学层面的言语学研究,本书将其归入特殊文本。

中国语言学萌芽期的产生并非偶然。章太炎、胡以鲁等中国学者避难、旅居或留学日本,间接接触到国外语言学理论;刘复、章士钊、周辨明等留学欧美,直接接触到欧美语言学,他们在介绍欧美语言学思潮的同时,以汉语为对象从事理论语言学的探索和学科建设。

3. 按译介文本类型分类

按照中国译介国外普通语言学典籍的文本类型分类,首先出现的是译述,依次是缩译、转译、编译和直译,而缩译实在不多见,只是出现在某些文本的个别章节中。受历史客观环境所限(如资源匮乏、语言能力不足等),这种划分并不绝对,因为在每一个历史阶段都是以某一种译介的手法为主,而以其他译介方法为辅助。本节为便于后文分析,以国外普通语言学思想引进的方法为着眼点,考察这一历史时期中国语言学的发展状况。根据各种译介方法在引进国外语言学思想过程中所占有的分布比例,将这一历史时期的中国语言学文本分为译述文本、直译文本、编译文本和转译文本。

译述文本出现最早,但数量远远低于后起的直接翻译文本,仅有8部作品,其中《汉语词类》(1934)和《语音学概论》(1939)属于特殊文本。早在1906年,章太炎在《国粹学报》(第24、25期)发表《论语言文字之学》,提出"语言文字之学"这一学科名称,后经修改并入章氏于1910年出版的《国故论衡·语言缘起说》;胡以鲁经日本吸收了国外语言学出版《国语学草创》(1912)①,率先引进现代语言学思想,是中国第一部普通语言学理论著作,对中国语言学研究具有指导作用;乐嗣炳参考国内外语言学家胡以鲁、黎锦熙、章太炎、叶斯伯森、惠特尼等的语言研究著作,出版国内第一部以"语言学"命名的著作《语言学大意》(1923);张世禄参考中外众多的语言学的著作出版《语言学原理》(1930),之后,张氏又重新出版一本范围和内容稍有不同的《语言学概论》(1934);沈步洲参考国内外同类文本编辑课堂讲义,经反复修改后出版《言语学概论》(1931),因其内容切当,适用范围广泛,赢得与张世禄并称的"南张北沈"的美誉。上述文本的相关内容,请

---

① 该书多次重版、再版,详见第三章3.1.2。

参见本书第三章。译述虽然数量不多,但从中国语言学引进外来思想和术语、确立学科名称和地位等角度说,译述文本的功劳实为不小,特别表现在唤醒国人以现代语言学思想研究中国语言、发动国人引进和学习国外语言学等方面。

相形之下,翻译文本的数量远高于编译文本和转移文本,共有作品10余篇部,其中《比较语音学概要》(1922)、《情为语变之原论》(1930)、《中国语与中国文》(1931)、《中国音韵学研究》(1940)和《比较文字学概论》(1940)属于特殊文本。刘复于1930年翻译法国语音学家帕西的《比较语音学概要》(1922)(属于特殊文本),是中国最早采用直接翻译方式引进的国外语言学著作,也是中国境内第一部运用比较方法研究语音问题的译著;方光焘翻译的《言语的起源》(1928)一文,是中国最早的有关语言起源的专门译文;冯承钧翻译瑞典高本汉《原始中国语为变化语说》(1929)一文,是中国出现的最早有关汉语历史演变的译文;雷通群翻译的《言语学大纲》(1931)是中国第一本日语普通语言学著作的直接翻译本,对于全面了解当时日本引进国外语言学的状况和日本语言学界的动态具有重大作用;贺昌群运用白话文翻译瑞典语言学家高本汉的《中国语言学研究》,对中国音韵学研究以及在借用普通语言学的方法研究汉语方面具有极大的促进作用,是对中国语言学界影响最大的一部海外汉语研究著作;林语堂出版语言研究论文集《语言学论丛》(1931),是中国最早的一本集方言、评论、普通语言学理论为一体的文集译著;岑麒祥翻译的《历史言语学中之比较底方法》(1935)是中国第一篇专门论述历史比较方法的语言学译文,促进了比较方法在中国语言学界的推广;徐沫翻译的《新兴言语理论》(1936)是中国语言学界第一次通过直接翻译的方式,接触马尔语言学理论为主的苏联语言学思想;张世禄缩译、重组英国语言学家福尔(Firth,今译弗斯)的 *Speech* (1930)出版《语言学通论》(1937),率先引进英国语言学,特别是20世纪语音学的重要概念,如"音位"(phoneme)等。尽管翻译文本发生时间早于编译文本,作品数量高于编译文本,但从对中国普通语言学的影响而言,似乎略逊于编译文本。

编译文本虽然起步稍晚，其数量也稍逊于译述文本和翻译文本，但影响并不小，而且在特定阶段（即30—40年代）还出现超出上述两种文本的现象，例如："言语学"这一学科名称就是在编译文本中借自日本语言学的"言語學"（げんごがく）。编译文本始于王古鲁应"文化科学丛书"之邀根据日本安藤正次的《言语学概论》（日本早稻田大学出版社，1927）编译出版《言语学通论》（1930）。至1949年，中国共出版语言学编译文本5部，其中《意义学》（1934）、《语言学史》（1943）和《人怎样开始讲话》（1949）属于特殊文本。王古鲁编译的《言语学通论》引进中国普通语言学中语义学的学科名称"意义学"和语言学研究的方法论；李安宅编译的《巫术与语言》（1936）引进了由语言哲学家弗雷格（Frege）提出经英国学者吕嘉慈[①]（I. A. Richards，今译瑞恰慈）和欧格顿（C. K. Ogden，今译奥格登）发展的"意义三角论"及美国语言学家司皮耳氏（Edward Sapir，今译萨丕尔）的语言学思想；周辨明和黄典诚摘译帕尔默（L. R. Palmer）的《现代语言学概论》（1936）、博德马的《语言的组织》（1943）和庞克斯特《未来的世界语》（1927）等的部分章节，节译李方桂撰写《英文中国年鉴（1936—1937）》的"中国域内之语言、方言"，参以中国的同类著作和汉语语料，出版民国时期最后一部普通语言学概论性质的著作《语言学概要》（1945）。

与上述三种文本相比，转译文本发生最晚且数量最少。就这一历史时期而言，其作用异常独特，即通过日本媒介引进该时期的苏联语言学，构成中国译介苏联语言学思想的开端。中国语言学转译文本始于杨伯凯和叶青等编译的"科学论丛"第一辑中的《言语底发生》（1934），率先引进了苏联马尔语言学理论和瑞士语言学家索绪尔（今译索绪尔）有关语言与言语的思想；孙伯坚经日文转译《言语学与国际语》（1935），是20世纪上半叶中国第一部以如此正式的姿态介绍和分析国际语问题的著作，也是中国最早

---

① 原始文献叫吕嘉慈，清华大学外文系1930年课表写的是芮卡兹，但北京大学姜望琪以及相关早期文献均认为是他自己起名叫瑞恰慈，笔者采纳瑞恰慈一说。此外，国内很多学者无视事实，直接将其翻译成理查德，如《中国翻译》近期就有这么一篇论文。

译介以批判态度对待马尔主义语言学思想的典籍；卢哲夫经日文转译《世界原始社会史》(1935)，其中列有专章《言语底发生》，进一步引进和分析了马尔的语言学思想。

由上述可见，同一历史阶段可依据不同的着眼点，以不同的参考作为划分历史的依据。本书的侧重点是以20世纪上半叶中国引进国外语言学典籍的方法为依据，以这些方法所形成的文本为基础，考察这一时期中国语言学的具体状态。

三、本章小结

本章首先回顾了1906—1949年间的相关文献，给予批判式的分析，找出文献中可资借鉴与不足之处，以便为本书的分析提供可靠的分析数据；然后在该时期语言学译介文本分类基础上，扼要说明各文本的特色与历史地位。

在梳理该时期历史文献的过程中，我们发现，影响中国现代语言学研究的"外源"，基本上是通过三种途径或曰方式：

其一，直接研读原文献，最终写出语言学理论的作品，如《论语言文字之学》(1906)、《语言缘起说》(1910)等；

其二，外国语言学著作的译介，如《情为语变之原论》(1930)、《意义学》(1934)、《言语学大纲》(1934)、《言语学与国际语》(1935)、《巫术与语言》(1936)、《新兴言语理论》(1936)、《比较文字学概论》(1940)、《人怎样开始讲话》(1949)等；

其三，中国语言学者参照国外语法理论构著的语言学著作，如：《国语学草创》(1912)、《语言学大意》(1923)、《语言学原理》(1931)、《语言学概论》(1934)、《语言学史》(1943)等。

三者的综合作用促进了中国语言学研究的发展，其中前两个途径促成了国外语法理论的引进，第三个途径则在引进的同时参以汉语例证为补充，促发了对汉语的探索，但未构成实质性的转变，仍处于学习的阶段。

下一章以第一章和第二章的相关阐述为基础，按照该期出现的典籍文本类别分析各类文本，为后文分析做准备。

第三章 20世纪上半叶普通语言学典籍译介文本分析

从1906年章太炎在《论语言文字之学》(《国粹学报》,第24、25期)中提出"语言文字学"的学科名称,至1949年水夫编译苏联语言学家尼柯尔斯基与雅柯夫列夫合著的《人怎样开始讲话》(天下图书公司,1949),构成了20世纪上半叶中国译介国外语言学典籍的历史,共出版著述30余部(篇),其中普通语言学著作20余部(篇)。

本章拟以第二章的相关阐述和第一章提出的语言学典籍译介文本分类(译述文本、编译文本、直译文本和转译文本)为基础,以各自类别中具有代表性的文本为材料,详细阐述每部文本的性质、用途、结构与版式等,系统分析其思想来源、文本特征及其在中国语言学史中的地位。基于各类型的文本分析,分析该时期语言学术语的引进与流变和典籍译介的走向,窥视该期语言学译介文本的发展趋向,理清相关语言学思想和术语的源流关系,为第四章的分析和总结奠定基础。

一、译述文本分析

自1906—1949年,中国共出版普通语言学译述文本11部(篇),即章太炎《论语言文字之学》(《国粹学报》,1906)、章太炎《国故论衡》(东京秀光社,1910)、胡以鲁《国语学草创》(商务印书馆,1912)、乐嗣炳《语言学大意》(中华书局,1923)、张世禄《语言学原理》(商务印书馆,1930)、沈步洲《言语学概论》(商务印书馆,1931)、张世禄《语言学概论》(中华书局,1934)、张世禄《汉语词类》(瑞典远东博物馆杂志,1934)、张世禄《语音学纲要》(开明书店，1934)、张世禄《汉语词类》(商务印书馆，1934)、岑麒祥《语音学概论》(中华书局，1939)。除章太炎和胡以鲁借助日本引进外，其他文本均直接或间接译自英语文献。上述文本中，《语音学纲要》《汉语词类》和《语音学概论》为特殊文本。可见，不管是中国现代语言学的开山之作，还是后来被誉为"南张北沈"的要著都出自译述范畴。

就上述文本在语言学史中的地位和重要性而言，章太炎《论语言文字之学》《国故论衡》和胡以鲁《国语学草创》理当为中国现代语言学的开山之作，其重要程度是任何著作都无法比拟的。因此，本节拟以章太炎和胡以鲁二人的著作为例，系统分析20世纪上半叶中国普通语言学典籍中的译述文本。

1. 章太炎译述文本：《论语言文字之学》(1906)、《新方言》(1907)、《语言缘起说》(1910)①

章炳麟(1868—1936)，字梅叔、枚叔，浙江余杭人，因仰慕顾炎武，改名章绛，别号太炎。他早年受学于俞樾，继承了戴震、王念孙等小学名家的治学传统。避地日本时，章太炎受到国外语言学理论的影响，使他能以崭新的视角看待汉语的语言现象。在语言文字学研究方面，他是朴学研究的集大成者、现代语言学研究的开创者，是改"小学"为"语言文字学"的学者，是19世纪末至20世纪初我国语言学界一位承前启后的大师。

章太炎先生从29岁就开始发表有关语言文字学的篇目，其后十年，他的相关论文散见于报端抑或是综合性的学术著作。40岁之后，他就语言文字学的论述渐丰，有关语言文字学理论大都是在这个时期提出的，如《论语言文字之学》(1906)、《新方言》(1907)、《文始》(1910)、《国故论衡》(1910)等。其中最为重要的理论成果为《论语言文字之学》(1906)、《新方言》(1907)、《语言缘起说》(1910)等。

---

① 本部分主体内容曾以《章太炎的语言学译介的影响研究》为题，发表于《外国语文研究》2015年第3期，特此说明。

在治学过程中,他以历史为源流、以现代语言学思想和方法为依归、以语言事实为根本,从新的视角对传统的理论加以批判分析,纠正以往的过错;对语言中的新现象进行现代语言学的分析。这样的研究路径在当时尚无先例,对中国当时学界由"旧范式"走向"新范式"打下了坚实的基础,被认为是中国语言学研究中新旧交替的过渡者。

一直以来,有人认为,《马氏文通》(1898)是中国语言学的开山之作(濮之珍,1987;盛林等,2005;邓文彬,2006等)。尽管引入了部分国外理论和术语,但该书属语法研究性质,不属于理论语言学范畴;还有人认为浙江胡以鲁的《国语学草创》(1912)是中国普通语言学的发端,但早在1906—1910年间,章太炎业已率先发表《论语言文字之学》《新方言》和《国故论衡》等重要作品,这些著述当为中国理论语言学引进国外普通语言学思想的源头。

纵观中国语言学典籍文献,何九盈(1995/2005:62)、赵振铎(2000:440—445)等都论述过章氏在引进国外语言学思想中做出的贡献,但遗憾的是针对他在国外普通语言学思想及术语译介方面的研究几近空白。本书仅以《论语言文字之学》《新方言》和《语言缘起说》为例,系统分析章太炎在引进普通语言学思想方面做出的贡献。

(1)《论语言文字之学》(1906)、《语言缘起说》(1910)

在章氏有关语言文字学的著述中,最重要的是《论语言文字之学》(1906)和《语言缘起说》(1910)二文,也是章氏对中国理论语言学贡献最大的两个文本。《论语言文字之学》连载于《国粹学报》1906年第24期和第25期,经修改增订后撰成《语言缘起说》,收入《国故论衡》(日本秀光社,1910)。在《论语言文字之学》中,章氏首先定义"语言文字学",然后阐述语言文字学的构成与任务,继而探讨语言的缘起和孳生的方式等;在《语言缘起说》中,他主要探讨语词的缘起和孳生方式。无论在语言缘起方面还是孳生方式方面,《论语言文字之学》论述得都更透彻更完备,对后世也影响更多,比如对胡以鲁的《国语学草创》(1912)。

《论语言文字之学》和《语言缘起说》的译介内容大体一致。所以，两个译介文本的分析集合于《论语言文字之学》中。在术语译介方面，《论语言文字之学》中主要有"字母""形容语"和"言语"等，而在语言学思想的译介方面则主要是"语言文字学""印度胜论说"等。

"字母"概念输入汉语与梵文经典有关，且其融入汉语音韵研究颇有时日，如："既知二十二部古韵之分，又当知有字母。字母云何神琪，所传三十六字母是也，……。此因字母出于《华严经》，为沙门所传述"（章太炎，1906a：4）。经上述可见，字母与佛经的渊源可见一斑。虽然"字母"并非章氏的译介，亦非章氏首次应用，但至少章氏促进了"字母"在中国现代语言学中的接受与传播。

章氏从语言缘起的角度对形容语重新分类，如："……形容语有三，一曰叠韵形容语，一曰双声形容语，一曰连字形容语，大都本无其字，依声托事者别。……"（章太炎，1906a：6）。这很可能是汉语早期形容语类划分的发端，后来随着术语的更替变为今日习用的"形容词"，且业已成为汉语语法教学的基本术语。

从摹声说①的角度探究语词缘起时，章氏引入了"言语"这一术语。他认为，"……唐人以胡称西域耳，反古复始，则胡名必属九夷，非狢族之号也。由是言之施于兽类者，形性绝异，则与之特别之名，形性相似，则与之发声之名施于人类者，种类绝异，则与之特别之名，种类相似，则与之发声之名。此可见言语之分由感觉之顺违而起也②"（章太炎，1906b：2）。据此可以断

---

① 摹声说在西方最早是由古希腊斯多噶学派提出的，章氏应该是直接或间接受到 Max Müller 的《语言科学讲义》第二编的影响。（参见 F. Max Müller，1873：315）

② 与"Language, if it then deserved that name, may at one time have been in that chaotic condition; nay, there are some small portions in almost every language which seem to date from that lowest epoch. Interjections, though they cannot…. It is this class of words which the Greeks meant when they spoke of Onomatopœia."（Max Müller，1873：314—315）大致相仿。如果说两者间有什么联系，也只能说是某种程度上的译述，而绝不是翻译。

定,"言语"在章氏著述中首次出现于《论语言文字之学》中,是受到昔日日本语言学术语"言語"(げんご)的影响所致。日本学者上田万年在德国学习语言学,于1886年学满归国,将欧美近代语言学引进日本,并在东京帝国大学创办"博言學"(はくげんがく)课程,后来改成"言語學"(げんごがく)。至章太炎发表该文时,日本的语言学业已引进大量的欧美语言学著作,已成为备受关注的新兴学科。该文为章太炎在日本的演说稿,文中用日本语言学的术语表达思想,实在是合情合理。

  国外普通语言学思想的引入始于章氏的《论语言文字之学》(1906)。在该文中,章氏阐述了小学的历史流变、研究对象、任务以及其自身的特点等。他说:"今欲知国学,则不得不先知语言文字。此语言文字之学,古称小学。盖古者八岁入小学,教之识字,其书与今千字文相类。"(章太炎,1906b:1)"周有《史籀篇》,秦有《仓颉篇》,汉有《凡将篇》《滂熹篇》《急就篇》,大抵非以四字为句,即以七字为句,取其便于诵习,故以小学为名。然自许叔重创制《说文解字》,专以字形为主,而音韵、训诂属焉。前乎此者,则有《尔雅》《小尔雅》《方言》;后乎此者,则有《释名》《广雅》,皆以训诂为主,而与字形无涉。《释名》专以声音为训,其他则否。又有李登作《声类》,韦昭、孙炎作反切;至陆法言乃有《切韵》之作,凡分二百六韵;今之《广韵》,即就《切韵》增润者;此皆以音为主,而训诂属焉,其于字形略不一道。合此三种,乃成语言文字之学。此固非儿童占毕所能尽者,然犹名小学,则以袭用古称,便于指示。其实当名语言文字之学方为确切。此种学问,《汉(书)·艺文志》附入六艺。今日言小学者,皆似以此为经学之附属品。实则小学之用,非专以通经而已。"(章太炎,1906b:1)

  章氏从学科角度给"小学"正名,明确宣布其研究对象是语言文字,使其脱离了经学附庸的地位,成为一门独立的专门研究语言文字的学科。就语言文字学的地位和作用,章氏将其与社会、历史和文化相关联,从而打破了旧有通经明道的观念,而不是过去以单一用途为主的附属部门,这既是与传统治学观念的决裂又是传统学科变革为新学科的标志。

《论语言文字之学》中的另一个国外语言学理论,是梵文语法研究中的"印度胜论说"。他认为:"一切有形,大抵皆而以印度胜论之说,言之实、德、业三,各不相离。人云马云,是其实也;仁云武云,是其德也;金云火云,是其实也;禁云毁云,是其业也。一实之名,必与其德或与其业相丽、相著,故名必有由起。虽然太古草昧之世共言语,惟以表实,而德业之名为后起,故牛马之名成立最早,而事武之语,即由牛马变化而生,稍近文明则德业之语早成。而后施名于实,故先有引语,始称引出万物者曰神。"(章太炎,1906b:1)

他又说:"上世先有表实之名,以次扩充。而表德表业之名,因之后世先有表德表业之名,以次扩充。而表实之名,因之是故。同一声类,其义往往相同。"(章太炎,1906b:3)可见,章氏熟稔于源自佛学经典的"印度胜论说①",从其在日本逗留期间所编撰的《初步梵文典序》(1907)可见一斑。上述可见,他认为古汉语中表示实体的字词先有,表示修饰和行为的字词是后起的②;近代汉语中则表示修饰和行为的字词先有,然后扩展为表示实体的字词。就上述的实、德、业的论述而言,章太炎有关汉语词源的论述也萌生了汉语名词、动词和形容词语义角色的思想。

从语言学史的角度看,该文率先引介国外语言学理论研究汉

---

① "印度胜论说"为印度六大哲学派别之一,由羯那陀(Kanāda)于公元前2世纪提出,载于《胜论经》(Vaiśeṣika-Sūtra),其中译为《胜宗十句论》,主张"有形世界的万物,大抵可归结为有限的原子构成",与印度正理派关联较大。"胜论"认为,有一个最高实体,是它控制着物质微粒及其形成万物的组合,将一切与概念对应之存在视为实有,并分为六个范畴(Padārtha,句义):存在(Dravya,英文为 substance)、质量(Guna,英文为 quality)、行为(Karma,英文为 activity,即因果报应)、普遍性(Sāmānya,英文为 generality)、特殊性(Viseṣa,英文为 particularity)、固有(Samavāya,英文为 inherence,即果报间的关系),以此来说明世界各种现象的存在。该派还认为,凡是组合的,依靠另一元素的都是变迁的。

② 胡以鲁(1912)虽继承了大部分章氏学说,但在此观点上持不同意见。

语，开启了国人运用国外语言学理论探讨汉语语言理论的大门，这在中国普通语言学的形成过程中具有开创性作用。

此外，据赵振铎在《中国语言学史》中说："（章太炎的）'语言缘起说'论述了语言的起源、语言的语音变化等问题，特别是这一篇的后半部分与德国缪勒（Max Müller，1823—1900）《语言科学讲义》第二编中论词根的话基本一致，章炳麟读过缪勒的书，他在《检论·论文篇》附录'正名杂义'中：'马格斯牟拉以神话为言语之瘿疣。'这话就出自缪勒①的《语言科学讲义》。"（2000：444）但我们仔细研读二著发现，仅是思想相似，而并无实质的证据说明章太炎的确受到缪氏"论词根"（On the Power of Root）部分的影响，且《语言缘起说》中也没有出现"语根"这一术语。"语根"这一术语最早出现在《新方言》(1907)的序言中，但不妨说，《论语言文字之学》的后半部分有与《语言科学讲义》第二编中"论词根"部分有雷同的言论，譬如：探讨语词缘起的"摹声说"在西方最早由古希腊斯多噶学派提出，章氏应该是直接或间接受到 Max Müller 的《语言科学讲义(第二编)》的影响而提出的（Max Müller，1873：315）。

（2）《新方言》（1907）

跟前两部作品相比，《新方言》中国外语言学的理论和术语不多。章太炎反思前人的相关成果，针对戴震君作的《转语》做出评述："善哉！非耳顺者孰能与于斯乎。《转语》书佚不传，后昆莫能继其志。名守既慢，大共以小学之用趣于道古而止。微欤，不知其术，虽家人箪席闻，造次谈论，且弗能自证其故。方今国闻

---

① 缪勒（Friedrich Max Müller，1823—1900），出生于德国的英国语言学家，是著名的语文学家和东方学家，西方印度学和比较宗教学的奠基者，牛津大学比较语文学和比较神学教授，曾是印欧语研究的著名学者波普的学生。他受达尔文"进化论"的影响较重，曾出版两卷本《语言科学讲义》（1861—1864），对昔日中国语言学界影响较大。

日陵夷①，士大夫厌古学弗讲，独语言犹不违其雅素，殊言绝代之语尚有存者。世人学欧罗巴语，多寻其语根，溯之希腊罗甸。今于国语顾不欲推见本始，此尚不足齿于冠带之伦，何有于问学乎！"（《新方言》序）

在这段评述中，章氏引入了"语根"和"推见本始"的思想以及表示国家、语言等的术语。章氏是首位倡导研究汉语词源和语言缘起的学者，《语言缘起说》即其身体力行的结果，通过日本受到19世纪下半叶以前欧美各国语言起源研究气氛的影响，即：欧美研究语言起源的风气盛行，举凡是学者著书立说大多第一部分都要论述语言的起源问题。这样的学术范例启发了章太炎从事并倡导语言的历史研究。为了揭示外国语言与中国语言的不同，他引入"欧罗巴语"（即 European）、"希腊语"和"罗甸语"（即罗马语）等语言名称。

关于"语根"，犹如章氏所言："世人学欧罗巴语，多寻其语根，溯之希腊罗甸"，他借助西方语言均有明确根源的思想提出"诸语言皆有根"（章太炎，2006：22）的主张。他认为，"语言之始，义相同者多从一声而变，义相近者多从一声而变，义相对相反者亦多从一声而变"（章太炎，2006：30），说明汉字的创造及其孳乳，皆以音衍而成，即：在同一语根下，或因语音变易，或语音不变而意义引申，或语音小变而生新字。这一思想在其同时期的语言著述中随处可见，如："盖字者，孳乳而浸多。字之未造，语言先之矣；以文字代语言，各循其声。方语有殊，名义一也，其音或双声相转，叠韵相迤，则为更制一字，此所谓转注也。孳乳日繁，即又为之节制，故有意相引申，音相切合者，义虽少变，则不为更制一字，此所谓假借也"（章太炎，2006：26）。此外，还有出自他《自述学术次第》（1936）中那句被广泛引用的

---

① 曾有人问及该句的意思，现仅解释本句中涉及的只言片语。"国闻"指"本国传统学问(实学考证的研究)"，"日"指"日复一日"或"日渐"，"陵夷"的意思是"由盛而衰"，整句的意思为：当前我们的传统学术，正日渐衰弱。

"转复审念,古字至少,而后代孳乳为九千,唐宋以来,字至二三万矣,自非域外之语,字虽转繁,其语必有所根本。盖义相引申者,由其近似之声,转成一语,转造一字,此语言文字自然之则也"。在"语根"这一理念指引下,他订立了语言研究的"孳乳"和"变易"两大条例。在《新方言》中,他运用"语根"的思想重新探讨方言的研究,旨在追溯方言字汇表层下的历史根源(本始)。

(3)章太炎对中国普通语言学的贡献

章氏在语言理论上的贡献之一是正"语言文字学"之名,使之成为一门学科(刘又辛、李茂康,990:24)。在国外语言学思想的影响下,他认识到音韵、训诂本为语言的一体两面,即意义须先与语音结合,然后才与字形符号结合,换言之,语言系统中,音义的结合占主要地位,而形义的结合居次要地位。所以,他才主张建立"音""形""义"合一的"语言文字学",从而宣布这一学科的诞生,使得中国有了现代意义的"语言学"。

章氏探究词源以及词语孳生的规律,是对语言文字学研究的又一贡献。在国外语言学影响下,他认识到"诸语言皆有根",要认识语言的本始(根源),就得将乾嘉传统与现代的语言理论结合,以"语根"为导引,通过"孳乳"和"变易"两条脉络对语词从表层向纵深溯源。本着这一精神,他首次运用现代语言学理论对语言做历史的研究。

章氏在《论语言文字之学》《论语言缘起》等著述中,引入欧洲历史比较语言学的方法和语言学概念,为中国普通语言学的建立奠定了方法和术语的基础。在借用国外语言学理论的基础上,他在"音""形""义"等方面重新做了思考。在语音研究方面,他修正了前人的观点,运用现代学科的视角审视语音的规律,修订了汉语语音的"成韵图";在形式和意义方面,他反思了《说文解字》等著作的观点,将语音的变化与意义的多样性结合起来。从方法上看,他将乾嘉的传统与外国古典语言学理论相结合,以语根为指针,通过分析和归纳开展各项研究。

这些方法和理论影响了一批汉语研究者,胡以鲁就是其中之一,他吸取章太炎的理论主张,借鉴国外语言学理论,写就中国第一部现代意义的理论语言学著作。

(4)结论

纵观章太炎的语言学著述,我们不难发现,他的贡献体现在语言的民族性、语言文字的本位性、语言的历史性、研究语言的理论四个层面。章氏的理论对今天的影响是不难发现的,其影响可归纳如下:章氏译介国外语言学思想,变革了中国延续千年的语言学传统;他提倡运用国外语言学理论研究中国语言,促进了中国理论语言学的诞生和发展;他的中西合璧的语言学思想影响了一大批中国语言学者,为日后中国语言学的建立奠定了人才基础。

2.《国语学草创》文本分析

胡以鲁(?—1915),字仰曾,浙江定海人。据日本田原祯次郎著《清末民初中国官绅人名录》(1918:269),胡以鲁早年留学日本,于东京大学习法政,获法学学士学位,后就学于东京帝国大学博言科,攻读语言学,受到德籍英国语言学家缪勒和丹麦语言学家叶斯伯森的影响。同时,胡以鲁师从国学大师章太炎,奠定了深厚的国学基础。归国后他曾任浙江高等学校教务长、北京法政专门学校主任教员等职。1914年,胡氏升任司法部秘书、参事,同年9月入北京大学讲授语言学①,曾任北京民国大学预科学长和北京师范学校兼任教员,编有《言语学讲义》和《国语学草创》教材两部。1915年胡以鲁不幸早逝。有关胡以鲁的相关信息,可参阅《世界汉语教学百科辞典》(1990:287)、《中华文化大辞海》(1998:510)、《中华文化人物辞典》(1998:510)、《中国语言学人名大辞典》(1997:44)、《中国翻译词典》(1997:1036)等。

(1)《国语学草创》研究综述

---

① 根据1912年北京大学课程一览表中"文学门言语学类"的课程设置(即国语学、人类学、音声学、史学概论、希腊语学、哲学概论、东洋近世语概论、社会学原论、拉丁语学、西洋近世语概论,参见北京大学档案馆文献编号0001912)来判断,他当时讲授的语言学课程应该是"国语学",语言学课程极可能是后来开设的。

从内容性质和发布时间看,《国语学草创》是中国首部普通语言学著作,以研究汉语为主,受到许多学者的关注。在语法研究和语法研究史方面,朱林清(1991:31)曾提及胡以鲁的这本著作,但未给予相关论述;邵敬敏(2006:86—88)详细论述了胡以鲁(1912)的主旨思想;潘文国(2006:102)阐述了胡以鲁对国外普通语言学理论的涉猎范围,等等。在语言学史的著作中,王力(1981:206—207)注意到了胡以鲁的语言学理论层面,而没有发觉他在引介国外语言学理论和运用这些理论研究汉语的开创作用;邵敬敏等(1991:32—35)提炼了胡以鲁(1912)的理论主张;何九盈(1995/2005:62)介绍了《国语学草创》的出版时间,理论构成及其性质;盛林、李开等(2005:22—29)详细地介绍了胡以鲁的"语言发生学"与汉语词序、双声叠韵和缺乏形态三大特征;王希杰(2003:108—112)从理论语言学的角度系统地总结了胡以鲁(1912)的思想,并与瑞典语言学家索绪尔语言学的相关理论加以比较;李晗蕾(2003:84—88)是截至目前对胡以鲁(1912)概括得最为详细的一篇,但在个别地方与事实不符,如"后又赴日本帝国大学学习法政学和语言学"。此外,中国语言学会(2004:437—441)和《中国语言学家》编写组(1982:53—58)分别介绍了胡以鲁和他的《国语学草创》中的语言学思想。

国内学者关注较多的是胡以鲁引进的理论思想及其如何运用这些理论分析汉语现象,而较少关注他在译介国外语言学实践上所做出的贡献及其所产生的影响,譬如,语言学术语的译介。

(2)版本考察

经众多史料(黎锦熙,1919:4;张世禄,1930:4;张世禄,1934:43,80等)证实,《言语学讲义》确有其书,但下落不明。北京大学石安石在《二十世纪的中国普通语言学》一文中也曾提到该书,并说该书当时"只在内部流传,未及出版,今天见不到了"(1998:684)。而《国语学草创》一书则因版本众多,仍广为传布。该书于1912年5月首刊为线装本,次年加《章太炎序》再版为线装，尚在流通①。此后，1935年版，又有1915年版、1919年版、1923年版、1926年版、1933年版、2007年版等，其中1919年版配有汉语拼音"Guo You Xue Cao Chuang"，后有针对章士钊《论音译》(1910)而发表的《论译名》(1914)一文，注为香港出版，出版社不详，可在Oregon州立大学图书馆②索得（索取号：222381047）；1923年版为平装本由商务印书馆出版，前有章太炎作序其后为胡以鲁遗像一幅，书后附有《论译名》(1914)，并配有英文书名 Rudiments of the Chinese Spoken Language，可在华东师范大学图书馆、复旦大学图书馆、美国Oregon州立大学图书馆和日本京都大学图书馆等处索得；1926年版为平装本系1923年版的再版，可在南京大学中文系、台湾国立中央图书馆、复旦大学图书馆等处索得；1933年版为国难后第1版，可在复旦大学图书馆、中国国家图书馆、中国传媒大学图书馆、美国哈佛大学图书馆等处索得；而2007年版则为北京中献拓方科技发展有限公司据民国十二年(1933)版的影印发行本。

　　因此，国内有关1923年版为其首版一说不确。黎锦熙在《国语学讲义》（商务印书馆，1919）明确指出："民国初年（即1912年。——笔者注），胡以鲁氏始著《国语学草创》一书，国语而有学自此书始。"（黎锦熙，1919：2)邵敬敏和方经民二位先生经过考证也曾得出相同结论：该书首版为1912年出版（邵敬敏、方经

---

　　① 《国语学草创》首版已不多见。据黎锦熙在《国语学讲义》（商务印书馆，1919）中讲："民国初年，胡以鲁氏始著《国语学草创》一书，国语而有学，自此书始。"（黎锦熙，1919：2)可见，该书首版当为民国初年，即1912年。邵敬敏的考证也可为本书的出版年代提供佐证，即"笔者现查到的《国语学草创》为民国二年一月(1913年1月)第二版"，可见"1913年版并非初版"（邵敬敏、方经民，1991：11)。1913年版尚可在国内华东师范大学图书馆索得，其详细信息为：［日］胡以鲁：《国语学草创》[出版地不详]商务印书馆，民国二年(1913)，索取号为：412—271。此外，耶鲁大学图书馆和日本京都大学图书馆也有该书1913年版，其索取号分别为：H836/PL1071 和 F //820.1 // X-01。

　　② Oregon州立大学图书馆为收藏该书版本最多的图书馆，藏有该书1919年版、1926年版、1933年版和2007年影印版。

民,1991:28 & 32)。可见,《国语学草创》为胡以鲁唯一流传后世的语言学著作。

(3)结构与版式

《国语学草创》是我国第一部普通语言学著作,也是中国理论语言学诞生的一个标志。全书分九编:"说国语缘起""国语缘起的心理观""说国语的后天发展""国语后天发展心理观""国语成立之法则""国语在语言学上之地位""论方言及方音""论标准语及标准音""论国语文之关系"。书中"论述了语言的起源、发展,方言、共同语以及汉语在语言学上的地位等问题"(濮之珍,2002:477)。关于该书的重要性,章太炎在《国语学草创》的序言中曾赞美说:"本之于心术,比之于调律,综之词例,证之常言;精微毕输,黄中通理,其用心可谓周矣。"邵敬敏、方经民(1991:28)曾肯定说:"1912年胡以鲁的《国语学草创》问世,这不能不说它的诞生正适应了中国社会变革的文化需要。《国语学草创》的问世意味着中国语言学研究开始全面走上科学道路,标志着中国理论开始建立,这是继《马氏文通》出版后在中国语言学史上又一件具有重要意义的大事。"

就版式而言,《国语学草创》遵循的是比较传统的版式:右侧竖向繁体左开本,章内小节名称置于页眉处以曲线分隔,外国人名后附外文,尚无后期的"人名左侧的竖线标示",所用外文均竖排,所有数字均用汉语大写,句号与今日无别,逗号用实心点均置于标识语词左侧,引用置于方括号内,解释说明的内容亦置于括号内,而注释的形式跟现在通行的惯例有所不同。《国语学草创》中只用夹注,没有脚注和尾注。夹注在古文献中很常见,通常是以小号字体双行排列,与现行的夹注差异较大。现行夹注基本上以括号为标识,里面多承载的是著者、出版年代和引用页码,也会出现与文章主体或论点略为相关的只言片语,起说明或解释作用。

(4)《国语学草创》的思想来源

《国语学草创》的思想来源可追溯至章太炎在《论语言文字之

学》(1906)、《国故论衡》(1910)等著述中提出的理论观点和欧洲及印度语言研究的理论思想。

　　章太炎于 1906 年在《国粹学报》第 24、25 期发表《论语言文字之学》，尔后于 1910 年在日本刊行《国故论衡》(秀光社)①，其上卷小学十篇皆为论述语言文字的精言妙论，尤以《语言缘起说》为著名。上述作品对胡以鲁的《国语学草创》影响颇深。由于《论语言文字之学》发表在先，且章氏后来将其部分内容转录于《语言缘起说》，两者间只有只言片语之差，也恰是这段内容在《国语学草创》中用得最频，全书多达五六处。譬如，胡以鲁(1912:7)第三段第一、二行系《语言缘起说》第一段中"以印度胜论之说仪之，实、德、业三，各不相离。……一实之名，必与其德若，与其业相丽。故物名必有由起②"的转写；胡以鲁(1912:24)第六、七行为《语言缘起说》第一段中"何以言羊？羊者，祥也。……此皆以德为表者也"的转写，等等。在继承小学传统和吸收西方语言学成果(梵语语言学和以德英为主流的语言学)的基础上，胡以鲁认为"言语心之声，精神动作之自然产物也"(1912:1)，或"语言，精神活动之产物也"(1912:43)。人对自然的声音产生感应，所发感召之声便是语声发起的源头，但欲成为语言，则要经历感叹词、摹声词、发语词三个阶段。

　　在音韵方面，胡以鲁(1912)也继承了章氏的部分思想。譬如，胡以鲁(1912:19)的"顾炎武氏谓古无麻部，段玉裁谓古无去声也。……"受益于《国故论衡》中"古今音损益说"第一段的"顾炎武曰：古无麻部。段玉裁曰：古无去声。……麻部之声，西北自陇右出，汉末中原亦然"(章太炎，2006:15)；胡以鲁(1912:19)第三段的内容受惠于《国故论衡》中"古双声说"第一段的"古音纽有舌头，无舌上，有重唇，无轻唇，则钱大昕所证明。娘、日

---

① 该书参考本为陈平原根据 1910 年日本版本于 2006 年校订出版的《国故论衡》。
② 主张太古语言最先有"表实之名"(名词)，然后有"德业之名"(形容词和动词)等。

二纽,古并归泥,则炳麟所证明。正齿、舌头,虑有鸿细,古音不若是繁碎,大较不别"(章太炎,2006:19);胡以鲁(1912:20)第一段系《国故论衡》中"古音娘日二纽归泥说"最后一段的改写。胡以鲁(1912:20)最后一段则改写于"古今音损益说"的最后一段,等等。

  章氏理论对胡以鲁的影响十分深刻。如果说胡以鲁的"说语言缘起"建基于章氏理论,似乎并不为过。但胡氏并没有照搬章氏的理论,而是运用国外的学术范式加以批判式的评述。譬如胡以鲁在吸取章太炎在古今音对比的成果后,运用国外声音学(语音学)理论批判性地分析传统音韵分析法。胡以鲁以细佛氏①的语音原则为基础,描写《广韵》的韵类,并反思其效用(参见1912:15)。这样的批判继承与借鉴新学的结果是,他绘制了汉语辅音音位表(参见1912:12)。在参考海尔华尔胥的语音三角(Hellwarg Triangle)的基础上,他绘制了几乎是中国第一张舌位图(1912:17),最终修改了章氏的语音图谱(参见胡以鲁,1912:34,35)。在语言缘起问题上,他在继承章氏观点的基础上,提出自己的悬拟说(1912:40—42)、类推说(1912:42—43)、心理说(1912:43)等主张。

  《语言缘起说》中的"感叹说"②受到德籍英国梵语学家麦斯牟

---

  ① 细佛氏(Eduard Sievers,1850—1932),德国语文学家,新语法学派成员,研究古典日耳曼语,是19世纪末最有影响的一位历史语言学家,以恢复日耳曼语的诗歌传统最为闻名,其中他主要是运用五步法(five patterns),即重音模式,也就是胡以鲁(1913:10)所指的"压力"。

  ② 感叹说最早由古希腊伊壁鸠鲁学派提出,本书作者借鉴这一理论,可能是读了缪勒《语言科学讲义》的第一编,也可能是受章太炎的间接影响。据赵振铎(2000:444)称,"章太炎的'语言缘起说'论述了语言的起源、语言的语音变化等问题,特别是这一篇的后半部分与德国缪勒(Max Müller,1823—1900)《语言科学讲义》第二编中论词根的话基本一致,章炳麟读过缪勒的书,他在《检论·论文篇》附录'正名杂义'中:'马格斯牟拉以神话为言语之瘿疣。'这话就出自缪勒的《语言科学讲义》。"但我们仔细研读二著发现,只是思想相似,而并无实质的证据说明,章太炎的确受到"论词根"(On the Power of Root)部分的影响,且《语言缘起说》中也没有"语根"这一概念。"语根"最早出现在《新方言》(1907)序言。

勒氏(Max Müller，1823—1900，今译马克思·缪勒)提出的 Pooh-Pooh 说的影响。胡氏虽认为其适用于汉语，但他肯定：中西在发声之初存在着差异，即："印度日耳曼 Indo-german 语族所记传之叹声，大抵(唉)、(呵)等开口之声，【Ah，Oh 等叹声犹沿其言语史加有气音亦可见最初发声之为声气矣。】而吾国则(吁)、(呼)等闭口之声"(1912：2)。此外，他还受益于麦斯牟勒氏的"语言研究与语言使用的文化相关"的观点，即：语言发展与信仰(宗教)紧密相连，比如：虽然因缘可知。缘端难知也。……故不以宇宙万物之本体为崇拜物，思别有创造者以伸提。【参观希腊神话亚剌伯之可知】其他以颠名天，以底名地。以吐名土，……(1912：29)等。麦斯牟勒氏(即马克思·缪勒)受到达尔文"进化论"和施莱格"语言生物论"的影响，胡以鲁也随其主张"适者生存"论，如："语无定法也。表彰思想之际得语词而连结配置之，偶为惯习，一经社会之容忍，即为语法。类化陶铸，次第而为法则。参差者渐就淘汰而去，至今而存为一语法者，必其适于社会心理者也"(1912：68)。可见，他并未完全照搬这些理论，而是拿汉语的素材与外语素材加以对比，以批判性地证明这些理论的效力。

　　研究语言内在形式需要联系语言外部形式的主张，源于德国语言学家抱而的氏①(Wilhelm Humboldt，今译洪堡)从社会历史角度研究语言结构时所提出的"内范②"(Innerform)与"外范"(Outerform)的理论观点，运用有无形式观点来评判汉语的优劣(1912：78—79)。他认为，"内范者，对于言语之外范 Outerform 而言，各民族心意作用之范畴也。由是内范之不同，乃生各民族着眼中心点之差异。各国语皆各有其特有之内范。"(1912：9)有

---

　　① 今译洪堡(Wilhelm von Humboldt，1767—1835)，德国哲学家、语言学家，柏林洪堡大学建立者，歌德和席勒的好友，西方第一批语言实地调查者，也是第一个提出"普通语言学思想"的人，留有众多著作传世。
　　② 洪堡的德语为 Innere Sprachform，姚小平(2008：97)译为"内在语言形式"。依此类推，胡以鲁的外范为今日的"外在语言形式"。

关方言界说①，他认为："虽然狭义方言属于音声学之研究。广义方言属于一般语言学之研究。故兹所取，惟略得统一于国语下之方言，即内范略同，外范之差亦得推量源委者。"（1912：92—93）可见，胡氏并非机械地引介这些理论，而是灵活地运用这些理论分析汉语的内外部形式，进而更好地认识汉语发生的根源。虽然耶斯彼善氏②在该著中只出现过一次，但其理论对胡氏的影响很深。他认为："独有丹抹（丹麦——笔者注）语言学者耶斯彼善氏Jespersen论语言发达之顺序，称吾国语为曾经发达之历史。以不用形式之末技而寓意于词句相与之间者为进步。欧西人之论吾国语者，比较上说最为得其平。然徒为位置之指定，不作根本之研究，仍未足以言知吾国语也。"（1912：81）他在肯定了叶斯伯森对汉语的肯定后，提倡深入研究国语，并率先讨论方言与方音、标准语与标准音、国语与国文等三对关系。

"国语与国文"关系方面的探讨受到哥德氏③（Goethe）和西来而氏④（Schiller，今译席勒）的影响。他认为："苟教育普及，一般知文词之适用，而大思想家大文豪如德意志哥德氏Goethe西来而氏Shiller其人者，更起其间，以古语补今语之不足，以古语防外语之侵入，自成纯粹国民之文学，定言文一致之国语，此吾

---

① 属于今日的社会语言学研究中的地域方言，可见胡以鲁开始了现代学科意义下的社会语言学地域方言研究之先河。

② 今译叶斯柏森（Otto Jespersen，1860—1943），丹麦语言学家、国际语音学会（IPA）创立者，其著《语言的进步》（*Progress in Language*，1894）、《英语结构与成长》（*Growth and Structure of the English Language*，1905）、《现代英语语法》（*A Modern English Grammar*，1909）、《语言：本质，发展与起源》（*Language：Its Nature，Development，and Origin*，1922）、《语法哲学》（*The Philosophy of Grammar*，1924）等影响很大。

③ 今译歌德（Johann Wolfgang von Goethe，1749—1832），德国哲学家、神学家、文学家、剧作家，曾与席勒共同发起Weimar Classicism，其影响是跨世纪的。他的《颜色论》（*Theory of Colors*）曾影响了达尔文对于植物形态的关注。

④ 今译席勒（Johann Christoph Friedrich von Schiller，1759—1805），德国诗人、哲学家、史学家和剧作家，晚年同歌德交往甚密，并同歌德（Goethe）并列为德国古典主义的大师，其思想据说被洪堡所继承。

辈之所馨香祝者也。"(1912：123)就其所在的特定历史和国情看，胡以鲁是国内较早提出研究"国语与国文"间关系这一主张的人。

最后，胡以鲁也受到"印度胜论说"和梵语语法理论的影响。由于受到印度胜论说的影响，他认为："吾人外界之事物，据印度胜论说，不外实、德、业①三者。而三者不相离。表实之名以德以业。诚哉，吾人所用言语之中探究其语源必不出德业二者之中。盖语言者，对于实在事物全体之思想耳。然而二面中摹仿何者，全出于摹仿者之自由。"(1912：7—8)可见，胡以鲁非但没有将语言符号与外界事物的关系简单地"二元"化，而是主张实、德、业的意义三角关系，即三元哲学观，并且还提出语词符号与外界事物间的任意性关系。在语法研究方面，他受到梵文语法的影响。他认为："世界语文，梵语最富。而吾国语次之。梵语所谓之六合释 Shatsamasa② 者吾国语皆具有。"(1912：55)然后，根据梵文中的六种合成词，他具体分析了汉语中的"六合释"，即带数释(Dvign③)、有财释(Bahuvrihi④)、限定释(Determinativ⑤)、

---

① 实、德、业出自印度胜论派(Vaiśesika)所提出的主张，由慧月大德(Maticandra 公元前三世纪至公元一、二世纪间)所倡导。其中"实"指诸法实体，即实体名词，如地、水、火、风、空、时、我、方、意等九种；"德"指实体的属性，即汉语中的形容词，如色、香、味、触、数、量等；"业"指实体之运动，即汉语的动词，如取、舍、屈、伸、行等指代一切运动。

② 根据译文可以确定为"Samāsa"，即梵语语法中名词性合成词的总称。

③ 疑为拼写错误，按照胡以鲁(1912：55)的例子，可以判断这个词为"Dvigu"，即梵文语法中一种合成词类型，其首字为数词，就犹如这个术语本身：dvi＋gu＝two＋cows，系 tatpurusha(determinative)的变体之一。参见：http：//www. reference. com/search？q=Dvigu，2010-8-9。

④ 也称离心合成词(exocentric compound)，源自梵文语法研究的术语。这种合成词的特征是：前字系后字的领属，后字系前字特征的呈现，诸如胡以鲁(1912：55)的"方丈"和"近视"。

⑤ 书中拼写错误，应为"determinative"即梵语语法中的 tatpurusha，指具有支配限定关系的合成词，其中前一词系后一词的领位，如"雪花"。参见：http：//www. reference. com/browse/Tatpurusha，2010-8-9。

方位（locativ①）、重复法（iterativ②）、连置释（Kopulativ③）等（1912：55—56）。

可见，在中国现代语言学萌芽时期，胡以鲁能以批判的视角借鉴众多理论成果来分析古汉语，以确立汉语在普通语言学中的地位，对中国引进国外语言学和中国普通语言学的建立具有何等的功泽。

(5)《国语学草创》中的"译述"

《国语学草创》中的译介分为语言学术语的翻译和语言学思想的译述。书中的术语可分为两类：一类是简单的术语，只是引用国外术语，并未阐述与该术语相关的国外语言学理论，如语言名称、语音和语法研究术语等；另一类是带有理论叙述的术语，即通过术语引入理论，并进行全面的应用，如上文提到的"六合释"、内范、外范、实词、虚词等。

本书只选取普通语言学中的基本语言名称、语音研究术语、语法研究术语、语言学术语和语言类型术语等的译名，如表3.1所示。

表3.1 普通语言学中的基本语言译名

语言名称	译名	页码	语言名称	译名	页码
Indoger-man	印度日耳曼语族	1912：2	Bask④	巴斯克语	1912：69
Uralaltaic	乌拉尔阿尔泰	1912：5	Lithmanian	立士曼语（现为死语言）	1912：77
Latin	拉丁语	1912：69	Slavoui	斯拉复语（今译斯拉夫语）	1912：77

---

① 书中词尾丢掉一个"e"，也是限定合成词的一种，如车夫。

② 书中词尾丢掉一个"e"，系梵语术语"amredita"的英文对应词，指运用重复构成合成词的一种，如来来往往、day by day。

③ 书中词尾丢掉一个"e"，系德语术语，其梵语对应术语为"Dvandva（copulative or coordinative）"，指两个以上的物，可连置在一个合成词中，如山河、山川等。参见：http://www.reference.com/browse/Dvandva，2010-8-9。

④ 惯用 Basque。

表3.1中举列了书中有关普通语言学中最基本的各类型语言称谓，其中有些可能不是第一次出现在中国人的著述中，但出现在中国普通语言学著作中应是首次。书中有一些语言没有附列外文名称，本书未将其列入参考范围，但并不否认其学术价值，如：柏林语（1912：96）和东京语（1912：96）等。此外，上表中的Lithmanian语①业已死亡。现今有关该语的资料不多，在中国普通语言学的著述中很难得见相关阐述，可能胡以鲁（1912）是唯一一部论述该语的文献资料。

表3.2　语音研究术语译名

名称	译文	页码	名称	译文	页码
breath	气	1912：10	rein labial or bylabial	两唇音/重唇音	1912：11
voice	声音	1912：10	inverted②	卷舌	1912：11
nasal	鼻腔	1912：10	laryngal	喉头音	1912：11
aspirata③	气音（今称吐气音）	1912：10	glide	音渡	1912：13
tenuis④	清音	1912：10	auslant⑤	收声	1912：13
mediae⑥	浊音	1912：10	pitch	音之高低	1912：36
guttural	颚音	1912：11	duration	音之长短	1912：36

---

　　① 为西太平洋沿岸加利福尼亚州境内的一种土著印第安语。截至1962年，母语者尚存11位。参见《语言百科词典》（苏联大百科全书出版社，1990：416）。本词条由黑龙江大学李锡胤教授提供，特此鸣谢。

　　② 语音学术语，今称卷舌或卷舌音（参见《语言与语言学词典》，1981：180）。又，inverted explosives为"语音内爆破"。

　　③ 语音学术语，指吐气的清爆破音，多见于希腊语中，参见http://dictionary.reference.com/browse/aspirata，2010-8-9。

　　④ 指不吐气的清爆破音，多见于希腊语中，同时也指清音。

　　⑤ 疑为拼写错误，但按照收音定义，正确拼写应该是auslaut，即今天的尾音或收尾音。

　　⑥ 指浊化爆破音，源于希腊语法。

续表

名称	译文	页码	名称	译文	页码
ceronale	舌头音	1912：11	intensity	音之强弱	1912：36
zerebral①	里音	1912：11	register	音之锐钝	1912：36
alveolar	前舌端音	1912：11	euphony	音调	1912：37
post dental	后舌端音	1912：11	rhyme	余韵	1912：86
intro dental	背齿音	1912：11	head voice	头部共鸣之音	1912：90
labiodental	唇齿音/轻唇音	1912：11	arthros②	音节	1912：102

表3.2中的术语指称的是语音名称、语音类型、发音特点等，均是现代语音研究理论的产物，与中国传统的音韵学研究术语颇为不同。

表 3.3 语法、语言学术语译名

名称	译名	页码	名称	译名	页码
articulated speech	言语	1912：16	genetiv	领位	1912：56
	语言学	1912：23	locativ	方位	1912：56
	言语学	1912：24	accusativ	宾位	1912：56
connex	位置前后关系	1912：48	iterativ	重复法	1912：56
part	语词部分	1912：51	Sprachsgefüh	语感	1912：56
kind	语词种类	1912：51	Kopulativ	连置释	1912：56
side	语词方面	1912：51	notion	念③	1912：60

① 语音学术语，英文拼写应为 cerebral，亦称 retroflex，今称翘舌音或卷舌音。
② 为希腊语。
③ 今天的"概念""理念"。

续表

名称	译文	页码	名称	译文	页码
verb	用词	1912：52		俚语	1912：62
fullword	实词	1912：52	copula	系联①	1912：63
form word	虚词	1912：53	object	目的语	1912：64
Shatsamasa	六合释	1912：55	subject	主语	1912：64
Dvign	带数释	1912：55	predicate	述语	1912：64
Bahuvrihi	有财释	1912：55	adverb	状词	1912：73
Determinativ	限定释	1912：56	affix	语系	1912：79

表3.3中除了言语、语言学与言语学外，都是语言学理论译介过程中所出现的术语，大多与今日用词颇为不同。其中，"俪语"的概念类似于今日的俚语，如："吾国语词……文人者起，集时地之方言为俪语，或以字形或以意标，训别其义"(1912：62)；实词和虚词也称"实字"和"虚字"，原为宋朝汉语修辞中的术语，最早由法国传教士马若瑟(Joseph-Henry Marie de Prémare，1666—1736)于《汉语札记》(*Notitia Linguae Sinicae*，1731)中，吸取了中国学者关于"实词"(full words)与"虚词"②(empty words)的划分，并经由这部著作进入普通语言学(姚小平，1996：4；Robins，2001：122)。胡以鲁有关"实词"和"虚词"的思想源于英国语言学家Sweet对语词划分所使用的full word(实词)和form word(虚词)(1912：52)。关于梵语"六合释"，请参见上文注解。除了源自印度语言学术语外，基本上沿用《马氏文通》和日

---

① 今称"系词"。

② 原为"实字"和"虚字"，为中文所固有。有关"实字"和"虚字"始于宋朝一说不确。针对这一说法，傅东华在《东方杂志》发表论文《文法稽古篇》认为，"字之宜分虚实，理之断手不可易者也。虚实之称非自宋始有之，而宋以前早以'名''词'相对举，如《毛诗传》有'辞也'之训，刘熙《释名》竟不涉及一语词，而《尔雅》《小尔雅》《广雅》皆摄语词于'释诂''释言'之内，不与名物诸类相混淆，可见字有虚实之分界，自有传注之学以来即已然矣。"(1939：25)可见，"实字"与"虚字"古已有之。

本引进的语法学术语。

此外,胡以鲁还针对句子的分析问题,引进了斯丹太而氏/密斯推理氏二人(Steinthal-Misteli)提出的"实在"(substantia)、"客观"(objective)和"用词"(verb)等的三分法(1912:79)。

表3.4 语言类型与语言谱系理论译名

名称	译名	页码	名称	译名	页码
method of trial and error①	尝试	1912:45	incorporating	抱体语	1912:69
	屈折语	1912:59	Spirallauf (spiral movements)	螺旋进行说或循环论	1912:71/77
descendent period and ascendant period	升降二时期	1912:59	agglutinations theorie	倾变论	1912:72
synthetical	综合的语言	1912:69	flexional formal elements	屈折的形式	1912:72
analytical	分析的语言	1912:69			

表3.4举列了语言类型划分的术语译名。抱体语也称抱合语、多式综合语或复综语(姚小平译),由德国语言学家洪堡在《论爪哇岛上的卡维语》(1836—1840)的导论《论人类语言结构的差异及其对人类精神发展的影响》(1836)中的《语言的复综型系统》部分提出的,即:"构成一个独立句子的要素,可以缩合进一个词形。按照严格的要求,我们应当把所有这类缩合现象都划归复综系统"(姚小平,2008:184),其德文为Einverleibungssystem,与英文incorporating system对应,被后世语言学家广为沿用(如:Jespersen,1922:58;Pedersen,1931:100;Bloomfield,1933:241等)。除了丹麦语言学家叶斯伯森在《语言论:本质、

---

① 语言习得理论,今译为"甄别法"。

发展与起源》(1922：58)对其出处①有所提及外,大多均未交代。当前国内较通行的译名为"复综语",多式综合语也偶有使用,但因易于与polysynthetic language的译名混淆,从而影响了这一译名的广泛传播。抱体语和抱合语的译名系受到日本语言学译名的影响,抱体语为胡以鲁首次引进,抱合语当前仍在使用,如徐一平(1999：5)、岑运强(2006：169)等。有关这一词条的详细阐述,第三章第七节。

综合语言和分析语言的概念系德国语言学家A. 施莱格尔(A. W. Schlegel)在专著《论普罗斯旺语言文学》(*Observations sur la langue et la littérature provençale*,1818)的"前言"中提出的,他认为屈折语等级最高,是"有机的②"语言,并将其细分为综合型和分析型,分析型语言产生于现代,系综合型语言的分解,用人称代词和助动词与动词配合,用介词表示格变,用副词表示程度比较。据我所掌握的文献来看,两术语为胡以鲁首次译介,并沿用至今,与其相关论述,第三章第七节。

此外,尚有胥拉海氏(Schleicher,今译施莱歇尔)针对语言形态而提出的"flexional formal elements"(屈折的形式)和"formative elements"(形式的形式)③;抱浦氏(Bopp)针对语言演变提出的

---

① "Humboldt's position with regard to the classification of languages is interesting. In his works we continually meet with the terms agglutination and flexion by the side of a new term, 'incorporation.' …. Now, Humboldt says that besides Chinese, which has no gramamtical form, there are three possible forms of languages, the flexional, the agglutinative and the incorporating, but he adds that all languages contain one or more of these forms(Versch 301)"(参见Jespersen,1922：58—59)。其中,省略号以后的引文参见世界图书出版公司北京公司引进英文版:"Apart from Chinese, which dispenses with all gramatical forms, we previously postulated in languages three possible forms for the attainment of sentence-making, the flexional, the agglutinating and the incorporative."(2008：216)。

② A. 施莱格尔与其兄弟F. 施莱格尔不同,将语言分为两类:有机与无机,并曾据此认为汉语为落后语言。

③ 该译名为胡以鲁所译(1912：72),今多称之为"形式因素"。

"倾变论"(agglutination theorie①);迦伯林氏(Gabelenz②)针对语言进化提出的"螺旋进行说/循环论"(Spirallauf);胥立盖而氏(Schlegel)针对语言演变"适者生存"论所倡导的验证法"method of trial and error"(尝试);轧拉利利氏(Grasserie)针对语言演变所提出的"升降二时期"(descendent period and ascendant period)理论等。

由上述可见,语言学术语的引进采用直接翻译某一理论的术语,并对其简约叙述,然后引入汉语的分析;而语言学思想的引入是通过把人名与所欲用的理论绑定,采取直接叙述的方式来呈现,而不是引用该作者某著作中的相关言论。就书中引介的内容看,人名与术语之间的关系是一体的,不可分割的。胡以鲁引进的理论术语和名称,有些得以沿用至今,譬如,产生于古希腊亚里士多德时期,后被缪勒等继承的 Onomatopoeia(摹声法);产生于印度梵语语法研究中的"鼻腔""音节""喉头音"等;源于德国施莱歇尔的"屈折形式",以及语言学和一般语言学等。这些术语的翻译方法在当时被称作"义译"(胡以鲁,1914),历经多年的更替和学科发展仍在使用。相反,书中的地名和人名则采用了"音译"或曰"转写"(沈国威,2005:104),有些则因为各地方言的发音不同导致音译名称各异,后因国内学界的认识不断深入,逐渐采用统一的译名以便交流,这类译名最终遭淘汰。综上所述,似乎可以这样认为,胡以鲁在《国语学草创》中的术语译名印证了其在1914年提出的"'译义'为主、'音译'为辅"③这一观点的正确性。

(6)胡以鲁对中国语言学的贡献

---

① 怀疑有拼写错误,如果 theorie 不是法语,那就应该是复数形式,现在通常译为"黏着论",系德国语言学家洪堡首次提出。

② 应为 Gabelentz,即 Georg von der Gabelentz(1840—1893),德国普通语言学家、汉学家,今称"甲伯连孜",亦称"加贝伦茨"。他的 Chinesische Grammatik(1881)在汉语研究上,影响了很多人,包括 Sweet、Jespersen 等。针对语言的演变,他曾提出"螺旋论",被胡以鲁称为"循环论"。

③ 这一观点是胡以鲁针对章士钊1910年提出的"音译"主张而提出的,参见:《论译名》(《庸言》,1914年第1—2期)。

《国语学草创》是中国人第一次尝试运用西方普通语言学认识和研究汉语的著作,纠正普通语言学界对汉语的错误认识,维护汉语在世界语言学研究中的地位,为中国现代语言学的研究奠定了基础,也为日后的汉语研究订立了学科框架。

作为中国第一本普通语言学的著作,《国语学草创》曾对后世语言学家产生过重大影响,如黎锦熙(1919)、王古鲁(1930)、张世禄(1930)、沈步洲(1931)、张世禄(1934)等。

胡以鲁的《国语学草创》是具有开创精神的,其语言学贡献主要可归纳如下:

(1)引进学科术语,如语言学(1912:23)、言语学(1912:24)、一般语言学(1912:92)、语法(1912:76)、语法范畴(1912:103)、音素(1912:108,109)、所指(1912:52)、词品(1912:52)、屈折语(1912:59)、机制(1912:76),等等;

(2)引进新的语言理论观点和研究方法,如:语言符号观(1912:4—6)、符号的任意性观(1912:7—9)、符号的能指与所指关系(1912:52)、语言内在形式与外在形式(1912:9,79,93,95)、意义的三角关系(1912:7—8,参见李晗,2003:86)和言文一致(1912:97)、历时与共时相结合的研究方法(1912:77)等;

(3)提出语法研究中的汉外对比研究的思想(1912:54,76);

(4)推翻西方对汉语的错误认识,维护汉语在普通语言学研究中的地位:经过对 Gabelentz 氏、Humboldt 氏、Müller 氏等的批评后,肯定丹麦 Jespersen 氏对汉语的公允评价(1913:75—81),并认为"吾国语发达也,简单保守心理为之骨"(1913:81);

(5)论述方言与方音、标准语与标准音、国语与国文三对间的关系,区分标准语与方言,并提出建立标准语语法(1912:82—124);

(6)重申《马氏文通》(1898)中提出的汉语语法的法则(1912:64—65),推进了汉语语法的研究进程;

(7)对语法加以分类,即纯理语法与应用语法,纯理包括叙述语法与说明语法(说明语法又分历史、比较、原理三类)(1912：100)；

(8)提出撰写语法教材的框架，具有指导性意义(参见 1912：124)。

可见，胡以鲁在引进国外语言学思想、从普通语言学角度研究汉语以及建立中国现代语言学等方面都具有开创之功。此外，书中所体现出的批判式分析，去其糟粕、取其精华的严谨学风至今仍然值得效仿。

二、编译文本分析

该期中国共出版语言学编译文本 5 部：王古鲁编译《言语学通论》(世界书局，1930)、李安宅编译《意义学》(商务印书馆，1934)、李安宅编译《巫术与语言》(商务印书馆，1936)、周辨明等编译《语言学概要》(国立厦门大学，1945)、水夫编译《人怎样开始讲话》(天下图书公司，1949)等。此外，尚有林祝敔《语言史》(世界书局，1943)介于译述和编译文本之间。其中《意义学》《巫术与语言》《语言学史》和《人怎样开始讲话》为特殊文本。就原文本的语言种类而言，编译文本涉及 3 种语言的文献，即英语文本 4 部，日语文本和俄语文本各 1 部。

就上述文本在译介国外语言学思想及其在语言学史中的地位和重要性而言，王古鲁《言语学通论》，李安宅《意义学》《巫术与语言》和周辨明等《语言学概要》等是十分重要的著作。王古鲁首次译介日本语言学家的著作，引进重要的语言学术语，如意义学；李安宅首次译介英国语义学家瑞恰慈[①]等的语义思想和美国语言学家萨丕尔的语言学思想；周辨明和黄典诚首次译介帕尔默(L. R. Palmer)、博德马(Bodmer)的现代语言学思想及庞克斯特

[①] 英国文论批评家(I. A. Richards, 1893—1979)，瑞恰慈为其自取中文名，曾被称之为"吕嘉慈""芮卡慈"等

有关未来世界语理论。

本节仅选取王古鲁《言语学通论》、周辨明等《语言学概要》和水夫《人怎样开始讲话》为例，系统分析20世纪上半叶中国语言学典籍中的编译文本。

1.《言语学通论》①文本分析

王古鲁②(1901—1958)，讳钟麟，名咏仁、仲廉，字古鲁，江苏常熟人。1920年赴日，次年入东京高等师范学校研究科。1926年学成归国，历任北平女子师范大学(今北京师范大学)、金陵大学、北京大学、中央大学和辅仁大学等校讲师、教授，曾任广西教育厅编译处处长和河南新中华日报社编辑等职。1938—1941年间，王氏再次赴日，任日本东京文理科大学讲师，同时搜访与调查小说、戏曲文献。20世纪50年代任北京师范大学教授，直至去世。

王古鲁归国后，曾根据日本安藤正次③《言语学概论》(早稻田大学出版部，1927)编译《言语学通论》(1930)，用作北京大学语言学教材。本书是他一生中编著过的唯一一部语言学书籍。后来，他将注意力转向备受关注的日本汉学研究。在担任金陵大学中国文化研究所专任研究员时，王古鲁便以"日本学者研究中国学术概观"和"日本史学家关于中国史学之研究"作为研究课题。他不仅大量翻译日本的文史著作，引进日本的学术成果，而且与日本学者书信往来，以增进学术交流。此外，他还勤于搜访留存

---

① 本节经局部修改，以《王古鲁与中国语言学译介》发表于《安庆师范学院学报》2010年第4期。

② 有人说，他生于1902年；也有人说，他生于1901年，本书暂以1901年为准。

③ 安藤正次(1878—1952)，日本东京都人，1878年生于日本埼玉县。1904年毕业于东京帝大文学部言语学科，同年9月任神宫皇学馆教授。1917年任日本女子大学国文科教授。1925年3月转任早稻田大学教授，翌年3月任台湾总督府高等学校教授，同时受聘为总督府研究员，居留英、美、德、法四国长达一年十个月之久，至1928年返国受任为台北帝国大学文政学部教授，后于1932年6月任文政学部部长。1941年出任台北帝大总长(校长)，兼总督府评议会会员。

于东瀛的中国小说戏曲珍籍,将其影摄带回国内,并择取部分善本影印出版。对中国的小说和戏曲研究,他做出了巨大的贡献,这在中国的众多文学典籍中是不难发现的。

但是,他在语言学方面的努力,不但无法跟他在文学中所做的贡献比肩,且除了学科史家以外,几乎没什么人关注他。即使近有南京大学王希杰在雅虎博客做过扼要评述,但他提供的《言语学通论》的框架,似乎存在一定的出入。那么,他据此而做出的评述就很值得思考了。我们不妨说,王古鲁编著的《言语学通论》的文本研究以及他对中国现代语言学所做出努力的专项研究,还是一块处女地,尚待问津。

(1)《言语学通论》的体例与框架

Ⅰ.体例

《言语学通论》是商务印书馆出版的"文化科学丛书"之一种,旨在"作为中等学校以上教本之用"(见丛书发刊旨趣),以便"使读者对于一般的言语学得到一个简明的概念"(见例言)。因此,作者在日本安藤正次《言语学概论》的基础上,编辑、剪裁,并适当地增添国语国音部分的内容,以满足教授与学生的现实需求。国语国音部分的内容主要来自"胡以鲁氏之《国语学草创》、黎锦熙氏之《国语学讲义》、高元氏之《国音学》"(见例言)。

本书所遵循的是教科书的体例,旨在对语言学给予简明的概念,书中文字简明易解、通俗流畅,且所用事例充足而广泛,充分地体现了普通语言学的特征。

Ⅱ.框架

该书开首有《文化科学丛书发刊旨趣》和《例言》两则,书末有"参考书"和"文化科学丛书书目"两则。本书主体分为五章二十四节,详见本书表3.5。

从该书的框架可见,作者以语言研究作为切入点,进而交代了语言学是什么、语言学发展的历史,然后转入到世界语言这个焦点;在阐述世界语言分类之后,作者把侧重点转向了语音和语言本质两层面,最后述及了语言的演变。该书的视角相当开阔,兼顾当时备受关注的语言问题，即：语音、语言的本质和语言的变迁等，给读者提供了丰富的信息，也充分地满足了读者的阅读需求。

据《例言》交代，"本书纯以简明得当之日本安藤正次氏著《言语学概论》为依据"，且增添了有关国语国音的内容。那么，本书有多少成分与安藤正次《言语学概论》相重合呢？为了解决这一问题，我们需要查看安藤正次的原著，将两书仔细比对，但中国国家图书馆仅存的安藤正次《言语学概论》却不见了踪影。我们也就只好以雷通群翻译的《言语学大纲》（1931）为参考，以了解安藤正次原著的大概面貌。

(2)《言语学通论》与《言语学大纲》比较

王古鲁把安藤正次《言语学概论》作为写作《言语学通论》的依据，雷通群则把安藤正次的《言语学概论》翻译成《言语学大纲》，两者的基础都是安藤正次《言语学概论》。在拿不到安藤正次原著的情况下，拿雷通群的翻译本作为最接近原著的文本，衡量王古鲁(1930)与安藤正次(1927)间的渊源关系，似乎不失为一个办法，因为两者都可以看作是安藤正次这个蓝本的变体。

Ⅰ. 版式比较

从版式看，《言语学通论》和《言语学大纲》采用的都是当时习见的"右侧竖行，左开小本"。书中人名、地名左侧用实线标明，外国人名、地名和重要外来术语后附外文置于括号之内，所有的外文均横排，所有的数字均用汉语大写。就标题而言，《言语学通论》以章、节为单位，再下为用方括号"【】"表示的一、二、三，而后则甲、乙、丙、丁；《言语学大纲》虽也以章、节为单位，但再下则为一、二、三，而后用甲、乙、丙、丁来表示。

就注释而言，《言语学通论》基本上没有保留原文本的注释信息，而是自行设置了"段末注"，如《言语学通论》107页的（注意）一则；《言语学大纲》则基本上保留了原文本的注释信息，多为"夹注"加"段末注"，以"附说""附注"和"注"等形式在正文相关处给予标注，然后在该段末提供详细内容，但偶有出现丢失正文标注的现象,如《言语学大纲》第66—67页的注释所见。

Ⅱ. 纲目比较

既然作者明言以安藤正次君为主要依据,两者间的联系必然体现在框架上,下面将雷通群译本的目次与王古鲁的目次一并录入于下表,以见究竟。

表3.5 两书目录

《言语学大纲》		《言语学通论》	
第一章:概论	第一节:言语学之范围 第二节:言语学之本领 第三节:言语学建设之过程	第一章:序说	第一节:言语之研究 第二节:言语学是怎样一种学问 第三节:言语学建设前
第二章:世界言语之统系	第一节:统系的分类法 第二节:印度日耳曼语系 第三节:坎密度舍美特语系 第四节:乌拉尔亚尔泰语系 第五节:印度支那语系 第六节:马来波利尼系 第七节:班图语系 第八节:杜拉维典语系 第九节:亚美利加语系;附所属不明语言	第二章:世界的言语 第二章:世界的言语	第一节:系统的分类 第二节:印度日尔曼语族 第三节:哈密笃西密底语族 第四节:乌拉尔阿尔泰语族 第五节:印度支那语族 第六节:马莱坡里内亚语族 第七节:班笃语族 第八节:达罗毗茶语族 第九节:西美利加语族;附所属不明语言

续表

	《言语学大纲》		《言语学通论》
第三章：言语之声音	第一节：言语与声音之关系 第二节：发音器官之构造及作用 第三节：声音之分类 第四节：辅音 第五节：元音 第六节：连音及音节	第三章：言语之音声	第一节：言语与音声 第二节：发音机关的构造及作用 第三节：音声之类别 第四节：辅音 第五节：元音 第六节：连音及音节
第四章：言语之本质	第一节：表出运动与言语 第二节：言语与思想 第三节：言语与文字	第四章：言语之本质	第一节：表出运动与言语 第二节：言语与思想 第三节：言语与文字
第五章：言语之发达及变迁	第一节：言语构造上之分类 第二节：言语之变迁及原始时代之言语 第三节：国语与方言、文言与口语	第五章：言语之发达及其变迁	第一节：从构成上来观察的世界之言语 第二节：言语之变迁与原始时代的言语 第三节：国语与方言、文言与口语

从表 3.5 可见，两者间存在惊人的相似之处：框架上基本一致，章节的数目完全一致，特别是第三、四章基本上完全一样。如果说两者存在不同，那就是第一章和第二章第九节的内容稍有不同，此外，两者间的措辞稍有不同。就目录而言，我们不妨假设，王古鲁(1930)是安藤《言语学概论》的一种译介文本，也就是我们说的编译文本。

Ⅲ．文本比较分析

在比较两者内容时，我们采取随机择取的方式，确保样本的有效性。下面将选取样本并置于同一表中，做分析参考之用。

表 3.6　具体内容举例

《言语学大纲》	《言语学通论》
1. 言语学之范围，在研究言语之本质、构造、形式、内容、与其胚胎变迁之原理，世界上言语之分布，及关于一切言语现象。此科至十九世纪，始认为独立科学。前人虽非尽无研究，但大率从广义的研究；即至现在，仍有许多由通俗的常识的解释言语，而专科研究者却居少数。p.1	1. 言语学（Science of Language）是一种以言语为研究对象的科学。它在科学上获得地位，这是在十九世纪的初期，所以和各种基础稳固的科学比较起来，确是极为幼稚的。然而我们要是从广义的言语之研究而言，可以说，世界各国自古已有之，不过没有科学的基础罢了。便是在目前，我们还看得到不少的人，通俗地常识地发表关于言语的种种的研究的，这因为言语在诸多点上有惹人注意唤起兴味的性质。p.1
2. 言语学研究之范围，实包括世界一切言语。不论其为文化先进国的言语，或为未开化人的言语；今日尚存的言语，或已归消灭的言语；更无论其为古代语，或今代语。是以为研究言语学之预备，至少要有理解世界言语大体之智识。世界言语既不相同，必须分为若干类；然其种类之性质如何，固属应知之事。专研究一国之语言者，是谓"特殊言语学"，例如华语学家、英语学家、日本语学家之类是也。然特殊言语学者，至少亦须明白其所研究之国语，乃属世界言语全体中之一成分，总受一般言语之理法所支配。尚未明此种国语在世界言语中居何地位，与他种国语有何关系，则于其国语之历史与特性，当	2. 言语学一般的取来为研究之对象的言语，是世界上一切的言语。不问其是否为文化进步的国家的言语抑系野蛮未开化的地方的言语；又不论其是否为已绝灭之言语抑系目前盛行的那种国语；而且也不分古代语与今代语的差别；只须人类曾经用过，或现在正在用着的言语，一切都能成为研究之对象的，所以对于世界言语得大体的理解，以为研究言语学的预备知识，是必要的。世界的言语，既然完全不是同一的，那么自然地生出言语的种别的问题了。便是在所谓特殊的言语学——例如专以英语或中国语为研究对象的那类部门里，它所研究的对象的国语既为世界言语之一而系构成全体的一成分亦受一般言语学的理法所支配的，假使预先没有决定

续表

《言语学大纲》	《言语学通论》
然不得明了。p. 25	"这种国语在世界的言语中所占有的地位，以及与其他国语的关系"那样的问题，不会辨别清楚这种国语的历史与特性的。p. 24—25
3. 表示运动者，是将心的活动表示于外者。例如痛苦时则蹙颇，惊愕时则叫跳，寒冷时则体缩，恐怖时则喘息之类是也。表示运动分为有意的与无意的二种。有意的是属自动性，例如表示憎厌则皱眉睨眼之类；无意的是属被动性，例如触热器则缩手之类。此种表示运动，分为各种类及各阶段。言语者，亦属表示运动之一。p. 107	3. 什么叫做表出运动？表出运动（Expressive Movement）是指一切我们心的活动在外部表现出来的动作。人们感受到痛苦的时候，皱颜；吃惊的时候，发喊；寒冷的时候，身体瑟缩；恐怖的时候，气息紧促，这种种表现，都是包括在表出运动里的。表出运动又分为有意识的与无意识的二种。所谓有意识的，指我们心中有目的的动作，例如表示嫌恶之意时，则眉皱口弛。无意识的表出运动之例，如手触炙热的物体上自然地缩回的运动。在这样的表出运动里，有种种的阶段，亦有种种的种类的。如人类的言语，也是表出运动的一种。p. 134—135
4. 言语随时代而变迁，此是不可移的真理。盖人类之文化与生活，恒变动不居，言语乃社会生活之反影，其继续变化固宜。但在变动不居之中，乃有一点不易变易者在，此即民族间或国民间固有的性情也。苟国民固有的性情不变，则其言语之特性可永久保留。例如中国之国民性，可于中国语中窥之；英	4. 言语随时代变迁，是不可否认的事实。人类文化；人类的生活，是时常移动着；变迁着。那么社会生活之反映的言语不绝地发生变化是当然的了。这种变化，自然，不是遍及全体的，所以某部分留存着；而某部分生变化的。这是完全由于民族与国民的性情的。一民族一国民的言语，只要不丧失其民族或国民的固有性情颇能

续表

《言语学大纲》	《言语学通论》
国国民性，可于英语中窥之。惟是此种国民性或民族性，亦缘时代而推移。文化与社会继续进展，则国民性随之而为部分的进展，言语亦然。故言语之变迁，恒为国民的文化进展之反影，为国民的精神生活之表现。p.153—154	永远保持其固有之特性的。中国的国民性在中国语里反映出来；其他国家的国民性，或民族性，亦是这样的。但是这样的国民性与民族性，也随了时代而生推移与变动的。那种居于国民性与民族性的核心之性情，固然不易生变动，但是随着文化与社会的进展，各方面现出部分的进展的。所以我们可以概括地说：言语的变迁为文化进展的反映；精神生活的表现。p.192—193

表3.6中的样本1是两书的第一段。雷通群翻译本的标题是"言语学之范围"，而王古鲁本的标题是"言语之研究"。两者的侧重虽不同，但在王古鲁本中，还是能够看到翻译的痕迹，如"它在科学上获得地位，这是在十九世纪的初期""便是在目前，我们还看得到不少的人，通俗地常识地发表关于言语的种种的研究的"等，其余则为王古鲁自行添加的，属于"编写"的范畴。

样本2是两书第二章第一节第一段的内容，是讲述语言系统分类的总述。比较发现，雷通群的翻译虽简洁，但不是很易懂；而王古鲁的翻译不但通俗易懂，而且带有些许的解说，如"不问其是否为文化进步的国家的言语抑系野蛮未开化的地方的言语；又不论其是否为已绝灭之言语抑系目前盛行的那种国语；而且也不分古代语与今代语的差别；只须人类曾经用过，或现在正在用着的言语，一切都能成为研究之对象的，所以对于世界言语得大体的理解，以为研究言语学的预备知识，是必要的"。这句是与雷通群译本区别最大的地方，雷通群的译文是用两句话来表述的，即："不论其为文化先进国的言语，或为未开化人的言语；今日尚存的言语，或已归消灭的言语；更无论其为古代语，或今代语。是以为研究言语学之预备,至少要有理解世界言语大体之智识。"两者间的不同在于:雷通群比较遵循原文本的结构,读起来多少有些翻译腔,所以译文不是很易解,而王古鲁的译文通顺自然,犹如写作一般。譬如,雷通群译文中说:"专研究一国之语言者,是谓'特殊言语学',例如华语学家、英语学家、日本语学家之类是也。然特殊言语学者,至少亦须明白其所研究之国语,乃属世界言语全体中之一成分,总受一般言语之理法所支配。"这句话从逻辑上讲,多少有些不通,"专研究一国语言者"应该是特殊言语学家,怎么能是"特殊言语学"呢?既是"特殊言语学",又怎么可能是"华语学家、英语学家、日本语学家之类是也"呢?对于同一内容,王古鲁是这样处理的:"便是在所谓特殊的言语学——例如专以英语或中国语为研究的对象的那类部门里,它所研究的对象的国语既为世界言语之一而系构成全体的一成分亦受一般言语学的理法所支配的",很好地表达了文本的含义。从样本2来说,王古鲁的样本属于翻译范畴,而不是编或写。

样本3是两书第四章第一节第一段阐述表述行为(样本中的表示运动和表出运动)的定义和分类举例。两个文本相比较,我们发现两个文本表述的内容基本相同,只是一个古奥,一个易懂。《言语学通论》样本虽然较长,却简明易懂,这正是《言语学通论》所在丛书的要求所决定的,即"要把各种专门学术,依最新学理与最新方法,用通俗易解的文字,作有系统有组织的介绍,期于专门与通俗两点,双方兼顾,以收宏效"(参见《文化科学丛书发刊旨趣》)。总的来说,在这一对样本中没有涉及"编"的内容。

样本4是两书中第五章第二节的第一段。两者在内容上是一致的,其差异表现在语言表述层面,雷通群的翻译比较简洁,王古鲁的文字则较为通俗易懂,但在该样本中王古鲁的文字则略显晦涩,这可能是由于当时白话文的发展尚不成熟所致。尽管如此,王古鲁的文字给予读者一种亲切感。

上述举例可见，雷通群和王古鲁的两个文本基本上是一个版本的两个译本，只是王古鲁在翻译过程中做的工作充实一些。譬如，他在书中添加了很多与汉语有关的内容，特别是在第二章第五节和第三章关于国语与国音的几种论述。这是王古鲁译介国外作品的一贯做法。如果仔细翻阅他后来翻译的《中国近世戏曲史》（商务印书馆，1931），我们不难发现，他在翻译这部书稿时并未停留在"译"的阶段，而是纠正了原著中的不少错误，还补充了原著中所缺的一些材料，添加了参考和附录两部分。同样，《言语学通论》中也存在这样的现象，例如书中有关汉语语音的部分和书后的参考书目。

Ⅳ．内容与译介风格比较

尽管两个文本都是基于同一个原本，但内容上还是存在一定的差异。除了保留"文法研究方法"（参见王古鲁，1930：13—18；雷通群，1934：11—14）、"十九世纪言语学之功过"（王古鲁，1930：27—28；雷通群，1934：20）和"印度语、梵语的完善定义"（王古鲁，1930：45—48；雷通群，1934：32—34）等外，两者在具体细节方面差异较大，特别是有关日本语以及运用日本语作为论述实例方面。

在以"附说"方式阐述"言语学在日本的状况"方面，王古鲁译本中未做交代，雷通群则以近乎两页的篇幅做了全面的阐述（雷通群，1934：7—8）；在举例说明"言语本质"时，王古鲁译本没有保留日本语例证，而是以汉字转写日音为手段，而雷通群译本保留了日本语的例证，只是译文不够准确（王古鲁，1930：12；雷通群，1934：10—11）；在论述"言语与声音关系"部分，王古鲁取汉语材料为例证，雷通群则保留了日文本的特征（王古鲁，1930：87—91；雷通群，1934：64—65）；在论述"语言与文字"部分，王古鲁删除了有关的拉丁语和法语实例，而雷通群保留了拉丁语和法语实例，如"18 之数字，拉丁语读为 duodeviginti, 39 之数字，法语读为 quantre-vingt-treize"（雷通群，1934：123—

124),只是法语翻译错了①。在"国语与方言"部分,两者的论述内容产生了很大的分歧:王古鲁译本自 205 页起,专注于国语的讨论,而雷通群译本自 162 页起,详细地论述了英、日与满文的历史,且对满文的起源及其发展论述的异常详细,占近 4 页的篇幅,远比王古鲁译本详尽。

上述可见,王古鲁译本为了照顾中国读者的阅读需求,继而促进汉语的语言学研究,较多地偏向汉语语料的选用,从而删除了用以说明普通语言学问题的日语、英语和其他语言的语料;雷通群译本则以"忠实于原文本"为信条,保留了众多日文本的相关信息,如言语学在日本发展、日本语言在语音和词汇层面的特征以及英语、法语、拉丁语等诸语言的语料信息,等等。

此外,两书均引进了 Friedrich Müller 提出的语言研究目的三分法和 Gabelentz 的语言学三分法(见表 3.7),并结合语言事实进行了具体分析。

表 3.7 语言研究目的与语言学分类法

Friedrich Müller		Gabelentz	
王古鲁	雷通群	王古鲁	雷通群
实用的	实用的	各国语的研究	各国语的研究
文献学的	古语的	系统的历史的研究	统系的历史研究
言语学的	言语学的	一般的研究	一般的研究

就范围而言,该书涉及广泛,几乎包括了当时世界范围内已有研究成果的所有语言,且阐述的极为细致,是当时国内少有的佳作。以林祝敔在 1943 年出版的《语言学史》作为参照,在汉语的历史发展及其当前状况阐述方面,林祝敔占绝对优势,但在汉语语音研究方面不及王古鲁(1930),在日本语言研究方面不及雷

---

① 39 的法语读为"trente-neuf",而法语 quatre-vingt-treize 表示 93。很可能是印刷时,工人把 3 和 9 的顺序弄反了。

通群(1931)。

两个文本间,除了王古鲁所添加的内容外,最大的不同在于:雷通群译本的语言较为简约,风格略微古朴,较为贴近当时正统的学术话语;王古鲁译本的语言较为通俗易懂,白话气息浓厚,如同课堂讲授一般,给读者一种亲切感。某种程度来说,王古鲁的风格与其译本所在丛书的体例要求有关。《文化科学丛书发刊旨趣》对王古鲁(1930)所在丛书的风格有如下要求:"第一,凡百学术,既贵精深研究,复须普遍通俗……。我们这部丛书,就要把各种专门学术,依最新学理与最新方法,用通俗易解的文字,作有系统有组织的介绍,期于专门与通俗两点,双方兼顾,以收宏效。第二,我国中等以上学校缺少各科良好读本,教授与学生均感苦痛。……因之,各方面要求本局继续编辑一部与 ABC 丛书相衔接,而内容加深,篇幅加大的丛书,以便教学者,分至沓来。我们现在这部文化科学丛书,均由朴实而有教授经验者编辑,当可满足读者的要求,作为中等学校以上教本之用"(参见《文化科学丛书发刊旨趣》)。

雷通群的译文风格,可能是模仿了原著的风格,也可能是他固有学术语言的特色,更可能是原著风格和他自身风格的杂糅,这是在任何译本中都难以避免的。不管怎么说,跟王古鲁(1930)相比,雷通群的翻译较忠实于原著,也是他译本的特色。

就两者采取的翻译策略而言,雷通群采取的是德国翻译理论家施莱尔马赫(Friedrich Schleiermacher,1768—1834)在《论翻译方法》中所称的"让读者接近作者"的策略,即今天所说的"趋向作者的"(source-text oriented)策略;而王古鲁采取的是"让作者接近读者"的策路,即今天所说的"趋向读者的"(reader-oriented)策略。这是造成两者内容略异、风格不同的根源所在。

(3)《言语学通论》中的编译

考察译介文本是以内容为依据,以文字为信息来源,以其体例编排为脉络的。其中,内容为恒变量,文字载体和著作体例编排为变量,所以我们以文字为依据来分析《言语学通论》中所含的编、译成分。

Ⅰ.《言语学通论》中的"编"

《言语学通论》中的"编"是与安藤正次原本的最大不同，也是最显而易见的。从内容上说，《言语学通论》的第一章以安藤原本为信息依据加以重起炉灶式的改写，从表3.6中可见一斑。作者自行添加了一些材料和信息，以应教学之便、读者之需。在第二章第五节印度支那①语系中，王氏按照汉语方言区域分布的特点，把"中国语"分为十个区域加以详细叙述，这是作者自行添加的内容。只要参考雷通群的译本第57页，便会知晓。在第三章中，王氏自行添加了很多有关汉语国音的内容，如第107、108、109、112、113、118、119、120页等。除内容以外，《言语学通论》中的"编"也体现在文本体例层面。将《言语学通论》与雷通群的译本相比较，我们发现《言语学通论》书末附有参考书目一则是雷通群译本和安藤原本所没有的，是"编"的另一个明显的例证。

上述有关"编"的特征，在王古鲁后来的《中国近世戏曲史》(1931)和其他的"以译带著"的著述中都不难寻得，从而形成了王古鲁较为独特的"编译"模式，即尽量纠正原文本中的不正当、欠缺、观点错误之处，添加有关原文本所欠奉的具体信息，附录文本中所涉及的参考书目及其索引信息等。

Ⅱ.《言语学通论》的译介

译介指的是以介绍为目的的各种翻译文本、方法和策略。就语言学学科的专门术语、人名、著作名称、研究方法等而言，《言语学通论》基本上是翻译。

书中共有外国作者32人，其中古希腊3人（狄阿尼塞斯·色剌克斯、都那德和普立细安）、印度1人（帕尼尼）、德国12人、法国3人（卢骚、康狄雅克、库尔度）、瑞士1人（苏秀尔）、美国2人（惠特尼、勃隆飞德）、英国4人（马克思密拉、威廉琼司、斯

---

① 支那为时人对中国的称呼，尤其日本，因含贬义，现已废弃，仅日本排华分子偶有使用。

维德、斯基德)、丹麦3人(拉斯克、耶斯潘荪、勃累斯道尔夫)、俄国2人(彼得大帝、卡他灵二世)、挪威1人(亚逊)。其内容始于古希腊、古代印度的语法,到17世纪和18世纪的语音和语言类型(语言历史比较)研究,再到现代意义的语言学。现代意义的语言学吸引了心理学(冯德)、生物学(希拉海尔)和社会学(苏秀尔)等学科的理论,具有跨学科的性质。该著是中国较早引入瑞士语言学家索绪尔(苏秀尔)现代语言学思想的著作。

语言名称的术语主要出现在第二章,共有术语168项,对古今中外的语言给予系统的梳理,但后5项语言(日本语、朝鲜语、巴斯克语、爱托拉斯坎语、荔希安语)没有相关的阐述,原因在于当时学界对这些语言的类型研究尚未达成一致意见。相对而言,林祝敔在这方面做得比较细致,尽管每项语言的阐述不足百字,但就当时的语言研究状况而言,这已是很全面了。

本书中共包含语言学专门术语123个,由2个希腊术语(习惯说和自然说)、7个德语术语(失语症、失书症、皮质性运动性失语症、皮质性感觉性失语症、错语症、健忘性失语症、读书不能症)和英语术语组成,涵盖了语音、语法、形态、语言类型、语言与思维、语言演变等层面。

本书正文共提到著作10部,其中梵文经典和德文著作各5部。尽管有些一闪而过,有些只是稍作介绍,还有些只是提到,甚至连中文译名都没有(如王古鲁,1930:28)。如果参阅书后的参考文献,我们会发现这里的10部著作没有列入作者的参考范围。鉴于书中出现的德文术语说明,我们可以确信作者还曾参阅过德文的著述。

Ⅲ. 王古鲁的编译体例

王古鲁是较早专门从事"以译带著"的中国学者。在他的众多编译作品中,《言语学通论》(1930)是他"以译带著"尝试中较早的一本。后来,王氏专注于备受关注的日本汉学研究,并于1931年出版了另一部较为成功的编译作品《中国近世戏曲史》。这两本作品的编译特征,如上所述。

王古鲁的编译体例体现了他从事以"以译带著"的目的,即深层次修订原文本的内容,纠正原文本中的错误,添加原文本欠缺的内容,附加读者所需的参考书目和索引等。这种体例完全是"倾向于读者"(reader-sourced)服务的,其优点在于:能够充分地考虑到读者的利益、读者的需求和译作的作用。同时,这种体例也伴随着一个缺点,即不能忠实地再现原文本的内容和风格。

(4)结论

翻译的策略是动态的,是应译者的工作需求而产生的,是应原文本的翻译要求而存在的,决定了任何时期的翻译策略都不可能是僵化的、静态的。那么,对历史文本翻译的策略研究也应该是动态的、历史移情的。王古鲁在《言语学通论》中的编译策略,在今天也是很有意义的,阅读这样的编译作品,读者会受益更大。但这种操作在今天可能性不大,因为这样做会侵犯个人的著作版权。

如果说王古鲁对中国语言学的发展有贡献,那就是他的译介引进之功,而这功劳却又以引进外国语言学理论和术语为最,这是不言而喻的。就普通语言学术语而言,胡以鲁引进"一般语言学"(1912:92)和"音素"(1912:108);乐嗣炳引进"语言学"(1923:1)和"意义"(1923:17);方光焘引进"言语学"(1928:31);章士钊引进"博言学"(1930:1)和syntax的译名"脉络"(1930:3);王古鲁在此基础上引进了"意义学"(semantics,1930:33)这一普通语言学的重要术语,为日后意义学理论的引进奠定了重要的基础,这一术语直到20世纪40年代末才由"语义学"所替代。就语言类型术语而言,胡以鲁引进"抱体语"(1912:69)、"分析语"(1912:69)、"屈折语"(1912:59)和"综合语"(1912:69);乐嗣炳引进"接合语"(今译粘着语,agglutinative,1923:21);王古鲁在此基础上引进"缉合语"(今译复综语或多式综合语,1930:186)和"孤立语"(1930:179),首次将这两个语言类型术语引入中国语言学界。

从普通语言学史角度看,《言语学通论》是中国第一部日本语言学家著作的译本,是中国至今残留的首部如此全面引进国外现代语言学理论的著作,是率先引进国外"意义学"研究和索绪尔语言学思想的著述。

2.《语言学概要》(1945)文本分析

民国时期最后一本普通语言学著作是国立厦门大学周辨明和黄典诚①两位先生译著的《语言学概要》,于 1945 年由国立厦门大学出版②。该书究竟是一本怎样的著作?书中包括什么样的内容?反映了怎样的时代特征?能否代表民国时期语言学发展的最高水平?本节拟在文本基础上梳理该书与其他相关文本间的渊源关系,挖掘该书的成书目的和时代特征,为中国 20 世纪上半叶中国语言学史学研究提供一点历史文本佐证信息。

(1)体例与框架

Ⅰ.体例

《语言学概要》在阐述"语言学研究的对象、现在及以往语言观察、记载、分析与整理"(见本书《弁言》)等理论基础上,重于思考"将来国际通语的建设以及本邦语文的改进"等应用层面,以打破因方言分歧而导致的"分门别户、割据纷争"的局面,并"就语言史上种种尚堪回顾的事件提出来作为创造通语的参考",旨在建立国人同胞"能操说同一的语言,同时能书写与口语相应、四通八达的文字",且将该书前两章用拼音字写出,以证其论的可行性。该书既是教科书又可作为课外专业读物,以普及世界通语的理论知识,是继《言语学与国际语》(上海辛垦书店,1935)之后民国时期第二本专门以国际通语为题材的普通语言学著作。

---

① 编译者周辨明为福建惠安人,国语罗马字"数人会"会员,早年毕业于上海圣约翰大学,后任清华大学英文教师、英国伦敦东方语言学院讲师,在获得德国汉堡大学语言文学博士后任国立厦门大学陈嘉庚讲座教授,后旅居新加坡直至逝世,曾著有博士论文《厦语音韵声调之构造与性质及其于中国音韵学上某项问题之关系(英文)》(厦门大学,1934/Lessens in Hagu, 1925)、《万国通语论》(《厦门大学学报》1932 年第 1 卷第 2 期)、《语言学基础原理》(《时代精神》1944 年第 10 卷第 2 期),等等;另一编译者黄典诚为周辨明先生任国立厦门大学文学院院长时的学生,曾为周先生的助手。

② 本书 1945 年版传布不广,不太常见,现藏于厦门大学图书馆。本书所用资料的影像版,系厦门集美大学黄明博士提供,特此鸣谢。

该书的版式为现在习见的"左侧横书,右开本"。书中人名、地名和重要外来术语后附外文且置于括号内。在章节构成上,只分章且章内不再细分。书中插图众多,有的为原文本所有,有的是译者添加的汉语例证,这些插图不但便于读者阅读参考而且还能增添读者阅读的趣味。书中偶有脚注,分别采用星号＊和阿拉伯数字标识,脚注排序只限于本页,置于当页页脚,用曲线分隔,并在正文相关处标明。星号＊标明的脚注多为译者按语,用"辨明按:"标明,可参见该书53、69页等,而阿拉伯数字标明的脚注大多为正文的解释或与正文相关的补充信息,可参见该书66、67页等。

据译著者在《弁言》中交代,该书"大部分译自下列三书,有时我们也把自己一得之愚掺了进去"(同上)。为了便于参考,现将该书《弁言》中提供的三本书的信息详录如下:

L. R. Palmer：*An Introduction to Modern Linguistics*.
Frederick Bodmer：*The Loom of Languages*.
Sylvia Pankhurst：*The Future of International Languages*.

三书在该书中的分布及其所占比例以及涉及的其他参考文献,详见下文。

Ⅱ. 框架

该书共288页,由弁言、中文目录、拼音目录、正文九章和附录组成。弁言主要交代了本书旨趣、目的和原文本信息。正文由"引论:基础的原理""语言的原料和取材""在演化中的语音""形态与功用之相应""意谓与意谓的变迁""文字""语言的地理""语言的分类"和"大同世界的语文计划"等构成。附录由《中国古今方言注音记调实用字母调符的研究》《转注抉原》《汉字半周铨笔索引法说明》《八年抗战中国语文国际化的进展:Q. R. 1937—45》《国语罗马字的注音方案》《国语罗马字基本字汇》《编后附言》《中国语言文字学会章程草案》《教育部国语推行委员会组织条例》等组成[①]。

[①] 该书1985年版只附录了其中的前两篇文章:《中国古今方言注音记调字母调符的研究》和《转注抉原》。

从该书正文框架可见，译著者是按从理论到应用的脉络编排的，即从普通语言学理论到国际通语（大同世界的语文计划），旨在推动国际通语在中国的建立和施行；附录文本的编排则是按照从古至今的脉络编排的，即从古今方言、转注挩原、八年抗战到国语罗马字方案和现今中国语言文字机构的活动现状。

该书虽是翻译国外相关著作的成果，却能够体现出译著者构建中国语言学理论和世界通语的意图。译著者重视语言学理论，在于著译者本人是道地的语言学家，曾在英、德等国学习语言学，深知语言学理论对语言应用的作用；译著者重视世界通语的建立和在中国的推行，不仅是迫于国内的现状，更因为周辨明本人是中国世界通语学会的会员和积极的推行者，也是中国语言文字学会和国语推行委员会的会员，因而才有机会获得附录中所提供的重要文献。

（2）文本特征

本小节拟从文本来源、样本对比和文本痕迹等层面考察该书的文本特征。

Ⅰ. 文本来源

根据文本内容来源，该书正文大体可分三部分。第一部分为本书的前七章（"引论：基础的原理""语言的原料和取材""在演化中的语音""形态与功用之相应""意谓与意谓的变迁""文字""语言的地理"），源自帕默尔《语言学概论》(*An Introduction to Modern Linguistics*, 1936)前七章的翻译，在第七章末附录了《中国域内之语言方言》，系李方桂撰写《英文中国年鉴(1936—1937)》的节译(参见 1945：120—128)，以弥补书中有关中国域内语言描述和划分的不足；第二部分为该书的第八章"语言的分类"，源自博德马的《语言的组织》(*The Loom of Language*, 1943)的第六章(The Classification of Languages)；第三部分为该书第八章"大同世界的语文计划"分为"总述""不须流泪学通语"和"将来"三部分，前两部分为编写，最后一部分"将来"源自庞克斯特《未来的世界语》(*The Future of International Language*, 1927)的最后一章

"In the Future"(Pankhurst，1927：91—95)的翻译。

附录中的各篇文献,有的是译著者的研究论文,有的是周辨明参加编写、修订和制定的方案、条例。其中《八年抗战中国语文国际化的进展：Q. R. 1937—45》《国语罗马字的注音方案》《国语罗马字基本字汇》《编后附言》《中国语言文字学会章程草案》《教育部国语推行委员会组织条例》等内容,以《八年抗战中国语文国际化的进展：Q. R. 1937—45》(国立厦门大学文学院,1945)为题出版单行本。

Ⅱ.内容特征

内容特征扼要地阐述本书覆盖的语种范围、语言学理论与语料的结合程度、语言学理论与应用的结合以及历史比较语言学理论方法的应用等。

该书覆盖的语种范围十分广泛,从希腊语、拉丁语、德语、法语、英语,到亚洲的汉语、日语和高丽语。虽然译著者在成书过程中删减了一些希腊语、拉丁语、德语、法语和英语的例证,但仍不难看出原书所涉及的丰富内容。在语音演变和意义变迁部分,作者充分地将历史比较语言学中的比较方法和历史方法运用于语料的分析,便于深入挖掘和归纳语料背后的潜在规律,推动比较方法和历史方法在中国语言学界的应用。该著先阐述基本的语言学理论知识,进而过渡到语音的基本认知,再深入语音和意义的历史演变、文字类型、语言的地理分布及其分类,最后延伸到语言学理论的应用,探索大同世界的语文问题,做到了语言理论与应用的紧密结合。这样的安排伴以前两章的独特布局,即上面汉字下面附列拼音文字,以及附录中的《国语罗马字的注音方案》,有效地将语言学理论与中国当时的现实国语问题密切结合。

此外,该书有很多细节尚未见诸当时的语言学书籍。譬如,在讲语音时,除了语音和语音学的基本知识外,还兼顾到语音与意义的关系,涉及音韵学的内容,如:"音韵学的任务就是要描写与意义上有关联的音之制度。在任何语言里，都有其自身音合①的系统。在每个音合里，都包含一套密切而近似的音份子。……因此音韵学家常说：若要考察一个语言的音之历史，非从构成此语言的意义有关之音合这单元入手不可。"(周辨明、黄典诚，1945：49)就这一点而言，该书是当时就音韵讨论的最为全面，也是最为透彻的一部。

在讲语音演变中的类推时，作者不但提供了丰富的多语类推例证，而且运用德国语言学家保罗的类比方程式②对这种现象加以解释，还总结出了影响类比的三种因素："(一)上下文影响；(二)意义的联想；(三)声音的联想"(周辨明、黄典诚，1945：69)，也是当时其他同类著作中鲜有发见的。

Ⅲ. 文本痕迹

《语言学概要》的文本痕迹体现在译介者在构成文本过程中所采用的"编"和"译"两个层面。

在"编"的层面，译者文本痕迹极其明显。首先，译著者在该书前两章附录了具有通语性质的拼音文字，即上半页为中文，下半页为拼音文字，以证明这种文字的效用；其次，为了便于汉语读者的接受，译著者在行文过程中自行删除原文本中古英文、希腊文、拉丁文、德文的例证。譬如在 68 页最后一段，译著者只保留了 bellorum 一个事例，删除了原文本中有关 mensae, reginarum, domini, navium, judicis, senum, senatus 等外文实例；在 77 页第一段论述意义变迁问题时，译著者删除了源自英国诗人乔叟和莎士比亚的英文例证，而在当页第二段中，删除了德文例证三则："'Tisch', Der Herr der beim *Tisch* sitzt; wir brauchen einen kleinen, runde *Tisch*; dieser *Tisch* ist ein bisschen zu niedrig"；再次，为了便于读者理解，译著者用汉语例证替代原

---

① "音合"为英文术语 phoneme 当时的翻译术语。
② 保罗类比方程式为：dog：dogs ：：cow ：cows ：sheep：X→X= sheeps(周辨明，1945：70)。

文本例证，例如：运用"广东的方言跟福建的方言不同，而两者又跟江浙的方言有别"（1945：55），替代原文本的 Lancashire 与 Devonshire 方言间的不同；运用"日本语元音（a，i，u，e，o）连辅音 k 时，需另作（ka，ki，ku，ke，ko）"（1945：100）替代英文本中的"pa，pe，pi，pe，po"的例证，等等。最后，为了便于说明汉语的情况和补充原文本中的不足，译著者在文本相应处添加了汉语实例，这种变更在本书中最为常见。譬如在该书 59 页，译著者在说明"格林辅音律"的西方语言例证之后，附加了由隋音、吴音、汉音、安南、厦语、北京等语音组成的表格；在 75 页说明语音类比现象时，添加了一段从宋朱熹的"仰止亭"到"娥媌"的论述。此外，译著者在文本结构上也偶有改动，譬如第四章"形态与功用之相应"的前四段在原文本中则为一个整体段落。另外，原文本第七章插入了近 20 个图表，以辅助读者理解作者理论的理论主张，在书中却大都不见了。

纵观该书，删改添加幅度最大的莫过于第六章有关文字论述的后半部分，自 101 页引入汉语文字阐述①到本章结束，删除了大量的英文实例，添加了与汉语文字和国语罗马注音相关的内容，还附列了《国语注音符号表》《日本假名表》和《高丽谚文字母表》等，其篇幅近 7 页，占本章总篇幅 13 页的一半有余。可见，书中的删除、改动、添加之处均与汉语或中国读者的接受程度有关。类似上述的删改和替换极多，几乎每页都有，只是程度不同而已。该书中的删改和变动，一是出于读者阅读和接受的考虑，一是兼顾汉语中的相关问题，还有就是译著者要通过这样的改动来拉近与读者的距离，以便实现在中国推行世界通语。这样的多文本合一、中外语言例证综合的文本特征，构成了西方学者克里斯蒂娃所提出的文本"马赛克"现象，从而达到了文本间的"对话"与互动。

---

① 原文本也有与汉语相关的陈述，但为引用内容，且篇幅不大，多以英语为首的西方语言为主。

在"译"的层面,译文的文体风格不大一致,时而浅白易懂,时而艰涩难啃。此外,术语翻译有如下现象:同一术语前后译名不一致,如"孤立语"(1945:129—130)与"孤独语"(1945:136)、"曲折语"(1945:65)与"屈折语"(1945:129—130)、"音韵系"(1945:48)与"音韵学"(1945:49)、"句法"(1945:76)与"排列法"(1945:132)、"意义"(1945:73)与"意谓"(1945:77—79)、"字"(1945:43)与"成字"或"词"(1945:77)、"胶粘语"(1945:129)与"胶着语"(1945:102)、"音节"(1945:43)与"音缀"(1945:53)等;同指不同术语,如:"语音的规律"(1945:60)与"音律"(1945:112);相同汉语术语所指不同,如"语音的轮转"(alternation)(1945:11)与"音的轮转"(ablaut)(1945:142)等。

(3)样本对比

样本对比分析以《语言学概要》的译文与原语文本,和《语言学概要》的译文与李荣等20世纪80年代的白话译文为基础。前者旨在挖掘原、译文本间的对应与差异,找出两者间同异的成因;后者旨在以现代白话译本为参照,探索周辨明译本的文体特征、信息保留程度、文体风格等,为后文论述文本编译特征提供佐证。

表3.8中的样本分别取自《语言学概要》的第八章和《未来的世界语》的最后一章,是以新闻为例阐述世界语在未来社会中的作用。经原文、译文对照发现,译文基本上保留了原文本的信息,只是未译"though world-society will have become more homogenous"这一从句,且将原文中的后两句合译一句,但其信息并未有所减损①。此外,样本中第二、三句的原文在译文中的处理也恰到好处,犹如译者的中文写作一般,没有一丝雕琢之痕。

---

① 该编译本中翻译行为层面的操作属于翻译研究中的操纵行为,在中国汉译国外普通语言学典籍文献中较为常见。这种操纵原文本的行为多因译作者所持有的观念或曰意图,抑或是因译者心怀著作的影响和使用而产生的。譬如,张世禄和蓝文海在翻译英国语言学家弗斯的 *Speech*(1930)一书时,在《语言学通论》(1937)的序言中就明确交代他们这种操纵原文的因由。同样,在受邀编译《言语学通论》(1930)过程中,王古鲁也采用了操纵原文本的方式。

表 3.8　中英文样本对照

《语言学概要》	The Future of International Language
一切新闻可以用万国通语寄到一个世界新闻总收集处，由总处再行传递到各地；或把牠分寄到三、四、五个世界新闻通讯机构亦可。世界重要的大事记可用简要的文字去传送，而且不要再把牠译写。今日所有一切麻烦的重新编订新闻的手续，都可免去了。有些本地的新闻对于别处较有趣味的，也可用通语作短评论及。倘若这是专家的见解，或是各地重要的公论，则地球各处的报纸可以直接转载。p. 160	By using the Interlanguage it will be possible to send all news to one world receiving-station, for retransmission everywhere; or to three, four, or five such stations, it preferred. Events of universal importance will be conveyed in concise words that will require no re-writing. Much of to-day's tedious sub-editing will disappear. Though world-society will have become more homogenous, certain news items will be of greater interest to certain parts of the world than to others. These may be supplemented by special articles which may appear in the Interlanguage. If they contain expert information or important local opinion, they will be copied by papers in other parts of the world. p. 92

　　表 3.9 的样本分别取自周辨明、黄典诚译著《语言学概要》的第五章和李荣等译《语言学概论》（商务印书馆，1983）的第五章，阐述的是语言字汇意义的扩申。现以李荣等翻译的商务馆白话本为内容参照，找寻周辨明译文的时代特征。经对比发现，周辨明文本中添加了有关汉语"薪水"的信息，删除了希腊语实例 ktēnos 和 pensum、拉丁语实例 locu-ples、rudis 及其派生词 erudire 和 erudite 等的陈述信息。样本 3.9 中周辨明的译文没有样本 3.8 中那么浅白易懂，两个译文可能不是出自一人之手，这样的差别也可从本书中的术语翻译得以印证。譬如 isolating language 的汉译为"孤立语"（1945：129—130），尔后被译成了"孤独语"（1945：136）；flexional language 的汉译为"曲折语"（1945：65），尔后被译成"屈折语"（1945：129—130）；phonology 译成"音韵系"

(1945：48)和"音韵学"(1945：49)，尔后又译成"音韵"(1945：109)；在 syntax 的翻译上也出现了类似的现象，如："句法"(1945：76)、"文法"(1945：70)和"排列法"(1945：132)，等等。

通过对比表 3.9 中的两个译文，我们发现周辨明的译文具有如下特点：语言古奥难懂，如"用训诂所指""薪俸""得酬"等；白话程度弱，文白混杂，如"若干""恰与上例平行""凡赢利或得酬"，等等；英文例证缺译现象，如 goods and chattels、pecunia 等。

表 3.9　同一原本的译文对照

周辨明	李 荣
农村的耕嫁也常能予普通的语言以许多新的词语。如在罗马农民以麦若干磨得面粉若干，名之为 emolumentum，而此字实来自 molo（磨）。但后来凡赢利或得酬，也都叫它做 emolument。同样地英语 salary 是由拉丁 salarium 转来的，本义但指定额的食盐（salt），当初只用以偿付小数的账目。可是现在已变其意谓为薪俸了。我国"薪水"一名的由来，也恰与此相似。拉丁还有 pecunia 一字，意思是金钱，其训诂所指，则为牧群（pecus）。后来因为拥有牧群的必是富有之家，逐引申而有金钱的意思。英语之 fee 恰与上例平行，这字原义是纳费的"费"，而德语与此同源的 vieh，至今尚保留其牲畜的原义。这与英文 cattle（牛）一字的来历恰恰相反。这字由法文 capitale 转来，在晚期拉丁文含有产业的意思。因为牛群乃主要财产之一，所以也就沾了 capitale 的光，一转其音而为 cattle 了。	同样，农业把一大批原来只用于农业专门作业的词输送到普通语言中来。罗马的农民把从某一定量的谷物中磨出的一定量的粉叫他的 emolumentum（源出 molo"磨"）。以后，这个词就用来指任何一种赢利或薪水。与此相仿，英语 salary（薪水）一词源出拉丁语 salarium，本义是用来进行少量支付的一定量的盐（sal，英语为 salt）。一个"牲畜满栏"的农民称为 locu-ples（拉丁语"栏-满"）。这个词后来指任何富人，不问他的财富是什么东西。同样，pecunia（拉丁语"钱"）是一个集体名词，原来指牛群或畜群（pecus）。英语中也有与此类似的发展，英语 fee（报酬，收费）与德语 Vieh 同源，后者至今仍然指"动物，牲畜"。这和 cattle 的发展适成对照。英语 cattle（牛，牲口）是通过法语从拉丁语 capitale 变来的，这个词在晚期拉丁语中表示一般意义上的"财产，资本"。在"goods and chattels"（动产）一语中这个词的异体还保存着旧的意义。希腊

续表

周辨明	李 荣
今日英文"goods and chattels"一语里，还保留这字原先的意谓。p.82—83	语中也有相同的变化：ktēnos（拥有物，牲畜）和 ktaomai（拥有）是同根词。农场主的妻子给她的奴仆们一批分量很重的羊毛，让他们去纺线和编织，她把这个说成是他们的 pensum（这个词的词根 pendo 意为"称重量"）。正是从这里，发展出一般的意义"任务"。在拉丁语中，还没有驯养好的动物叫做 rudis。驯养的过程用由此派生出来的一个动词 erudire 来表示，这个词后来就取得了"教、训导"的一般意义。由此派生的英语形容词 erudite 只限于表示"学识渊博"的意思。p.70—71

上述的样本对比分析，印证了周辨明译本中存在的添加和删除文本信息的事实，揭示了译文风格和术语翻译前后不一致的现象。

(4) 编译特征

在"译"的层面，该书的特征可归纳如下：(1) 译文的语言有时平白易懂，近似现代白话文，有时则半文半白，晦涩难懂，如表3.8和表3.9所示；(2) 有些术语的译名前后不一致，有些术语的译名存在含混不清的现象，如文本痕迹和样本分析所述；(3) 书中增、删、改之处众多，均与汉语相关，尚有写作数处，多分布在最后一章前两部分，与世界通语的学习、教学与推行有关；(4) 全书的整体布局呈现三大部分，大多取自四处：帕默尔书的前七章、博德马书的第六章、庞克斯特书的最后一章和李方桂撰写的《英文中国年鉴》的节译，其四者合一的布局属于编写的范畴，其中第四章"形态与功用之相应"的前四段在原文本中则为一个整体段落，则属于翻译范畴的结构调整。

可见，上述特征中前两者为翻译层面，后两者为编写和翻译相结合的层面。造成上述译介特征的原因，可能是二译者合译时术语和文体风格事前没有统一，也可能是多文本翻译时间不同或译者对术语有了不同的认知，还可能是译者不小心而为之。

从原文与译文间的关系看，译文属于直接翻译类型，但三种译文经编辑组合成为一体，还掺杂了有关汉语的个人见解，外加李方桂的文章节译，构成了编译文本范畴。"编译"文本通常会纠正原文本中的不当之处，或欠缺之处，抑或是观点错误之处，添加原文本所欠奉的具体内容，附录文本中所涉及的参考书目及其索引等。此外，除了正文中的"编译"外，《语言学概要》书后的数个附录文本，也正体现了编排的功夫。

(5) 影响

纵观中国语言学史典籍，只有石安石在《二十世纪的中国普通语言学》(1998)和邵敬敏等在《中国理论语言学史》(1991)中对该书做过少量介绍。石安石认为："曾留学英德、在厦门大学执教的周辨明，抗战时期在其弟子黄典诚的协助下，综合 L. 帕默尔《现代语言学导论》等三部著作写成《语言学概论》一书，但直到 1985 年，才由福建教育出版社正式出版"(石安石，1998：688)。邵敬敏认为，"作者自称该书大部分译自 L. R. Palmer, Frederick Bodmer 和 Sylvia Pankhurst 的三本书，因而在理论上很少有自己的看法①，只是补充了若干汉语例子。书后附有两篇论文：周氏的《中国古今方言注音记调实用字母调符的研究》，黄氏的《转注抉原》。该书 1984 年由福建教育出版社重版。"(邵敬敏等，1991：38)可见，两位先生均未得见该书 1945 年的版本，因为石氏称为该书直到 1985 年才由福建教育出版社正式出版，其实 1985 年版为周辨明逝世后经由黄典诚删改的再版本，只保留了

---

① 其实，该书的编排方式及其采用的材料体现了译者周辨明的观点，况且在该书 1945 年版中还附录了周辨明写作的有关国语改革和世界语的文章，这也说明了译者编译该书的目的，恰好与该书序言中普及世界语的观点相呼应。

1945年版附录中的前两篇文章。根据这个信息来判断，邵敬敏先生见到的也并非是1945年的版本。可见，该书1945年版的影响不是很大。

但该书的一个蓝本——帕尔默的《语言学概论》(*An Introduction to Modern Linguistics*，1936)已于1983年由李荣等翻译出版，其内容曾得到吕叔湘先生的肯定（参见译本序）；另一蓝本——博德马的《语言的组织》也不断再版。这说明了该书的内容仍具有可资借鉴的价值。

从语言学史的角度看，该书是中国第一本尝试由理论贯穿于世界通语应用的著作，是继黎锦熙《国语学讲义》(1919)后中国首部附录众多有关中国政府语言大政方针的著作，也是第一本深入探讨语言学理论应用的著作。尽管该书尚未系统而透彻地论述句法问题，但并不影响该书的借鉴价值和学科史学的历史地位。

3.《人怎样开始讲话》(1949)文本分析

苏联语言学思想的译介源于1934年杨伯凯和叶青等编译，由上海辛垦书店出版的"科学论丛"第一辑中的《言语底发生》。次年，孙伯坚经日文转译《言语学与国际语》，是20世纪上半叶中国第一部以如此正式的姿态介绍和分析国际语问题的著作，也是中国最早译介以批判态度对待马尔主义语言学思想的典籍；同年，卢哲夫转译《世界原始社会史》用专章《言语底发生》进一步引进和分析了马尔的语言学思想。1936年，徐沫翻译的《新兴言语理论》可能是中国语言学界第一次通过直接翻译的方式，接触马尔语言学理论为主的苏联语言学思想。到1949年水夫编译《人怎样开始讲话》为止，新中国成立前期，共引进苏联语言学著述4部和2篇论文。

就1949年前译介的苏联语言学著述而言，1949年前所译介的著述都是针对语言学界而引进的学术著作，而1949年6月水夫编译的《人怎样开始讲话》则是"人民科学丛书"系列的一本，属于大众性科普读本，值得一番系统的梳理和挖掘，以了解新中国成立前夕政府为人民大众普及科普知识所做出的努力，更有利于找到该书在中国语言学史中的地位,并为中国语言学的研究提供参考佐证。

(1)译介背景及特色

该书的出版正值全国解放、新中国即将成立。本着"科学知识大众化、使科学精神大众化"(1949序)的社会主义精神,"根据苏联最新出版之科学书刊编译。……普及人民科学知识而写作;运用马列主义观点,深入浅出的文笔,阐明自然界真相、日常生活,以及各种科学上的问题"(1949序)。

该书具有"内容充实广泛,译文流畅,且附有插图甚多,更可助长学习兴趣,洵为大众的知识宝库,科学的入门书籍"(1949序)等特点,是当时语言学界和人民大众了解世界语言种类、动物语言、世界语言起源、人类讲话的必要性、原始人类语言和人类语言差异等问题的科学普及读本,有效地加深了国内学界对上述问题的正确认识,为人民大众普及了有关上述问题的有关知识。

该书版式依旧是左开竖行本,未发现脚注痕迹,反倒是夹注较多,均采用括号形式表示,有的是原著所有,有的是译介者自行添加的,以解释所涉及论点的相关内容。书中人名、地名后面未见以往著述中所用的左侧竖线表示,数字表述一律采用汉语数字方式,引用符号依旧采用『』符号形式表示。

该书篇幅不大,而且所采用的语言形式是较接近于大众化的白化体,不会给读者阅读增加心理负担,应与其所在的"人民科学丛书"的宗旨有关。此外,书中插图较多,便于读者理解相关的理论观点,同时也增加了读者阅读的乐趣。

(2)内容构成

该书篇幅不大,共68页,由丛书序言、目录和正文构成。丛书序言主要交代了丛书中各本的来源(苏联最新出版之科学书刊)、丛书的特点(运用马列主义观点,深入浅出的文笔,阐明自然界真相、日常生活,以及各种科学上的问题)、丛书的宗旨(科学知识大众化和使科学精神大众化)和普及科学知识的重要性等。

正文共分六章:"世界上有多少种语言?""动物有没有语言?""人怎样解释语言的起源?""为什么人要说话?""原始的人类语言是怎样的?""和为什么人从来不曾用一种语言说过话?"。

第一章首先大概交代了世界语言的种类数量(大概两三千种),然后以俄语、英语、汉语、阿拉伯语、德语等为先后顺序,阐述了各种语言的分布和使用状况;同时,解释了部分语言死灭的原因,提出语言等级划分的看法。

第二章在回顾和评述国内外科学家动物语言实验的基础上,指出动物"只能用同样的单音交换"(1949:22),"他们的声音直接出于他们刹时的情绪,……所以他们也就没有真正人类的语言"(1949:22—23)。

第三章先后回顾和评述语言起源神话说、古埃及国王语言起源实验、古罗马和古希腊学者的语言起源论、近代卢梭、亚当·斯密斯、洛克、冯特尔、桑达克、斯密特等的语言起源论,尔后参阅了苏联马尔的学说,提出"语言并不是由于某种超自然的奇迹而出现的,而是随着劳动与人类社会的出现从高级动物所具有的用声音表达情感的能力中发展出来的"(1949:37)。

第四章以达尔文的"生物进化论"和恩格斯的"劳动进化论"为切入点,参考了各国科学家针对猿与人在发音器官构造、人类语音特点等方面的研究成果,确切地提出"人的发展经过三个阶段:原始人,还很像猿,所以他们被称为猿人;古代人,和现代人还有许多的区别;最后是新人,科学上称为'理性人'"(1949:51),并借此指出"语言起源的劳动进化论"观点,即"因为原始人已经有真正的劳动和真正的社会,所以思想和语言的最初发轫应当是在猿人阶段发生。但是由于原始人的劳动、社会制度和思维的极端不发达和简单,他的语言也不能与现代语言相像"(1949:51)。

第五章以俄国学者罗蒙诺索夫,达尔文和布斯拉叶夫所提出的有关古代人类语言的观点为切入点,探讨了古代人类语言的状况和动物叫声与人类语言的关系,以现有的古代语言代表为例,指出古代语言中"已经有分为字根、音节、字首和字尾的字",进而推测出这些"部落语言应当是属于低级的野蛮时期"(1949:60)。

第六章回顾了各门语言的特点和历来各国学者对语言类别的研究成果,以确凿的语言证据,结合苏联马尔的语言学说和马恩理论,否定了历史比较语言学家鲍普、斯列赫和勃鲁格曼等以欧洲语言为参考点所提出的"印欧语为祖语"的理论观点,批评了意大利语言学家特朗培蒂①所主张的语言起源观,即"世界上所有的语言归根结蒂是一种人类的古代语"(1949:68),纠正了有关世界语言起源的错误认识。

可见,作者首先交代了人类语言的大概状况,阐述其与动物交流方式的区别,以厘定人类语言的特点,然后回顾了人类对语言起源认识的历史过程,结合达尔文的"生物进化论"和马恩的"劳动进化论"等学说,证明人类语言产生的必要性,再探讨原始人类语言的历史状态以及现代人对原始人类语言的认识,进而借鉴马尔的语言起源学说以及马恩的劳动学说,否定了"印欧祖语论"和"世界语言同源论"等不正确观点。这些写法酷似剥圆葱一样,一层一层地逐步剥落,最后剥到圆葱的"心",抓到了问题的核心。已故季羡林先生,十分赞成这种科研写作方法,季先生在《我的考证》中,曾说:"从极平常的一点切入,逐步深入,分析细致入微,如剥春笋,层层剥落,越剥越接近问题的核心,最后画龙点睛,一笔点出关键,也就是结论。"(季羡林,2006:316—317)这些话虽然是用来评论他的德国老师,却也十分适合作为该书写作手法的分析总结。

(3) 译介与类属

该书属于新中国成立前夕"人民科学丛书"中的一本,系"根据苏联最新出版之科学书刊编译"(丛书序),具有"内容充实广

---

① Alfredo Trombetti(1866—1929)在研究了世界语言亲缘关系后,于 1905 年在《人类语言共同起源说》(*L'unità d'origine del linguaggio*,1905)中提出"人类语言出于单一来源说"。有关特氏语言理论,参见陈永禹(2008:79—105)。

泛,译文流畅"的特点。该书运用的是白话文体,语言流畅、自然,因而,很难在语言层面发现任何"编译"的痕迹。反倒是在文法结构和个别夹注方面,留有些许"编译"的迹象。譬如,句子结构中出现的用"横线"表示解释的结构,无论如何也不是汉语文法中所固有的,如"现在还活在地球上的最古的人——澳大利亚的几个种族——乃是中级野蛮时期的代表。……我们所推测的部落语言——由不变的音字组成的语言——应当是属于低级的野蛮时期"(1949:60)。此外,作者在举例说明"音句"时,编译者自行添加了夹注,说明中文中的情况,如:"中文里的'好''是''不'也是属于这种音句。但这需要用拉丁化的拼法。"(1949:56)

就语言学术语的译介而言,书中所用术语与今日的术语,没有太大的区别。譬如,该书仅有的几个语言学术语:语言、母音、子音和音节等,今天仍在使用,只是母音和子音的使用相对较少些。

最后,该书在论述世界语言种类时,出现了"乔治亚语"(1949:10)的语言名称,并将其与亚美尼亚语、鞑靼语等并列为一种语言类型。在《语言学原理》中,张世禄在论述"语句分类"和措辞的"情感关系和实质意义的关系"时,曾认为"在乔治亚语(Georgian)中,这两种是有分别的,如[v-t? ser](我写)是依照行动的程序,[m-e-smi-s](我-到-声音-是,就是[声音来到我],[我听])是依照感觉的程序"(张世禄,1930:60),也出现了这一语言名称。乔治亚州在美国说的肯定是英语,就是当地的土著民族也不可能以"乔治亚语"命名,因为这个州名至今不过200余年,更况且Georgian属于南高加索语族的一种,在公元10世纪就有文献记录。所以,这里的"乔治亚语"应该是"格鲁吉亚语"。两本书都出现这样翻译的原因,可能是当时这个命名已约定俗成,也可能是译介者的一时疏忽。

(4)结语

有关中国语言学史的文献,近年来不断增多,但对于这本新中国成立前夕出版的语言学普及性读本,却鲜有述及。因此,该书权当是对已有语言学史文献的一种补充，除了为全民提供简单的语言学科普知识和提供苏联语言学家有关人类发音问题的研究成果外，还可为新中国成立前的中国语言学史，或说新中国成立初期的中国语言学史研究增添一点新信息，也为苏联语言学汉译史的研究添加新的内容，同时也为读者了解新中国成立初期中国政府对待语言学研究的态度提供一丝线索。最后，该书更是新中国成立初期，政府倡导引进苏联语言学运动的成果和发起全民普及语言学知识运动的标志。

三、直译文本分析

该期中国出版语言学直译文本12部（篇），即方光焘《言语的起源》（国立大学联合会月刊，1928年第5期）、刘复《比较语音学概要》（商务印书馆，1930）、章士钊《情为语变之原论》（商务印书馆，1930）、张世禄《中国语与中国文》（商务印书馆，1931）、雷通群《言语学大纲》（商务印书馆，1931）、贺昌群《中国语言学研究》（商务印书馆，1933）、林语堂《语言学论丛》（开明书店，1931）、岑麒祥《历史言语学中之比较的方法》（语言文学专刊第一卷第一期，1935）、徐沫《新兴言语理论》（新文字书局，1936）、张世禄等《语言学通论》（商务印书馆，1937）、林祝敔《比较文字学概论》（商务印书馆，1940）、赵元任等《中国音韵学研究》（商务印书馆，1940）等，其中译文2篇（《言语的起源》和《历史言语学中之比较的方法》）、论文集1部（《语言学论丛》）和译著9部。纵观这段历史的典籍文本可见，直译文本居各类译介文本之首。就直译文本所涉及的语言种类而言，直译文本含英语文本8部（篇）、法语文本2部（篇），日语和德语文本各1部。

在上述文本中，《比较语音学概要》《情为语变之原论》《中国语与中国文》《中国音韵学研究》和《比较文字学概论》为特殊文本，不在本书重点分析之列。

就上述文本在译介、传播国外语言学思想及其在语言学史中的地位和影响而言，方光焘译《言语的起源》、雷通群译《言语学大纲》、贺昌群译《中国语言学研究》、林语堂著《语言学论丛》、岑麒祥译《历史言语学中之比较的方法》、徐沫译《新兴言语理论》和张世禄等译《语言学通论》等是十分重要的著述。方光焘首次翻译丹麦语言学家叶斯伯森有关语言起源的思想；雷通群翻译日本安藤正次的语言学思想，弥补了王古鲁编译本的不足，引进了有关国外语言学的新进展、日本语言学研究的新状况和关注点；贺昌群翻译瑞典高本汉从普通语言学角度研究中国语言的理论成果；林语堂将多年的写作和翻译文章结集出版，为国内学者带来了国外的理论思想、研究方法和学术信息，对当时汉语的研究不无裨益；岑麒祥率先翻译法国语言学家梅耶①有关历史比较语言学中的比较方法，促进了历史比较方法的使用和传播；徐沫翻译的《马尔底言语理论研究》和《普通语言学理论》是中国语言学界首次通过直接翻译的方式，接触以马尔语言学理论为主的苏联语言学思想；张世禄根据现实需要率先翻译英国语言学家弗斯的语言学理论，是中国第一次引进弗斯的语言学理论，为后世研究弗斯语言学思想奠定了基础。

本书取张世禄等《语言学通论》为例，系统分析20世纪上半叶中国译介国外普通语言学典籍中的直接翻译文本。

1.《语言学通论》文本分析②

弗斯是英国伦敦语言学派的奠基者，前期受琼斯（Daniel Jones，1881—1967）的影响，多专注于语音的研究，后期受马林诺斯基和布拉格功能学派的影响，转向意义和韵律音位的研究，为今天的语用学、篇章语言学和韵律研究奠定了基础。今日学者对后期弗斯语言学思想关注较多，而疏于其前期语言学思想的考察。弗斯前期的语言学思想，散见于各类期刊和一部以 *Speech*

---

① 1949年后，有人一度译为"麦叶"（参见高名凯，1963：50—51）、"梅耶"（岑麒祥，1957：33）等。

② 本节主体内容曾以《弗斯语言学在中国的译介：1949年以前》为题，在"第13届全国语篇分析研讨会"（内蒙古大学，2012.6）上宣读，特此说明。

(1930)为名的著作中。

就中国语言学引进国外语言学思想的早期状况而言,弗斯语言学思想的引进是相当早的。张世禄和蓝文海经过近四年的光景,于1937年出版了弗斯著 Speech(1930)①的汉译本。除了李安宅的《意义学》(1936)外,该书几乎是中国最早译介英国普通语言学思想的文本。从中国语言学史家(邵敬敏、方经民,1991:37—38;石安石,1998:99;何九盈,2005:63等)对张世禄译介该书的评价可知,该书在当时对中国语言学界产生了一定的影响。

但是,国内学者对此书的关注,仅局限于语言学史的著述之中,详细考察该著的文献尚不多见。不论是对中国语言学史的梳理,还是对弗斯语言学思想在中国传播的考察,详细考察前期弗斯语言学思想的汉译本都是十分重要的。

(1)原著与译著的成书背景

根据 Leendert Plug 在《语言学史志》(*Historiographia Linguistica*)期刊上发表的《弗斯早期生涯——兼评〈弗斯遗物研究报告〉(2002)》(The Early Career of J. R. Firth,2004),不难得知,弗斯于1928—1929学期在时任伦敦大学学院教授丹尼尔·琼斯的帮助下,就任伦敦大学学院语音学高级讲师一职,开始了他在伦敦的语言学生涯(Plug,2004:475)。*Speech* 一书系弗斯到伦敦大学学院后写作的第一本教科书,是从生理学、物理学和心理学等层面阐述人类语言各个层面的概论性读本。

在中国语言学建立的早期,由于受到内外交流的局限、社会经济的发展、语言学研究水平的状况等主客观因素的影响,为了满足学校教学和读者求知若渴的需求,国内出版界纷纷引进和译介西方的语言学著作。在这样的大气候下,张世禄在出版《语言学原理》(1931)和《语言学概论》(1934)后,又与蓝文海合作翻译英国青年语言学家弗斯的《言语》(1930),于1937年以《语言学通

---

① 该书1930年版为美国佛罗里达大学屈承熹教授所赠,特此鸣谢。另外,该书译为《语言学通论论》与原书名 *Speech* 不符,似乎译为《言语》更为合适。

论》出版发行。

(2)原著与译著的构成及成因

弗斯原著共80页,由目录、正文、参考书目和Benn's Sixpenny图书馆书目附录组成,其中正文共九章(详见表3.10)。书中有简单的夹注和脚注,但为数不多。夹注基本上是标注相关文献的年代信息和外语文字的英文对应词,偶有页码标注,但对于大多引用文献,并无今日那样详细的信息;脚注置于当页脚下,用星号*表示,并在正文相关处标出。文中凡是书名用斜体标示,相关举例文字也同样用斜体标示。

张世禄等的译著共84页,由译者序言、目次和正文组成,其中正文共七章(详见表3.10)。译者序言交代了译介依据、原著取舍依据、原著精要、各章内容简介、语言学的性质、译介本书的目的和原著参考书目的翻译附列等。依据译者序言可知,译者以"本书所列的各章,不但足以窥见西洋最近关于一般语言学上各种问题研究的大概,而且可因以明了其他许多科学进展的情形;或因语言学研究的兴趣而增进全部科学研究的努力"为译介目的,又因"最后的第八章和第九章论到标准的英语和世界的语言,就是我们所认为以英文为本位的论调,大部分根据英国人立场的说话,不适合于国人的阅读;我们把这两章全部删除"(参见该书序言)为译介取舍的依据,借此对原著加以必要的摘取和更译。

表3.10 原著与译著章节对照

章节	*Speech*	语言学通论①
第一章	The Origin of Speech	语言的起源

① 有人(中国社会科学院顾曰国教授在出席笔者博士论文答辩时)认为,张世禄等翻译该书时,没有注意到英国语言学家弗斯所用speech与linguistics的所指差异,前者指人讲话的具体行为,即"语言"或"话语",而不是后者所指的"语言学",因而The Origin of Speech也不宜译为"语言的起源",而是"语词的起源"。除了上述可能性外,笔者认为,译者将*Speech*译为"语言学通论",还揭示了译者从事直接翻译行为中的编译特征,原因在于:译者译著冠以"语言学通论"未必是基于理解错误的误译,反倒是以*Speech*为基础的另起炉灶,以便更好地为中国读者服务,这也恰好暗合了译者序言中所提及的译介初衷,更代表了中国译介西方语言学思想初期的文本特征。

续表

第二章	The Study of the Written and Spoken Word	书写的语词与口说的语词之比较
第三章	Speaking	口说
第四章	Hearing and Recognition	听受和认识
第五章	The Problem of Meaning	意义问题
第六章	Phonetic Habits	发音习惯
第七章	Linguistic Kinship	语言的系族
第八章	Standard English	
第九章	The Languages of the World	

译著的版式遵循中国当时通用的惯例：左开右侧竖行小开本，受原著影响，译著中的夹注和脚注，数量不多。夹注基本上是标注相关文献的年代信息、页码标注、术语和举例文字的原文对应词和译者注等，且大多引用文献与原著具有共同的写作特点；脚注置于当页左侧边缘或下一页的右侧边缘用（注）标示（参见 1937：7—8），并在行文中用同样的符号标示。书中的引用书名用竖向曲线表示，人名用竖向黑体实线表示，引号用『』表示，括号用[]表示。

（3）语言学术语和思想译介

在该书中，隐约可见弗斯在音韵和语用研究方面的早期主张。在当时而言，弗斯的音韵思想尚不成形，而洪堡（Humboldt）、马林诺斯基（Malinowski）和华生（Waston）等人的语言学、人类学和心理学的思想，业已体现在弗斯的语用思想之中，是以"意义"为核心来论述的。

在音韵研究方面，弗斯采用了 syllable（1930：27），phone[①]

[①] 音韵学概念（这一概念是中国语音研究所固有的），指从言语的连续体中抽取出的尽可能小的音段。

(1930：25)，phoneme(1930：28)，phonæsthetic(1930：52)，alliteration(1930：54)，assonance(1930：54)rhyme(1930：54)等重要音韵概念，并厘定了 phoneme(音位)，即：A grouped range of variants, or set or series of related phones, is now known as a phoneme①(1930：28)，为后期弗斯的韵律学(parody)做了铺垫。张世禄等将上述音韵术语分别译为"节拍"(1937：33)、"单音"(1937：33)、"音类"(1937：34)、"整饰音素"(1937：73)、"语音韵"(1937：73)、"半谐音"(1937：73)和"语尾韵"(1937：73)，及时地引进了弗斯的音韵学思想，也是首次引进了这些音韵学术语。

在语用研究方面，弗斯以意义为核心，用洪堡的 inner speech(内在的言语，参见 1937：56)、马林诺斯基的 context of situation②(情景)和华生的 behaviorism(行为论)等理论论述了语言的经济性(linguistic economy, 1930：40)、言语单位(unit of speech, 1930：48)和语用说等思想，为"意义学"(semantics, 1930：15)研究增添了辅助手段，为王古鲁编译《言语学通论》(1930)中有关意义研究的有益补充。

关于情景的作用，他认为，"通常谈话关于呈现意识上的人和物的，其中对于发出的和听见的语音最重要的适应者和限制者绝不是语词，而是已熟悉了的情景的系属。语句词(sentence-word)的意义几乎永远是靠了已熟悉的情况而传达的"③(张世禄等，1937：50)。可见，上述引文阐述的是马林诺斯基的"词汇的意义在其使用中"的思想，即"context of situation"的思想，也是

---

① 一类差别音的范围或一组或一副相关的单音，现在叫作单音类(张世禄等，1937：24)。

② context of situation 在弗斯文本中有两个变体：situational context 和 context of experience，系论述语境意义的发展需要而产生的。

③ In common conversation about people and things present to the senses, the most important modifiers and qualifiers of the speech sounds made and heard are not words at all, but the perceived context of situation. The meaning of the sentence-word almost always depends on the perceived situation. (1930：39)

中国首次引进弗斯有关语境与意义研究的思想。

关于语言的经济性，他认为，"礼貌的规律对于他们发音的规律是不可少的附属物，和详细控制产生文雅礼貌的社会交际，禁止过度的自动横溢，而语言的特色就是因乎极大的语言经济。所必须要记得的，语言的'经济'并不是书写的经济。一切非书写的语言能够自由的增进经济到某种程度，特别是地方上文明社会所使用的语言"①（张世禄等，1937：51），推动了语用研究层面"经济"原则的考察和研究。

关于情境中意义的确定，他认为，"'意义'至少包含着四种事情——直接关系，对于关系人的态度，对于所说的人的态度，以及目的。牠也依据于集团习惯的表达作用"②（张世禄等，1937：53），为后来的语篇语言学和语用学奠定了基础。

上述思想基本为后来的语用研究和语篇语言学所汲取，为英国语言学派的后期发展做出了不可磨灭的贡献。虽然这些思想于20世纪30年代业已传到中国，但未被时人汲取、运用和发展。尽管如此，张世禄等对弗斯早期思想的译介，于中国早期语言学的发展来说，却是具有重大意义的。

（4）译介类型

犹如"译者序言"中交代，"原书共分九章。最后的第八章和第九章论到标准的英语和世界的语言，就是我们认为以英语为本位的论词，大部分是根据英国人立场的说话，不适合于国人的阅读；我们把这两章全部删除。又第一章的末段删去一句；第二章

---

① Their code of manners is the indispensable accompaniment to their phonetic code, and that close control of social intercourse which produces fine manners, prohibits excessive motor overflow, and speech is characterized by the utmost linguistic economy. And it must be remembered that the linguistic "economics" of speech are not those of writing. All unwritten languages have a freedom of progressive economy to some extent, more particularly those employed locally by civilized communities. (1930：40)

② The "meaning" involves at least four things—the directive reference, attitudes towards that reference, towards the person addressed, and the purpose. It also depends on the habitual verbalizations of the groups. (1930：41)

中间的一段里引据耶斯伯孙氏(叶斯伯森)的话,以及末段里最后的一句也删去了;又第五章中间的一段也删去了末数句。我们认为这样的删节,结果可以使此书更适合国人的阅读,而并没有损害原著里精要的意义"(1937:2)。从这段引言,我们不难得出如下结论:该书的译介体现了 20 世纪 30 年代国人的意识形态,即排斥英国人以英语为本位的世界观;该书译者的译介意图,即提供适合国人阅读的知识读物,促进国人运用现代语言学观点思考汉语的相关问题。

表 3.11 原、译文样本比对表

Speech 英语原文	《语言学通论》译文
Noises play a large part in the lives of most animals, and particularly the noises they make themselves by their own bodily movements and their breath and similar noises made by their fellows. But the phonetic animal *par excellence* is man. All men are born with an infinite capacity for making noises and using them. Livingstone notes in his *Last Journals*, that among a certain African tribe "Clapping the hands in various ways is the polite way of saying 'Allow me,' 'I beg pardon,' 'Permit me to pass,' 'Thanks'; it is resorted to in respectful introduction and leave-taking, and also is equivalent to 'Hear, hear.' When inferiors are called they respond by two brisk claps of the hands, meaning 'I am coming.'" But it is more convenient generally to make a variety of noises by using the breath and the organs of speech. p. 5	在多数动物的生活中,声音参与了大部分,特别是由他们自己身体的运动和气息所成的声音,以及他们的同类所作的同样的声音。人类是最优秀的发音动物。一切人类皆生而具有创造和使用种种声音的无限的本能。立温斯顿(Livingstone)在他的《最后的日记》(*Last Journals*)中,提及某一亚非利加的部落里,各种拍手的方法是当做敬礼的申说:"准许我""对不住""让我过去""多谢";这是恭敬的引见和告别,也有"听、听"的意义。地位较低的人被人家呼唤时,用手答以敏捷的二拍,是表示"我来了"。可是应用气息和语音机关来造作各种的声音,总是比较便利的。p. 1

续表

Speech 英语原文	《语言学通论》译文
The question of the ultimate origin of human speech is a very common riddle. There have been many answers, and most of them, as to most riddles of the kind, either guesswork or of a theological or mystical character. The great French linguist, Meillet, states the accepted view that no idiom known to us gives us any impression of language in a primitive state. There are certain tribes in India who barely know the use of metals or pottery, and yet they speak rich, ingenious languages abundant in symbolic resource. And yet, in a sense, all spoken languages are primitive. Some would even say that language at its best is a clumsy and primitive instrument. p. 5-6	人类语言最初起源的问题,是个很普通的哑谜。现今已经有了许多种的解答,而大都他们正如对于许多这类的哑谜一样,或是臆断,或属于一种神学或秘密的性质。法国大语言学家梅勒(Meillet)说明可信的观察,以为我们所知道的语言,没有一种能给予我以语言原始状态的任何印象。印度有几个部落,他们仅仅知道使用金属或陶器的,可是他们说着富于符号材料的丰裕高尚的语言。但是,依据某种意义,一切口说的语言(spoken language)都是原始的,有人并且要说:充其量语言也不过是一种笨拙的原始的工具。p. 1—2

上述引言以及表 3.10 与表 3.11 中的信息可作为史实证据,确定该著的翻译类型。据表 3.10 提供的章节信息和原著的信息完整程度看,我们将张世禄等的译本看作"摘译本",即摘取原著九章中的前七章,又将原著的七章部分删除;若将前七章原文与译文间的对应关系作为判断的依据,我们又可将其看作直接译本;若从原著和译著的整体布局结构看,即参考书目的位置(从原著书末置于译著书首的译者序言后)、章节内容的选取(前七章)和"译者案"的添加(1937:6,9),还可将其视为"编译"文本。可见,对于本译著的考察,可根据不同需要,从不同的角度考

察,但不管从哪个视角出发,有一个事实是确凿的,即张世禄等译本是以弗斯(1930)为蓝本通过直接翻译而成。不论该译著属于哪种译本(摘译本、编译本还是直接译本),张世禄等译本都以翻译为其根本特征。

直译是从原文本与译文本的语言对应关系来说的,与中国早期引进国外语言学理论中的"转译"类型相对应。在样本表 3.11 中,我们不难发现,直译具有信息传达准确、文体风格一致、文本信息便于追踪等特点。直译至少可以避免转译本中出现的术语问题。譬如,孙伯坚通过日文转译《言语学与国际语》时,就把瑞士语言学家索绪尔提出的法语术语 langage 拼成"lingvogo"、langue 拼成"lingvo"、parole 拼成"parolodo"(参见 1935:36—37,43)。类似的问题在直接翻译文本中也不可避免,但至少有原文本可作依据。又譬如,要想弄清楚张世禄译本中的《语言学通论》的英文术语,找到原著就会发现 Speech 这一名称。若想弄清楚张世禄译文中的"人类语言",到译著与原著相对应的段落,便可查到 human speech(参见表 3.11)。

(5)译著的学科史地位

从学科史的角度看,张世禄等译本是中国语言学译介史中较早的一部直接译本,且是中国最早译介英国语言学家弗斯语言学思想的著作。虽然早在 1930 年,刘复根据法文原本翻译《比较语音学概要》(1930);同年,章士钊按照德文原本翻译《情为语变之原论》;1934 年李安宅根据瑞恰慈的英文本翻译《意义学》(1923),这些翻译文本几乎构成中国最早的语言学直接翻译文本,但在普通语言学领域,张世禄等这本《语言学通论》当属最早的直接译本。

从中国普通语言学建立和发展的角度看,张氏在中国译介国外语言学经典方面,特别是在英国普通语言学思想译介方面具有引进之功;该书的译介对于考察弗斯早期思想在中国传播方面具有重要的史料价值,对于考察中国语言学典籍译介方法方面则具有重要的参考作用。

2.《情为语变之原论》文本分析

章士钊先生(1881—1973)旅居德国期间,接触到师辟伯先生

(Hans Sperber,1885—1963)借助语言心理学理论,论述情感、语言和文字相生演变的论著——《情为语变之原论》(*Über den Affekt als Ursache der Sprachveränderung*,1914),觉得对中国语言文字研究大有裨益,遂将其翻译成中文,以《情为语变之原论》(1930)为名,在商务印书馆出版发行。

中国现代语言学史文献,在论述中国现代语义学史时,鲜有提及该书,只是在近来的一些现代语义学史的文章中略有提及,如:贾洪伟(2010)、贾洪伟(2011)等。经陈望道《修辞学发凡》(1976)中有关委婉语部分的引用,该书更多地流通于委婉语研究的相关论述之中,如:束定芳(1989)、黄志萍与贺海涛(2002)等。但有关该书的语义学阐述、文本分析、学科史贡献等方面,仍无人问津。

该书到底是一部怎样的书籍?引进了怎样的内容?对今天的学者具有怎样的启发和借鉴价值?这些问题构成了本文写作的初衷。

(1)框架与内容

就结构而言,该书由译者序、作者原序、译名对照表及正文构成。从内容看,该书可分为序言、译名对照表和正文三部分,正文按内容分为长度不等篇幅,以曲线标识。

该书为"右侧竖行左开本",但译名对照表除外,其中的外文均为横排。书中人名、地名、机构名等,未加标识以便区别,数字均用汉字大写,书中引号用当时习用的『』标识,重点标识号用空心句号,另有顿号出现于该书。文内夹注较多,均置相关内容之下,以小字号标识,另有今用括号出现于书中,但仅局限于译名对照表内标识外文,以及正文篇名《情为语变之原论》的补充,如(一名情文相生论)。书内未设置章节,完整内容之间,用竖行曲线,以示区别。相对于同期同类著述而言,该书用字略微古奥,但标点符号使用上,却出现新符号(如句号、顿号)与旧有引号并用的现象,是其特点之所在。

现以序言、译名对照表和正文为序,概述该书内容,并加以适当的评述,进而总结该书具有的特点。

Ⅰ. 序言

该书序言由章士钊序与德文原序译文构成，分别述之。章士钊序，开篇直入主题，道出心理学用以研究语言的态势，引入师辟伯相关研究及其学风的评述，即"书皆小册，约四五种。盖以心解移治文史，事近于创。前贤所遗著录，不当于用。氏徐徐开发，得尺计寸，似犹有谦让未遑之意。而为说则入深出显，动中人情。当世知言之士，自非学派未同，谊不并存。每饮其无以易也"，① 指出中国小学同为意义研究之学，但囿于"墨守六书"，"止于分别部居"，专注于"转注之争"，"染于时俗之误"，"以今意释古言"，虽"足极逻辑之能"，"未必尽叶文始之要"，不免产生古今意义错漏百出，进而说明演变的特点，即"语言类推，盖语言之异而同，同而异"，揭示训诂之弊在于"连谊之复，莫与伦比，此非博稽广证，实无豁然贯通之效可期"，并以穆勒②论语言特点，引入该书译介旨趣，即"兹编之译。聊为笃学之士审问明辨一助云尔"。章氏以德国心理语言学视角，审视中国小学研究，查识汉语语义研究的弊端，提倡采用现代语义学视角研究汉字，乃是章氏对中国语义学发展的一大贡献。

原序先述文本要旨，"人有情焉发之于言为快，因而酿为动力，形于语程。大抵语言之所由开展，以此动力之功用为多。本编所讲，不越夫此"，再述该书与法国语言学家巴利《言语与生活》(*La langage er la vie*)之异同，③ 交代引录的要著（如保尔《语言学史原理》、冯特《心理学》），指出该书的旨趣所在，即"以吾辈是书，志存士林共喻，非只为专家考订之需也"，最后总结该

---

① 该段引文均出自章士钊序，参见《情为语变之原论》，第 1—3 页，上海，商务印书馆，1930 年版序言。

② 昔对穆勒同今日及书中缪勒，为保持史著引文原样，特此说明之。

③ 作者交代了该书与巴利《言语与生活》的异同，即吾脱稿数日，见法兰西作者巴利所为《语命论》，于情与语言之连谊，开发甚透，诚语家之创作也。本书所言，破合巴旨，而关乎字义者尤多。然吾文要非冗赘，无取增削，以吾与巴同归，而为途则殊，且吾于情为语变之原，反复明之，似亦视巴有一日之长也。参见该书原序。此外，本段中的保尔《语言学史原理》为今译名，旧译为《文史通义》，特此说明。

书的特点与目的,即"语学之域本大,情力尤为新解,义理虽通,条目待举","世有同好,庶共讨探"。师氏在交代成书过程中,能名言该书与巴利著作之间的异同,并不嫌费事地将其观点引入已著文本,显出师氏的高风亮节,凸显了德国学术界的良好风气。

Ⅱ．译名对照表

如名所示,本部分为原本所无,系章氏所加。按惯例,译名对照表均置于书后,置于正文之前,恰好凸显了译者的意图,即解决师辟伯在序言中言及的"条目带举",便于读者熟悉书中所用术语,以及出现的相关作者和著作。"译名对照表"附有小字注释,说明原著篇幅短小,只是小册子,该对照表按照术语、人名及著作的出现顺序排列,强调译著正文不再另立标注。可见,该对照表具有当今参考文献和文末注释的双重功效。

此外,在直译文本中,译者的痕迹应见于无形,但该书中的对照表,却是译者痕迹的最佳见证。另有列于作者序言之前的译者序言,都标榜了译者的有形痕迹,反倒是常见的翻译腔或文字痕迹,隐于无形。直译文本中的类似现象,于国外语言学著作翻译的初期,是极其常见的,也是图便利读者的惯常之举。因而,不作为编译类别对待。

Ⅲ．正文

师氏先指出当时德语,与中古高地德语经变迁产生的意义区别,与人性的喜新厌旧习气有关,评述保尔《语言学史原理》的特点,引述保尔的话,即文字变迁的根源在于人的意志,① 也恪守达尔文"适者生存"规律,② 批评保尔的文字演变观点不够中肯,

---

① 原文如下:今请发一通问,文字变迁之真源,果恶乎在,此以人意故故为之者。……盖语文之变,用语行文者之习惯外,别无真源。(1930:2)

② 原文如下:如文变本于惯用,并非有人从中发纵,则惯用云者,本体亦无自持之力,而当听命于用者小己之自由。自由之反动,分向两方而驰,一中于言之施身,一中于言之受身。两身相嬗,字义迭代。试取此之迭代,枅比以观,只需趋向不异,文字如何转变之全程,将可一览而得。沿流而讨原,以知最初之文变。(1930:3)

文字演变并非源自个人的先入之见，若持保尔的"施身"与"受身"关系的观点，文字的演变就会陷于绝地，进而否定了引述保尔的观点，进而提出以"本事之质性"（属性）为考量标准，① 事先设立假说，以语料证明之，借此提出自己的性情论主张，即"从文始入手，……论文字之创生孳乳，男女性欲之力最大"（1930：6），"情有所触，定扬音以命意"（1930：7），"此据直感后成定形，范为常语，大是可能之事，以有若干音者，依联想之法推之，截然可作传达情意之具，使人一闻即了也"（1930：7），以情意表达为目的，阐述语言生成与演变的理据。

针对脱离情欲的现代语言变体，师氏指出，今日语言较少饱含情欲的成分，其原因莫过三端：（1）语言在经程中，继续进化，宣叙之用既遂；（2）人类早离欲海，不为所缚；② （3）言语自有理想之的，今已得其正向，举证说明因由后，将语言的演变，归为"宣叙常思"和"发抒情意"两种功能之间的此消彼长，阐述语言的发展趋势，即"以原来专表情欲之词，令执传宣百意之役，则此势也可于情语、常语两力，不断卫抵之中见之"（1930：11），并以表情欲的音、言与义之间的对应，及其演变说明之。最后，师氏说明排除"名缘于物，物变而名与之俱变"观点的原因，即与考察语言演变的情感观无关，并用"灯"的指称变化，说明之。

师氏认为，要以"名始""字竟""合参"三者相互为用的方式，考察语变源流关系，并以任意命名、私名（类似小名）、常名（类似大名）的实例说明之，针对意义与情感的关系，自造术语"Affekttrager"（寄情字）供人发抒情感之用，以作者自身经历中的词

---

① 与考量标准相关的言辞如下：吾今所采之法，乃由本事之质性，考量而得，及史实所昭，互相贯穿，焉为一说。惟不幸有一缺陷，与自省相缘而生，则经我察得，谓是舍旧从新之原，他人未必即如是想。（1930：5）

② 该观点似乎不合乎语言演变的事实，而且人欲的表述，也只是言语的一部分，并非全部。此外，有关语言是否存在理想的状态或模式，实在难说。如果说今天的语言是朝着正向发展的，那么，是否说初民的语言是非正向的？果若如此，"情意为语变之原"一说，就不足以成立了。最后，语言并不存在正向发展与否的状态。（参见 1930：9）

汇加以说明，而后提出警示，文字最初成形，与音结合，并非具有丰富的意蕴，即："考文字源流，语之凝形结响，有何深意寓乎其中者，实属罕见"(1930：20)，指出事物命名是任意的，乃以个人情感和喜好为准则，即"情好为语程中最要义"(1930：21)，并以实例说明以新名取代旧名，实乃言语演变的惯常现象，其中词义往往发生泛化，由实指转向虚指，全凭情感与喜好而定，新名表情能力胜，旧名违逆情感，终究被淘汰。

语言的历史发展，与文化息息相关，致使其发生变异的最大因素，莫过于一个"情"字，志在激起听者的情感，众人效仿之，从而引发语词变异。一旦语词沦为惯用，情感意蕴渐衰，最终与"习常蹈故之语相同"，说明语词情感意蕴的盛衰衍化，实属自然，即"人造字以寓情其字，并无定位，造而用，用而恒，恒而原意浸失，彩色澌灭，将有更新之字起于其侧"(1930：28)。师氏批判保尔墨守逻辑，推求语变，于语义演变研究，毫无益处，继而批评了冯特所持语言演变的心理观，指出只能"依语言之实际以开解之者，方为中程"(1930：31)，只有"凝于字中之情感"才能真正说明语变问题。①

师特克莱(Stoecklein)提出推求语变的观点，即"欲明语意，当以文脉(句法——笔者注)为宗，即散著之字而刻求之，无当也"(1930：35)，以及推求语变的规则有三：(1)某时偶用，一字传以新诂，循览文脉，意可得明；(2)新诂援用不已，日近自然，脱离文脉②，闻者悉喻；(3)既近自然，渐成干训，恣与他语杂陈，无不可通(1930：36)。对此，师辟伯认为，文句间字义的转

---

① 盖弊洞明原理，而语源学(etymologie，同英语 etymology，系今日词源学。——笔者注)之字义一面，始有端倪。夫字义史者，语学中号称脆弱难治者也，距今以前，人喜从字音入手，自立条目，逶迤而进，遂有最大之武断。(1930：33)……盖天下之字，率有意境，意得境通，何往有漏。……语源之学，如不愿丧其语学之威，重应须截断众流明源。(1930：34)

② 文脉乃中国固有表示文章章法的术语，与当时所用外来文法术语所指颇为相似。就当时而言，文脉之使用颇为普遍，有关文脉之渊源，参见黄侃《文心雕龙札记》，北京：中华书局，2014年，第111—112页。

变，以情为重，离开字音之中的情变，无法诠释字义的挛乳变化，从而以实例加以批评，并指出其情为语变之原，与语言学家提出的"语力学"(Dynamologie)意旨相同。①

针对梅令格提出的模仿观，即"声音之道，大抵基于模仿本能"(1930：39)，师氏以少时同伴模仿 r 音，以及南北德语 g 音实例，指出研究语音层面，当以情感入手，因为音与情两者相互交融于一体之内。进而，他又指出，字形为求同而变，得出"象类法"或"比称法"（今日的类比法），将情感弃之不顾，属于逻辑证明的方法，不能完全解决问题，如果将情感融入其中，势必更加完善。② 此外，句法（文脉）上的变化，也系因情感所致。师氏用名词的格变、动词的变格、前置词等的句法结构与表意功能，说明情感与句法变化上的关系，阐发并评述槐瑟(Weise)于《古方言脉络论》（今译《古方言句法论》）中提出的"所有性之纡宾次"的观点，进而阐发林谟词典用例，指出"文脉之史迹如何，吾人所喻，虽甚不全。据以持断，要亦未远。吾知他若而字者，其意义之变换，范围之移易，举以情为之鞭策"，警告句法研究者"治文脉，不以情愫为中心，用力虽勤，直无足取，又有以维理之义入焉。执全而驭散，亦未为当"。

针对"语滑（系口误——笔者注）之变"(Versprechen)观，即"在言者表里相违，心存甲义，而口张乙义。人之犯此。所张之义，类与语言常习相畔"(1930：47)，师氏指出"语滑之事，古今无间，雅俗同有"(1930：48)，并以各国语言阐述之，以社会交际言谈的行为，说明其寄情于语变的因由，声明其之所以采纳此

---

① 师氏观点原文如下：不论何字，当其创作之始，殆靡不为发抒强情之用，特此之强情历时甚久，势渐衰落，驯至情愫不见，貌若与之了无关系尔。愚且敢言，探讨情程，在语学中，较之音程，尤为重要。即让一步言，亦两骖相属，不可缺一。诚以文生于情，原情即以明语，语学如有絜距之道，当不外此。余病语家，无以名之也，曾创一字曰"语力学"，即是之故。(1930：39)

② 该观点原文如下：吾知语之变化，每由小而之大，自简而入繁，所为象类比称之迹，晓然可辨，谓之为情乃尔。(1930：41)

说，系受弗洛伊德《梦的解析》中观点的影响，即该著本质上属于弗氏观点的推广之作，遂附录弗洛伊德《梦的解析·导言》，以德文"字"的两种变体为例，评述曲语（委婉语）与语言演变的关系。师氏认为，凡是口误，均为情障喷薄所致（即因情生滑），之所以存在口误现象，乃是用者求新未成所致，遂而成为惯常行为（即由滑成习），致使语言发生变化（即几经反复，凝为定误），进而用例说明口误的使用情况，指出口误并非语言使用的普遍现象，总结出口误可资利用的三个原因：（1）时时以检官（医生——笔者注）在望为念，惟勿迳干其怒，终得容头过身以去；（2）以误复真形义，二者都有切谊颇呈，扑朔迷离之观；（3）意蕴不定，闻者难以批判，此或新造之字，人至罕见，又或可通之训甚多，莫明其所指（1930：64），而后论及口误的活力及研究字源的法式。

至于语变规律，师氏以为，语言若为大众认可，必然经历人事审度，而审度的标准，则以宣叙最为重要。很多字汇，至于句中，随句表情，长久之后，即会变为通行字汇，字汇表义，仁者见仁，智者见智，皆因所含情感殊异所致。进而，作者论及滑稽语的活力及影响，认为滑稽语为人所喜爱，皆因其所饱含的情感所致。

最后，作者总结道：自古至今，语言的生成，均以宣叙使人晓喻其志与抒发情志使人愉快为宗旨，因文化影响的强弱，词义发生变化，新情意为攻，旧情意为守，互动之中，变化自然发生，文法层次的变异，也以情意的转易为依归，依此扩张孳乳。以上述观点为基础，作者提出"语力学"的旨趣，即"探治语情为职志"（1930：74），解训诂学家不解字义之理，提出语力学的四项任务：（1）于活文学中，多方察其蕃变，且不可懈；（2）人之选词，适此而非彼，动机何在，无论本人觉之与否，当悉量记录，此条最要；（3）新词初立，本诸小己，好奇之念，其用本狭，卒乃衍为常语，比于正宗，因缘何属，应需加意探索；（4）将己所得，广为应用，通考文史，愈详愈妙，而语源及意变两目，向为语家忽视者，期于力追（1930：75）。终而指出当前研究语变的时弊，即倚重联想、知觉较多，忽略情感一端，本应借助心理学，特别是实验心理学，联合文化史，方能解语变研究这一难题，其原因在于：情感不仅为语变之根源，更是一切精神与物质文化之根源，情感移易，一切随之变异，由此回归该书主旨。

Ⅳ. 特点

纵观该书内容与语言，其特点可大抵有五：（1）凡外文字皆用转音（即音译），便于中文读者晓明其中道理；（2）凡例证均以转换成古文表述，适于中文读者采纳和吸收，是译者意图之所在；（3）批判性分析贯穿全书，不论是具有承袭关系的弗洛伊德《梦的解析》，还是观点殊异的著述，作者均以批判式继承为重心，剖析得透彻至明，以便读者知其所以然；（4）该著文字晦涩，古文韵味浓厚，古僻字众多，且古僻字下方，均交代所用字汇的来由，便于读者阅读和消化；（5）该书以情感为切入点，以批判式思维，回顾前人有关语变研究的成果，由浅入深地论及语音、文字、语法、语义等层面产生的语言演变过程，兼及语音、文字、语法等层面演变与语义变化之间的关联，便于读者全面了解国外有关研究的现状与历史。

（2）引进的思想与术语

该书及时引进了师辟伯有关语言意义演变与心理层面情感因素之间关联的观点，与此同时也将欧洲有关语言研究、心理学与语言交叉研究、生物学与语言的交叉研究等的观点，一并介绍进来。现以思想与术语两个层面陈述之。

Ⅰ. 思想

该书率先从语义学角度，引进保尔《语言学史原理》、弗洛伊德《梦的解析》、语词生成的任意性、语变的模仿观、口误等有关语义演变的观点。

保尔认为，文字变迁的根源在于人故意为之，遂而引达尔文生物进化论观点，联系文字与意义的演变，提出语言的"适者生存"论点，即"如文变本于惯用，并非有人从中发纵，则惯用云者,本体亦无自持之力,而当听命于用者小己之自由,自由之反动"(1930:3),又将语言的用者分为"施"与"受"两方,两者之间的嬗变,产生字义的迭代。

《梦的解析·导言》认为,文有曲语(委婉语),言有曲语,并以医生与孕妇间的对话阐述委婉语问题,即"如受胎,人谓与性事有连,未便揭言(明言——笔者注)。而举国不讲生子,在势胡可?遂乃回环其辞,曰'那件事',曰'不能动矣',措辞不同,指事犹是,他方闻而不怪,将一与径说受胎无异。虽然,人终采暗语而避明言"(1930:54)。此系说者事先假定"受胎"一指,早已了然于胸,出于礼貌用以委婉语描述怀孕一事。

继胡以鲁《国语学草创》(1912)引入"任意性观点"之后,该书系首次采用该观点,阐述名物指称的任意性问题。师氏以"左轮手枪"的命名过程为实例,说明名物之间指称的任意性观点,即"命名一若任意为之。然深窥其蕴,有以明其非是"(1930:14)。

梅令格在《原语》中提出"声音之道,大抵基于模仿本能"(1930:39),这种观点早期称之为"摹仿观",章太炎在《论语言文字之学》(1906)与胡以鲁(1912)均有所论述,但该书纳之,批评以语音模仿表意,致使语言文字发生变化的观点。

另有由口误致使语言发生演变的观点,即因情感障碍,因情生滑,由滑成习,终使语言发生变化。虽然口误是语言演变的一个小原因,但语言使用中的确存在类此现象,经长久使用,口误语言最终成为语言的习常现象。

Ⅱ. 术语

语义学这一学科术语,1930年引进时,被译为"意义学"。虽然乐嗣炳于《语言学大意》(1923)中,已将其命名为"意义",但确定为学科名称,却从1930年的"意义学"沿用开始。有关"语义"这一术语的使用,民国前期大多采用"意义"对译之,而《情为语变之原论》却将其译为"语意"(参见1930:28)。

师氏自造一术语"寄情字",用以指称"字之供人发抒情感之用"(1930：17),该书及时将其引入中国,丰富了中国语言研究者的视野。此外,师氏自创学科"语力学"(参见 1930：39 &75),有关语力学的内容与任务,前文有所阐述,此不赘述。

最后,师氏引用句法研究者的观点,讨论句法与语变之间的关联,为中国读者引进了"句法"(syntax)的表述。师氏在论述"宾偏次"语法现象时,引述句法学家槐瑟(Weise)的论述,引进"脉络"这一表述(参见 1930：42);在论述句法层面的语变时,借用中国固有"文脉"这一表述(参见 1930：46)。

(3)启示与反思

该书为译著史籍,其所含的译者痕迹、学风启示及学科史地位,对今日学术界仍有一定的借鉴意义,值得单独阐述一番。

Ⅰ.译者痕迹

何谓译者痕迹?在译作中,译者留下的易于识别的、不为原语或原语文本所有的个性化特征,如文本结构、注解、原语化程度等。概观章氏译《情为语变之原论》,译者痕迹可概括如下五端:(1)译者增加类似书目与简略式索引的"译名对照表",改变了原著的结构;(2)译者自行添加了文内夹注,解释外文术语及相关理论,方便读者理解与消化,以图传递该书所有的"正能量";(3)译者用取自古籍的生僻字及汉语读者耳熟能详之字汇,译介国外的陌生术语指称,以图架构理解国外理论的桥梁;(4)译者在论述语词生成任意性时,借用中国流行的"印度胜论说"中的"德"与"实",阐述语词生成的过程(参见 1930：14—15),以便中文读者更加晓畅;(5)译者将德文例证中的字汇,皆以转音形式呈现,方便不懂德文的中文读者阅读,于无形之中凸显了译者的痕迹。

最后,在版权页及封面上,译者名与作者名并置。此举虽为民国出版译者的惯常习惯,却凸显了译者的痕迹,捍卫了译者的权利,为今日出版界不重视译者作用的时弊,提供了参考和启迪。针对时下译者不署名,或以版权页小字标明的时弊,我们号召出版界与相关部门，重视译者的权利，还给译者相应的地位。①

Ⅱ．学风的启示

如作者师氏在序言中所言，脱稿后，发现该书题旨与巴利新书——《言语与生活》略同，遂概述其相关内容，加以比较说明，实乃道德学风之楷模，值得当今学界效仿。

译者章士钊采用古籍字汇，译介国外理论，却未掠别人之美，一一标明阐述之。譬如，章氏在译介作者提出的"语变假设"原则时，用"宣叙"译介"言说情感"的主张，并于其后说明出处与意旨，即"按《释名》也，宣彼此之意也。语叙也，叙己所欲说述也。今借译此"（1930：9）。又譬如，章氏译介"轮廓似"观点时，用"物际"译介"物与物之间的外形相若"，并交代"物际"二字的出处与意味，即"犹言物与物间，二字出《庄子》，今借译"（1930：18）。译者所持这种实事求是的乾嘉遗风，为今日学派树立了效仿楷模。如今学者若能如此实事求是，学界的腐败抄袭现象，就可胎死腹中，从而学界的环境将得以圆满净化。

王古鲁应中华书局之邀，以日本安藤正次《言语学概论》（1927）为蓝本，编译出版《言语学通论》（1930），该书绝大部分内容为原著所有，而该书的版权页却以"王古鲁著"标识，完全隐去了该书系译作（至少是编译本）的事实。与《言语学通论》相比，《情为语变之原论》完好地保存了译著的基本事实，捍卫了译者和作者的权利，值得今日出版界、学术界、翻译界同仁效仿。

Ⅲ．学科史地位

纵观中国现代语言学史，该书系第一部以语言心理学、语言史学、词源学、句法学、语音学、逻辑学等现代语言研究视角为切入点，从语音、字形、文法、语义等层面，论述语言文字演变与情感之间的关联，更是首次从历史演变的角度，探讨委婉语、

---

① 此谓译者之应有权宜，既然民国时期，已有如此惯例，何不纳之，并将其规范化呢？有关译者之权宜问题，参见贾洪伟，《译员安全机制：以澳大利亚相关政策为例》，《中国科技翻译》，2015年第1期。

口误等导致语言文字发生变化的论著，同时还及时地引进了国外有关现代词源学（语源学）、语力学的理论观点。

从语义学角度而言，该书系中国引进的第一部现代语义学著作，从语音、字形、文法等角度，阐述情感与语义之间的关联，为中国引进和开展现代语义学研究奠定了思想和方法基础。

最后，从语言学方法论角度来说，该书首次引进现代语言学以理论假设为前提开展语言学研究的方法，即在理论假设的指导下，以现实生活中各层面的言语材料，验证理论假设的真伪，再以所得结果修正理论假设，最终形成针对特定层面提出的理论。

就上述而言，不论是中国现代语言学史，还是中国现代语义学史，都应该关注和重视该书在引进、传播和弘扬西方现代语言学，从而创见中国现代语言学过程中所具有的重要作用，进而为中国现代语言学的发展提供借鉴和启发。

Ⅳ. 缺点

就当时而言，该书的思想较新，属创新之作，就是以今日的学养观之，该书也不乏见新奇之处。因而，能够及时译介该书，引入国外新鲜的智识，引导中国的言语学研究，实乃大功一件。但该书的译介，也不无瑕疵，其缺点大致有二：（1）人名与物名的转音，致使读者无法即时识别外文字，须寻查对照表，方能知晓，而有的字，对照表未录，即使寻查再三，也属徒劳，不免影响阅读；（2）译文中古僻字过多，适合古雅之士阅读，加重了普通读者的阅读负担，译者痕迹过于浓厚，全力系连古籍经典，从而影响了该书的传阅和原作者思想的传播，是其为遗憾！

四、转译文本分析

该期中国出版语言学转译文本 2 部（篇），一部为孙伯坚《言语学与国际语》（上海辛垦书店，1935），另一部为杨伯凯、叶青等编译"科学论丛"（上海辛垦书店，1934）中的文章《言语底发生》，都是经日语转译而成，对了解苏联马尔语言学思想和苏联语言学的当时状态具有重要意义。其中《言语底发生》是中国较早译介苏联语言学思想的重要文献，也是中国较早有关马尔语言学思想的译文。孙伯坚《言语学与国际语》是经转译日文译著出版的苏联语言学著作，是以"用语言学理论阐释语言学理论与国际语间理论问题"为基调的，给中国语言学界打开了新的视角，即普通语言学理论与国际语的思考。

虽然斯皮义多维奇仅是苏联的一位世界语研究者和倡导者，在苏联语言学史上并无重大影响，但从其在中国产生的影响来看，该书可以算得上是重要的语言学典籍，因而本书将其作为转译文本的代表是无可厚非的。① 现仅以孙伯坚转译的《言语学与国际语》为个案，探讨20世纪上半叶中国译介国外语言学典籍中的转译问题。

（1）背景与框架

Ⅰ．背景

《言语学与国际语》是由苏联语言学家斯皮义多维奇所著，于1931年出版于列宁格勒，后经日本学者高木弘与井上英一翻译出版，汉译本是孙伯坚以日译本为底本转译而成，于1935年在上海辛垦书店出版发行。

关于译者孙伯坚，我们所知甚少。除了孙氏翻译《言语学与国际语》外，孙氏在同一年据日译本还转译了《军备与国民经济》②一书，其他不详。

---

① 有关斯皮义多维奇及《言语学与国际语》在苏联语言学史中的地位及其学科史地位，北京外国语大学俄语学院史铁强教授在笔者博士论文《西方普通语言学典籍汉译(1906—1949)及其对中国语言学的影响》(北京外国语大学，2011)评阅书中有所提及，但对其在该阶段中国语言学史中的地位及其推动作用，史铁强教授赞同笔者的观点。

② 据日译本(国际经济政治研究会译，福田书房出版)转译，分九章。介绍第一次世界大战时经济状况，研究国民经济各部门为支持战争采取的措施及政策，具体论述了保持对外交通的意义及方法、人力资源的动员、粮食政策、采掘工业与加工工业的备战问题等。附录了"军事费与战时财政"(斯华洛特夫斯基)和"世界大战统计"(日译者)。

Ⅱ. 框架

中译本由目录、译者序、主体和附录四部分构成。现按照先后顺序，一一叙述各部分的内容梗概。目录与同时代其他版式的书籍差别不大，无须详述。反倒是译者序值得仔细阅读和研究，其内容可大致归纳如下：

（1）交代原著、日译本信息及中译者采取转译的因由，即："本书一九三一年出版于列宁格勒，乃苏联国立历史言语研究所与苏联世界语者同盟言语委员会共同出版，著者为斯皮义多维奇(Spiridovich)。原名 Jazilozananie I mejdunarodnij jazik（言语学与国际语）。日人高木弘和井上英一译为日文，译者抱歉不习俄文，只好根据日译本重为介绍"（孙伯坚，1935：7）；

（2）说明语言的作用和需要建立共通语的必要，即："言语革命在今日，特别是对劳动大众，成为非常迫切的要求了。自从经济的封锁，把世界连结成整个的一片以来，人类在各方面的发展，都证明趋向于国际的路线。但同时有一矛盾现象，就是缺少一种圆满的工具，即缺少共通的言语……"（孙伯坚，1935：7）；

（3）说明本书性质及译介目的，即："这本小册子是以言语革命为其任务的著作，因此译者把它介绍到中国来，希望在中国言语革命运动中，展开一新的正确的路线。……译出来或可为中国言语学者底重要参考资料"（孙伯坚，1935：8）；

（4）交代内容范围和学术态度，即："如何去认识言语，言语是自然发生的吗，或是社会的产物？如何去改进言语，言语只能自然生长吗，或可以人工改造？……这本小册子，对于这些问题，都有充分的解答。……最后附录一篇柴门霍夫底言语理论，以批判的态度，分析柴氏理论的得失；""特别指摘自然主义和言语拜物主义之错误，指示新言语科学地发展方向"（孙伯坚，1935：9）；

（5）简介马尔主义语言学思想；

（6）交代术语译名问题，即："日译本所用人名或地名，完全用世界语拼成。兹为求读者便利起见，译者考查各种辞典，尽力恢复各名词之原文。惟间有一二名词，特别是俄文者，一时无法查出，只好仍依世界语"（孙伯坚，1935：10）。

本译著主体共分六章，为真实起见，现将各章节照录如下：

1. 前言
2. 市民言语学及其危机之原因

（1）市民言语学之基础——个人主义与拜物主义；（2）市民言语学发展之基本阶段；（3）在帝国主义时代之前夜市民言语学着意经营其思想的地盘；（4）市民言语学之进取任务；（5）国际语学不存在于市民言语学里面；（6）社会科学之危机；（7）由于嘉尔和恩格斯的社会科学革命；（8）暴露个人主义与言语拜物主义是嘉尔主义言语学之任务；（9）嘉尔主义言语学底根本任务；（10）人工的国际语创造之任务底解决；（11）不是市民言语学之危机而是其死灭

3. 危机之朕兆

（1）言语学中社会学的倾向和美学的倾向；（2）社会学的倾向；（3）言语学是抽象的抑是实在的；（4）记号和记忆之理论；（5）集中注意于书写的言语；（6）美学的倾向；（7）市民言语技术学；（8）社会学派和国际语问题

4. 言语学之民族革命

（1）言语学中之两个革命；（2）耶弗理论；（3）发生学的方法和历史的方法；（4）资本主义时代之忽视言语；（5）耶弗理论集中主力于言语史前学；（6）论言语之阶级性；（7）马尔底系统树；（8）安特列夫底企图；（9）言语发展之金字塔；（10）交错原则和单一语；（11）言语之人工性底原则；（12）国际语与马尔；（13）嘉尔主义言语学之根本问题

5. 言语和言语学之劳动阶层革命

（1）普遍语运动之概念；（2）言语空想主义之时代；（3）

言语空想主义发展底两个潮流;(4)科学的单一语运动之时代——国际辅助语运动;(5)科学的国际语运动之建设者柴门霍夫;(6)柴门霍夫底言语理论之原则;(7)国际语运动中言语形态之阶层矛盾;(8)国际语运动中政治形态之阶层矛盾;(9)劳动阶层国际辅助语运动;(10)苏联中之国际辅助语运动;(11)国际辅助语运动中的理论值问题

  6. 言语及言语学之劳动阶层革命

  (1)国际辅助语——更高文化之支持者的劳动阶层之言语;(2)对于国际语的偏见;(3)从逃避一般革命而逃避言语革命;(4)言语拜物主义者之进化论;(5)进化论者和民族语;(6)劳动阶层之阶层语不是职业的言语而是国际辅助语;(7)嘉尔主义言语学是在言语革命之熔炉中造成的;(8)言语技术史之图式;(9)过渡期底言语技术之根本任务;(10)国际辅助语领域中言语技术之任务;(11)民族文语建设领域中言语技术之任务;(12)结论

  通过录入的各章节标题,我们可以窥见译著主体的内容梗概,而无须再加详细阐述。现将附录文本,略作介绍。附录文本是原著作者斯皮义多维奇发表在《机关报俄语》(*Internacia Lingro*. No 7. 1931)1931 年第 7 期上的文章①,从十一个层面探讨"柴门霍夫之言语理论②",即:"实质的方法""为一般的言语发展阶段的国际语""国际语底个人创造之不可能""分裂之危险不足以威胁国际语""柴门霍夫底言语发展之阶段""现代国际语之任务和地位""最近将来之国际语""柴门霍夫关于国际语底社会地位之思想""论国际语之推动力""柴门霍夫底活言语理论之意义"和"卢阿

---

  ① 文章既无汉译篇名,也无日译篇名,只有转写的"Genia Lingvisto venkita de etburgo",参见汉译 168 页。
  ② 该文与傅平(1932)、叶籁士(1937)为同一篇文章,可见这篇文章的影响程度。

勒、马尔、柴门霍夫"等,以便读者清楚地窥见柴门霍夫的语言学思想,了解其所创造的世界语的知识,起到改革语言的目的。

(2)版式

虽然该书出版于20世纪30年代,但版式介乎于旧版与现代版之间,是中型左开本,采取的是现代式的横排版。书内有夹注和脚注,夹注主要标识人名、地名、专业术语的外文名称等,脚注数量很多,几乎每页都有;脚注位置在当页页脚,与正文间有分割线,前有小号字的(注一)做标识,在全书内按从前往后顺序排列,共有118例,但通读全书竟未发现(注一)的踪迹,疑为转译的疏忽所致。

书中脚注内容大致包括著述的参考信息、所涉内容的解释和修正文本信息。按照来源,这些脚注可归为三类:俄文原注、日译注和汉译注,三者混排在一个脚注序列之中,偶有汉译注未列入混排脚注序列,采取星号＊形式列在文本下方,后标为"译者",(如上述"修正文本信息"例)但为数不多;有的标为"日译注",比较容易辨识,也容易分清信息的类别和责任归属(如77页);有的标为"译者",是汉译者还是日译者难以确定,有时可依靠内容辨识(如64页),有时只能任凭猜测(如110页和139页);有的没有任何标识,可能是俄文原注,也可能是日译注。

可见,译者在翻译时,对脚注操作有所疏忽,也与借昔日译本转译有关,给读者造成诸多不便。

(3)内容分析

现以实例阐述《言语学与国际语》在人名、语言与语族名称、语言学术语和语言学机构等方面的转译行为。

书中共有外国作者39人,其中德国11人、苏联13人、法国8人、英国4人、瑞士、丹麦、波兰各1人,基本上涵盖了语言学、哲学、心理学、社会学等领域昔日的权威学者,详见表3.12。

表 3.12　外国作者译名

国别	人　名
德国	洪波尔特(Hamboldt①)、斯敦达尔(Steindhal)、冯德(Wundt)、波樸(Bopp)、希勒谢尔(Schleieher②)、恩格斯、费尔巴哈、徐莱叶(Schleier③)、霍斯勒尔(K. Fossler)、莱布尼兹(Leibnitz④)
苏联	加尔(Karl. M)、马尔(Marr)、伊里奇、波特布里亚(Potebnia⑤)、库尔特勒(Beduen d'Kurtne⑥)、霞夫马托夫(A. Shafmatov)、佛罗希洛夫(Voloshinov⑦)、威洛库尔(Vinokur)、科林生(Kolenson⑧)、安特列夫(A. P. Andrejev)、麦希卡洛夫(Meshchanov⑨)、约瑟夫(Joseph Stalin⑩)和考茨基(Kautsky⑪)

---

① 德国 19 世纪语言学家，公认的普通语言学创始人，今译为洪堡，其德语为 Humboldt，造成的差异可能是由于原文为俄语，又经过日语转译，也可能因原文本用的是世界语。后在书中 88 页，又出现 Humbolt 的拼写，可见是译者在还原世界语。

② 正确拼法为 Schleicher，德国 19 世纪语言学家。

③ 正确拼法为 Johann Martin Schleyer，原名 Martin Schleyer(1831—1912)，Johann 为教名，德国牧师，曾发明人造语(constructed language)Volapük。该书 110 页的 John Martin Schlejer 系由世界语还原错误，因此，其译名"斯莱耶尔"也系与徐莱叶同指一人。

④ 正确拼写为 Gottfried Wilhelm Leibniz(1646—1716)，今译为莱布尼茨，本书在 55 页和 104 页分别译为"莱普尼茨"和"莱布尼兹"。

⑤ 原名 Oleksander Potebnia，苏联语言学家、民俗学家、文学家。该书 88 页译为波特布里雅与波特布里亚同指 Potebnia 一人。

⑥ 波兰语言学家，被认为是现代语言学的奠基人，其主要功绩在于音位研究，而且还在 19 世纪 70 年代提出应用语言学这个名称，现译名为"博杜恩·德·库尔特内"(1845—1929)。这里的外文名字可能是从世界语还原过来的，与正确拼写的 Baudouin de Courtenay 有出入。

⑦ 原名 Valentin Nikolaevich Voloshinov 俄文为 Валентин Николаевич Волошинов，苏联语言学家，今译为伏罗希洛夫。

⑧ 书中信息为社会学者，其他不详。

⑨ 马尔派学者，曾写过《耶弗理论入门》(1929)一书。

⑩ 中国人更熟悉的是斯大林。

⑪ 原名 Karl Kautsky，苏联哲学家、政治家、马克思主义理论家。

续表

国别	人 名
法国	梅埃（Meje①）、笛卡尔、孟德斯鸠（Montesqieu）、福禄特尔（Voltaire②）、恭第纳克（Condillac③）、彼尔禄夫（Burnouf④）、傅立叶、加伯特（Cabet⑤）
英国	米勒（M. Muller⑥）、洛克（Locke⑦）、瓦里哀（Voluey⑧）、摩尔（T. More）、威尔金斯（Wilkins⑨）
瑞士	莎修尔（F. de Saussure⑩）
丹麦	叶斯柏皮尔生（Jesperson⑪）
波兰	柴门霍夫（Zamenhof）

语言名称的术语散见于第二、三、四、五、六章，共有 10

---

① 法国语言学家，善于历史比较语言学研究，法文名为 Meillet，今译梅耶，疑为世界语还原产生误差。

② 今译伏尔泰，法国哲学家。

③ 原名 Etienne Condillac(1714—1780)，今译为孔迪亚克或孔狄亚克，在 1746 年写作探讨语言起源的《人类知识起源论》。

④ 原名 Eugène Burnouf (1801—1852)，法国著名学者、东方学家，今译布奴夫或毕尔奴夫，曾释解古波斯文。

⑤ Etienne Cabet(1788—1856)，法国哲学家。

⑥ 应为 M. Müller，英国籍比较宗教学家、梵语学家。

⑦ 约翰·洛克（John Locke，1632—1704），英国哲学家、经验主义的开创人，同时也是第一个全面阐述宪政民主思想的人，在哲学以及政治领域都有重要影响。

⑧ 原名 Chase, Richard Voluey，其他未知。

⑨ 原名 John Wilkins（1614—1672），英国牧师、自然哲学家，于 1668 年在"*Essay towards a Real Character and a Philosophical Language*"中，创造普遍语供学者和哲学家使用，代替占主导地位的拉丁文，成为哲学文法的始创者。此外，他还提出度量衡的十进位制。

⑩ 瑞士语言学家，《普通语言学教程》的遗稿人，今译为索绪尔，王古鲁在 1930 年引入时，译为苏秀尔。

⑪ 丹麦语言学家，曾大力推动世界语，系世界协会会员，英文名应为 Jespersen。

项[第二章的前亚利安语、亚利安祖语和国际语；第三章的伊多(Ido①)和阿克西顿塔(Occidental②)；第四章的梵语(Sanskrit)、阿剌马语(Alama)、阿拉伯语和伊斯伯兰语(世界语)③等；第五章的万国语(Volapuk④)；第六章的乌克拉伊拉(uksraina⑤)等]，主要阐述与国际语有关的问题，促进语言改革的进程。此外，还有3个语族的术语（印度欧罗巴语族、赛姆特语族和哈姆特语族），用于分析和批判语言起源与语言类型分类的理论观点。

书中共含语言学专门术语 32 项，分为四类：学科名称、学科术语、语言风格术语和语言研究相关的思想。学科名称共 9 项（言语学、劳动言语学⑥、市民言语学⑦、比较言语学、声音学、社会学、音声学、言语技术学、史前学等），其中声音学和音声学是研究同一对象不同层面的两个术语，在清末民初流行于国内各语言教学机构（参见北京大学 1912 年课程设置），系受日本语言学术语译介的影响，前者实际上是语音研究，现在通称语音学，后者研究具有区别意义的语音，今天通称"音韵学""音位学"或"音系学"。学科术语共 6 项（言语、言语活动、谈话、言语之记号、信号和世界共通文字），其中多数与索绪尔语言学有关，用于说明语言学的机制问题，用于说明和宣传国际语。语言风格术语有 8 项四对，即：文化语和非文化语、活言语和死言语、说话言语和写述言语、高度的言语和低度的言语，是当时同类著作中率先从社会应用角度对语体进行的分类。相关的思想有 5 项，

---

① 国际语的一种改造方案，叶斯伯森（即书中的叶斯皮尔生）曾写过有关这门语言的文章。
② 国际语的一种。
③ 系世界语 Esperanto 的转音。
④ 世界语的拼写，参见本书注解 124。
⑤ 疑为乌克兰的世界语还原，Ukrainia。
⑥ 指劳动导致语言起源的学说。
⑦ 市民语言学是应苏联当时的社会现状而成的，反映"各民族及其语言同化于某一强大民族的民族溶合"观点，这一观点当时被认为是小市民的语言学观点（参见叶籁士，1995：311，315）。

如嘉尔主义、个人主义、拜物主义、康民尼斯谟①和先验论，是语言学研究中政治意识形态的清晰体现。此外，还有瑞士索绪尔语言学著作的名称，即《言语学原论》(Cours de linguistique générale)。

该著主要探讨国际语问题，书中出现国际语有相关机构两个，一是"万国世界语协会"(Universal Esperanto-Asociety)，二是"全世界民族性协会"(Sennacicca Asocio Tut Monda)，是当时较活跃的语言政治性组织。此外，该书引用德、英、法、苏联、丹麦、波兰、瑞士等国学者的著述，有关这些著述的信息都呈现在脚注中，有的信息全面，有的只有人名、出版年和页码，有的是中外文混杂，可能是原著者、日译者和中译者各自工作的不同态度决定的，也可能是当时国外的出版规范决定的。不论是哪种情况，脚注标识混乱的现象，都是极为明显的转译特征。

(4) 转译分析

对于转译方式，学界虽不提倡，但在引进相关学科的初期，且遇通晓语种人员匮乏和原语资料缺乏的情况，这种方法却是最佳的抉择。这种翻译方式，虽说有快捷和便利之处，但也有其弊端：(1) 在忠实程度上很难与原著保持一致，第一次翻译中的偏失造成转译中的第二次缺失，如第一译者语言特征的融入、第一译本言语风格的掺入、第一译本中删除和修改内容的影响，和错译、误译造成的二度变形等；(2) 版式编排等层面难与原著保持一致；(3) 无法确定原文本的真实面貌，难以找寻相关信息的线索。

上述三点弊端，在当前译本中不难得见，但由于没有找到日译本，本书作者俄语又不通，言语风格、删改内容与错、误译之处难以鉴别，所以只能以汉译本为材料，尝试寻找最为显见的线索。现仅以汉译本的三段语料为样本举证分析。

从样本1、2、3(见表3.13)中可见，书中的语言学术语均带

---

① 应该是英文communism的转音，指的是"社会主义"。

有日本语言学术语的特征,如市民言语学、言语史前学(古生物学)、言语等,在苏联俄语本中是不可能存在的。"言语"和"言语学"应该是日语中语言学(言語學)的汉语转写。早在1886年,日本把该学科命名为"博言学"(はくげんがく),在当时的日本东京帝国大学博言科里教授。十余年后改为"言語學"(げんごがく),始用至今。在"论语言文字之学"(1906)中,章太炎业已引进"言语"这一术语。他认为,"……唐人以胡称西域耳,反古复始,则胡名必属九夷,非狢族之号也。由是言之施于兽类者,形性绝异,则与之特别之名,形性相似,则与之发声之名施于人类者,种类绝异,则与之特别之名,种类相似,则与之发声之名。此可见言语之分由感觉之顺违而起也"(章太炎,1906:2)。在《国语学草创》中,胡以鲁业已引进"言语"(1913:16)、"语言学"(1913:23)和"言语学"(1913:24)等的概念。到20世纪30年代,言语学被广泛地用以指代"研究语言的科目"。虽然也有乐嗣炳《语言学大意》(1923)、张世禄《语言学原理》(1930)等采用"语言学",但"语言学"这一术语在当时不占主导地位,且1936年以前的情况更是如此。此外,就中国语言学创建初期而言,深受日本影响的语言学著作基本上都用"言语学"来命名,甚至有留学英美法诸国的语言学家也曾使用"言语学"这一术语,如方光焘《言语的起源》(1928)、沈步洲《言语学概论》(1931)、岑麒祥《历史言语学中之比较底方法研究》(1935),等等。

其次,样本2和样本3中括号内的表述,不知是原文旧有,是日译本添加的,还是汉译者的手迹?不论是谁加的,都不符合汉语的习惯,如样本2中"抑压"与"上"的表述和样本3中的"民族文语"与"之时代"的表述,显然是受外来影响所致。

其三,撇去上面样本中的翻译腔不谈,只说译本中带有"译者注"的注解和脚注,有的是日译本所加,有的是汉译者所加,很少注明具体所属,无法确定信息的真实身份。譬如,在本书64页,脚注只标识为"译者",是汉译者还是日译者,难以确定,只能依靠内容辨别;而110页和139页的脚注没有任何标识,只能任凭猜测。

表 3.13　汉译本取样

样本 1	样本 2	样本 3
市民言语学甚至没有提出上述任务之一，也是不能提出。正是这儿，就存得有矛盾的原因，一方面因唯物辩证法之助力，诸社会科学之劳动阶层底形成和完全的再建，常常以暴风雨的形势展开，反之，二十世纪，到二十年代的言语学领域中，还继续着猛烈的衰颓与沉退。这不是指示了言语学底尖锐的危机吗？p.30	对于史前学的研究，集中注意于保存较古经验的口头语，这是正确的。但是马尔底设定有更深切的意味。他以为言语史前学是民族解放之斗争手段："印度欧罗巴说彻头彻尾是行将就木的市民社会的。（这个市民社会建设在东洋民族之抑压—由于欧罗巴民族之残虐的殖民政策所致—上）。" p.72—73	言语金字塔之基础，是自然经济时代之非常的言语多样性，其次接着是交换时代之言语—民族的文语（生于封建时代，完成其发展于资本主义时代）之时代。更在其上的是国际辅助语（过渡期之言语）之时代，最后单一的人类普遍语降临了。p.84

其四，同一个人，拼写不同和译名各异，如：Hamboldt（1935：20）和 Humbolt（1935：88）都是 Humboldt 的拼写，"莱普尼茨"（1935：55）和"莱布尼兹"（1935：104）指的都是同一个德国语言学家 Leibnitz，"徐莱叶"（Schleier，孙伯坚，1935：31）与"斯莱耶尔"（John Martin Schlejer，孙伯坚，1935：110）同指德国人造语创始人 Johann Martin Schleyer 等，这样的问题可能是日译者翻译俄语时造成的，也可能是日译者还原世界语造成的，还可能是汉译者翻译日本语或还原世界语时造成的。

上述四点中，第一、二点并非转译所独有，在编译、译述和翻译的著作也同样存在，属于译介文本的通性。第三、四点构成转译独有的标志，第三点应该归咎于直接译者和转译者的工作态度和学风，第四点的成因则不好确定，既可能是底本本来如此，也可能转译者是外行，翻译时粗心大意所造成的。此外，这些特点很可能同样存在于其他的转译文本之中,其不同之处只是各自的内容罢了。

纵观 20 世纪中国语言学典籍,转译现象虽为数不多,却是早期中国译介国外语言学典籍中具有重要意义的特点。

(5) 历史意义与学科贡献

在 20 世纪上半叶中国译介国外语言学的典籍中,该书具有重要的意义。一方面在于其译介的类型——转译,虽是 20 世纪初期较为常见的译介手段,但在语言学学科史中却是首次出现。一方面在于该书连同"科学论丛"第一期中的《言语底发生》和《世界原始社会史》第二编第三章"言语底发生",率先专门译介苏联马尔的"耶弗学说",给日后苏联语言学在中国的发展起到了先锋作用;另一方面还在于该书几乎是中国语言学史中第一本较为细致地介绍瑞士索绪尔的语言学说。

从语言学史的角度看,该书对 20 世纪中国语言学的贡献如下:

(1) 该书是从语言学理论的视角探讨国际语问题的著作,是 20 世纪上半叶中国第一部以如此正式的姿态、如此宏富的篇幅介绍和分析国际语问题的著作,也是普通语言学著作中第一部提出市民语言学思想的著作,即:从社会主义的视角,号召人民大众发起语言改革,采纳一门通用的人造语;

(2) 在众多语言学典籍中,该书率先译介苏联语言学思想中的嘉尔主义和马尔主义①,并对嘉尔主义(参见 1935:25—30)和马尔的"耶弗"语言学思想(参见 1935:64—73;76—78;83—85)做了批判性的分析,是中国最早采取批判态度对待马尔主义语言学思想的典籍;

(3) 该书详细有致地归纳、介绍和分析柴门霍夫所提出的国

---

① 马尔语言学思想在中国的专门译介,最早是 1934 年杨伯凯和叶青等编译,由上海辛垦书店出版的"科学论丛"第一辑中的《言语底发生》。次年,孙伯坚译的《言语学与国际语》和卢哲夫译的《世界原始社会史》由辛垦书店出版,进一步引进和分析了马尔的语言学思想。

际语理论(参见 1935：169—193)，是中国第一部以国际语为主题的普通语言学典籍；

(4)该书第一次以批判分析的姿态译介瑞典语言学家索绪尔将语言作为社会现象的理论，特别是有关语言活动(lingvogo①)、语言(lingvo)与言语(parolodo)的思想(参见 1935：36—37；43)；该书对索绪尔的批判分析式译介，有效地促进了国内语言学界对索绪尔语言学思想的认识②；

(5)在内容上，该书涵盖的范围比较广，吸收了心理学(冯德)、生物学(希勒谢尔)和社会学(苏修尔)等学科的理论，具有跨学科的性质。

基于上述五点，我们认为，语言学界不但应该关注而且需要深入考察这部著作。仅就影响过中国几十年的马尔和安特列夫的语言学思想而言，该书极具史料价值，值得学界关注。更不用说，该书还顺带介绍了索绪尔的语言学思想，尽管不是很全面，但在那个时代已是弥足珍贵了。然而，这些信息却没有受到关注，可能与当时索绪尔思想在国际上受重视的程度具有一定的关联。

五、特殊文本分析

在 20 世纪上半叶中国译介的国外语言学典籍中，特殊文本有 11 则。按译介方法可分三类：译述文本(张世禄，1934；张世禄，1935；岑麒祥，1939 等)、编译文本(李安宅，1934；李安宅，1936 等)和直译文本(刘复，1930；章士钊，1930；张世禄，1931；林祝敔，1940；赵元任，1940 等)，涵盖语音、语义、词类、文字和语言学应用等层面的研究，对中国 20 世纪语言学的

---

① 犹如"译者序"中的交代，三者的外文术语，疑为世界语，其对应的法语为 langage(语言活动)、langue(语言)和 parole(言语)。

② 国内王古鲁的《言语学通论》(1930)中的引注性译介，很可能是国内首次接触索绪尔的语言学思想。

建立和发展影响重大。

现仅以李安宅编译《巫术与语言》(1936)①为例，阐述该期特殊译介文本对中国语言学发展所做出的贡献。之所以选择李安宅的《巫术与语言》，在于该文本首次译介了美国语言学家萨丕尔的语言学思想，并将语言学理论有效地与语言社会现象相结合，揭示了20世纪上半叶中国语言学中业已存在应用（或曰本土化）的迹象。

1.《巫术与语言》(1936)文本分析

大多学者认为，李安宅先生是中国社会学、人类学和民族学的先行者，而他在译介欧美语言学理论方面做出的努力却不大为人知。李安宅②早年在燕京大学社会学系读研究生，因受英国人类学家马林诺斯基（B. Malinowski, 1884—1942）、英国语义学家瑞恰慈（I. A. Richards, 1893—1979）与奥格登（C. K. Ogden, 1889—1957）以及美国人类学家鲍亚士门生萨丕尔（E. Sapir, 1884—1939）的影响，他关注的是语言的意义与社会学研究相结合的层面，构成了他早期学术生涯的典型特征，即：1936年以前，他以语言的意义作为切入点，进入语言研究的社会学领域（主要是意义问题：理性和感性）或说社会学研究的语言领域，自1936年后他的学术焦点发生大转变，完全进入人类学和社会学研究领域。

李安宅学术生涯的早期阶段，始于1931年出版的《语言底魔力》，止于1936年出版的《巫术与语言》，其间出版的著述如下：

---

① 笔者曾专门考察该书的译介过程，将考察结果以《〈巫术与语言〉的译介考察》为题发表在《长春师范学院学报》，2010年第4期第83—85页。本书基本上采用该文的框架和观点，只是对相关内容和措辞略有改动。

② 李安宅于1900年3月出生于河北迁安，曾在天津基督教青年会夜校、济南齐鲁大学等校就学，1924年入燕京大学读研究生，1929年获得理学学士学位及相当于硕士的社会服务职业证书，1931年开始先后任北京平民大学社会学教授、北京农学院社会学讲师、燕京大学社会学系人口调查研究室编辑等职，1934年赴美国加州大学伯克利分校和耶鲁大学人类学系进修，此后步入人类学研究领域，并成为中国人类学学科的先行者。

　　　　李安宅．语言底魔力．北平：联友社，1931．
　　　　李安宅．交感巫术．上海：商务印书馆，1931．
　　　　李安宅．美学．上海：世界书局，1934．
　　　　李安宅．意义学．上海：商务印书馆，1934．
　　　　李安宅．巫术与语言．上海：商务印书馆，1936．

　　其中，《巫术与语言》是最后一本与语言学相关的著作，以人类社会行为的巫术作为切入点，进入语言使用中的魔法现象，最终运用普通语言学理论通解语言现象。该书囊括了前三部著作的主旨，略有阶段性总结的意味。其中，《巫术与语言》是最为综合的一本，也是从现象到理论脉络中最为系统的一本，因而，该书十分值得我们从回顾和反思的角度，对其给予学科史学的探索和挖掘。

　　(1)成书背景与构成

　　Ⅰ．成书背景

　　据"编者序"介绍，该书的"前两章是在民国二十年(1931)印过单行本的，取名《语言底魔力》。单本出世以后，曾有过关于这种题目进一步的介绍。在理智的语言一方面，有商务印书馆出版的《意义学》；在情感的语言一方面有世界书局出版的《美学》；在巫术与其相关的社会学各方面，则有马林糯斯基氏(今译马林诺斯基)两种人类学杰作底合并译本《巫术科学宗教与神话》，也在商务出版，以后更与司氏有直接的接触，得窥哲学意味以外语言学各问题之门，且适值《语言底魔力》售罄，因并入译文《语言底综合观》，改名为《巫术与语言》，再付出版"(1936年版序)。该书于1945年再版，补入作者长序《论语言的通货膨胀》，反对语言使用的"通货膨胀"状态，后于1988年由上海译文出版社影印1936年版《巫术与语言》，并附录弗雷兹尔(James George Frazer,

1854—1941，今译弗雷泽)的《交感巫术》译文①于后。最后，将该书内容与先前出版的《美学》和《意义学》合并，以《语言·意义·美学》为名，于 1991 年由四川人民出版社出版。

Ⅱ. 写作旨趣

作者认为，"语言文字底障碍，本与极原始的巫术心理相因而来"(1936 年版序)，又因"只谈语言文字，似乎太抽象，似乎与我们自己底文化传统距离太远"(同上)；因此，"本书在叙述语言文字以前，首先介绍极简单的巫术心理，……经过了意义的分析以后，便该查其全体，看看有多少复杂的问题都与语言有关；于是最后迻译雅礼大学(耶鲁大学——笔者注)教授人类学而兼语言学大家司皮耳氏(Edward Sapir)底一篇杰作，以启读者易趣同归的探索之门"(同上)，以便为这门尚在"幼稚"阶段的学科指示出其发展的路线。从这段描述可以清楚地窥见该书的基本脉络以及作者编排本书的初衷和目的。

(2)内容框架

该书共 78 页，由编者序、正文和附录组成。编者序共 6 页，主要阐述语言在社会使用中出现的症结、作者的写作目的、结构、内容来源及分布等细节问题，并提供西洋新近出版相关著作的信息，以供读者寻读。附录的内容应为"语言分布统计概要"，但在书末尚未寻到相关的内容，不知为何。

从内容看，该书共分三章："巫术底分析""语言底魔力"和"语言底综合观"。第一章"巫术底分析"是根据弗雷泽的论文《交感巫术》(1931)编写的，分为"巫术底原理与种类""感致巫术""染触巫术"和"巫术在历史上的地位"等四节；第二章"语言底魔力"是根据马林糯夫斯基(B. Malinowski，今译马林诺斯基)、吕嘉慈(I. A. Richards，今译瑞恰慈)和欧格顿(C. K. Ogden，今译奥格

---

① 弗雷泽的论文，于 1931 年以《交感巫术的心理学》为名，在商务印书馆出版，又有《交感巫术》也于 1931 年出版，后于 1934 年再版，两书页码不同，内容大致相同。1988 年上海译文出版社附录的《交感巫术》系影印 1934 年的再版。

登)等诸位学者的观点编写的,分为"语言底一般魔力""文字底特殊魔力""名底魔力""语言文字障和理论的分析"等五节;第三章"语言底综合观"是司皮耳(E. Sapir,今译萨丕尔)于1933年为《社会科学百科全书》(*Encyclopedia of the Social Sciences*)第九卷所写论文"Language"的译文,分为"语言底一般属性""语言底心理属性""语言底起源""语言底功能""语言底分类""语言底演变""语言与文化""特种语言与社会"和"语言国家主义与国际主义"等九节。

(3)版式

从版式看,该书采用当时所习见的"右侧竖行左开本"。书中人名、地名、机构名称左侧用竖行实线标明,人名、地名和重要外来术语后附外文置于括号内,外文均顺排,数字均用汉语式拼写;著作名称左侧用曲线标明,有的在括号内注出英文名称,有的则归入篇末注解。前两章均以一则名人名言开篇,第三章则以"译者按"开篇,说明文章出处和原作者的基本信息。书中有夹注若干,大多出现在第三章,均以"按语"形式出现,有的用"译者按"标示,有的没有标示,但内容大致雷同,或说明原文本信息情况,或进一步介绍特定知识点的相关内容,或举汉语例证说明和补充原文论点,等等。有关译文夹注按语的情况,可参见本书33页、34页和37页等。除了夹注外,本书还有篇末注,主要出现在第一、二章,以①形式在正文相应处标明,按章内顺序置于篇末,有的提供相关著述的出处信息,如12页注②;有的提供所涉及内容的参考页码,等等。

本书标题比较有趣,第一、二章较单一,都是章下设节四到五个,第三章则略显复杂,章下设节,节下以甲、乙、丙、丁为序排列,再下则子、丑、寅为序,其下以1、2、3为序排列。虽是如此,但也出现了第四节("语言底功能")乙中1、2、3项与第五节("语言底分类")甲中子项下1、2、3各小项间的不协调现象。

(4)内容特色

从内容看,该书以现象——语言文字事实(第一、二章)为切入点,再以语言学理论(第三章)答疑解惑的典型文本。第一章参考了弗雷泽《金枝》(*Golden Bough*①,1890)的框架,阐述巫术(好巫术和恶巫术)作为一种人类社会习俗,及其存在的因由、使用的种类和历史地位;第二章参考马林诺斯基、弗雷泽、欧格登和瑞恰慈等人的理论观点,阐述语言文字在人类社会中被赋予的魔力现象及其在生活中的具体体现,从而产生了语言的禁忌现象;第三章翻译萨丕尔的文章《论语言》,从语言学理论的角度阐述使用中的各种语言现象、现象背后的成因、语言与文化的关系、语言历史的变迁以及语言与国家政治间的关系等。此外,在第三章结尾处,该书还探讨了当时国内外轰动一时的国际语问题,与孙伯坚转译的《言语学与国际语》(1935)遥相呼应。

从语言学角度看,该书是最早考察语言在社会巫术中使用的语言学著作,是国内较早关注语言社会层面的专著。尽管篇幅不大,该书却涵盖了当时语言学研究的主要内容,可以说是萨丕尔《语言论》(1921)的浓缩。

(5)译介与类属

如上所述,该书第一章参考了弗雷泽《金枝》的框架,第二章参考了弗雷泽、马林诺斯基、奥格登和瑞恰慈等学者的观点写成,第三章据美国人类学家兼语言学家萨丕尔的《论语言》直接译成。因此,本书前两章属于编写的范畴,第三章属于翻译的范畴。

就该书的整体构成而言,作者先摆出人类社会中的语言文字使用现象,然后运用语言学理论解释语言的使用问题,这样的布局谋篇属于"编"的范畴。该书最后一章的"翻译"与该书前两章和

---

① 《金枝》初版于1890年,到1926年,共有近10部。1922年的两部分别讲"禁忌语与灵魂的危险(Taboo and the perils of the soul)"和"东方宗教史(Adonis Attis Osiris)",1923年版讲的是"将死的上帝(the dying god)",1925年版讲"替罪羊(the scapegoat)",1926年版讲"巫术与国王更替(the magic art and the evolution of the kings)",等等。李安宅在1931年编译《金枝》以《交感巫术的心理学》为名在商务印书馆出版,该书也叫《交感巫术》,分四章:"巫术的原理""感致巫术""染触巫术"和"术士底进步"等。

整体布局中的"编",构成了该书的译介类属——编译,即将翻译文本或部分翻译文本按照写作者的意图或读者的需要,经特定的编排组成书稿。

这种写作方式的好处在于:为读者提供最新资讯;便于写作者布局谋篇;有利于整合分布的信息;修正、解释和补充原文本中的相关信息方便读者阅读等。其缺点为:不利于保持原文本信息的完整性,例如在本书第一、二章中,读者无法领略弗雷泽、马林诺斯基、瑞恰慈和奥格登等的理论著作,看到的只是"马赛克式"的组合。

编译作为一种译介外来思想的方式,是在引进相关理论初期产生的,是时代需求的产物,至今仍在相关领域得以广泛使用。

(6)对中国普通语言学的贡献

纵观中国语言学史著作,只有石安石在阐述20世纪中国普通语言学发展过程中的"语义学"著作时,顺便谈了李安宅《巫术与语言》的成书过程和内容构成,而对其历史地位和贡献却没有提及。

从中国语言学史的角度看,该书率先将人类社会中的巫术现象与语言学理论相结合,是中国第一本从社会语言现象到理论解释为脉络的语言学著作,也是第一本译介美国语言学家萨丕尔语言学理论的著作。若以成书的历史作为评判的依据,该书前两章(《语言底魔力》,1931)是中国最早介绍马林诺斯基、奥格登和瑞恰慈等人有关语言意义观点的著述。因此,该书在引进萨丕尔语言学理论思想和推动马林诺斯基、奥格登和瑞恰慈等人有关语言意义研究的思想方面具有重大的史学价值。

2.《比较语音学概要》(1930)文本分析

20世纪30年代初期,刘复借其在法国留学的经历,翻译出版了《比较语音学概要》一书,除了旨在"指示出一种方术来,使人说好外国语"(1930:3)外,也为国人引进了国外普通语音学理论和方法。这本书是刘复(刘半农)根据法国语音学家帕西(P. E. Passy)于1912年出版的《欧洲主要语言语音比较概论》(*Pétite phonetique comparée des principales langues europeenes*)翻译而成的,是20世纪上半叶中国第一本论述西方语音的专著,对中国早期的现代语音学研究具有重要的贡献,因而,值得我们对其加以专门的研究。

(1)《比较语音学概要》体例和结构

《比较语音学概要》采用了左开横排的现代编排体例,由序言(赵元任撰写)、目次和正文组成。序言交代了原作者帕西的学术背景、该书的背景和译作者的学术背景;正文由"引言:本书之趣旨""语言之构成""语言中的节落""音之长短""音素之研究""子音、母音、声音的结合"和"法语、英语、德语诵读专项"等组成。

书中有夹注若干,主要是译者按,置之于括号内,以译者按标示(参见1930:29,193,197,198等);原作者的解释性文字,皆以小字号,置于相关段落之后;有关语音学相关的术语,译文后辅以法文原文术语,置于括号之中。书的印刷和编排体例,除了繁、简体的区别和个别术语的老化外,其他与当今著作,无大区别,不影响读者的阅读理解。书中大多语音学术语,仍为今日语音学所沿用,可见,赵元任在序言中的评论,即"这部书有刘复先生译也是这书的运气,因为刘先生既是精通语音学理的学者,又是一个意到笔随的新文学者,所以在译述中非但不失本书讲论的明晰,而又能把原来的风趣的地方都写得一样得神"(1930:iii),并非虚假之言。

(2)对中国现代语音学的贡献

从宏观角度看,《比较语音学概要》是中国较早的专门以欧洲语言为主的语音学专著,在引进国外普通语音学理论和方法方面,特别是具体语音比较研究方面的理论和技巧,不但具有开创之功,而且对昔日国人以中外比较的方式研究国语语音具有指导作用。从微观角度看,《比较语音学概要》一书引进了"万国语音学会"(国际语音学会——笔者注)所制定的标音原则,并且以具体的语音现象演示了国际音标的使用,还引进了至今尚在通用的语音学术语,对中国语音学的发展,具有构建性的作用。

这些术语可分为五个类别来呈现,即语音类别、发音位置、发音方式、发音器官及语音学和音韵学原理。由于自胡以鲁的《国语学草创》(1912)开始,发音器官的术语基本上没有太大的变化,所以本书不做论述。

语音类别主要是以"母音"和"子音"这一对术语来发展的,母音可分为半母音(1930:182)、中母音(1930:200)、鼻母音(1930:215)和弱母音(1930:219)等;子音可分为气子(1930:33)和声子(1930:33—34)两种。从发音位置来说,当前仍在应用的有鼻音(1930:137)、边音(1930:137)、流音(1930:137)、唇音(1930:138)和舌音(1930:138)等;从发音方式来说,则有乐音(1930:17)、噪音(1930:17)和摩擦音(1930:137)等;就语音与音韵的原理角度来说,有音质(1930:18)、音节(1930:52)、音素(1930:i)、共鸣(1930:29)、重音(1930:54)、同化(1930:153)和逆同化(1930:248)等。

上述术语中,有的为中国普通语音学研究所袭用,如鼻音、边音、流音、唇音、舌音、乐音、摩擦音等;有的为汉语语音学研究所沿用,如母音、子音、气子和声子等;(吴朗,1957:18)有的为普通语言学所用,如音素、音节、重音、同化等;还有的术语汉语色彩极浓厚,为文艺界所袭用,如母音、子音等。(尚家骧,2003:341)

可见,《比较语音学概论》是一部研究语音学的重要参考书,(徐瑞岳,1990:184)对现代语音学知识在中国的传播起了重要作用(叶蜚声,1988:306)。

(3)对中国普通语言学的贡献

从普通语言学视角看,语音学作为现代语言学的一个重要的部门,在中国的建立和发展过程中,《比较语音学概要》曾起到重要的作用,特别是在中国昔日语言学的大本营北京大学用作教材,对引进和传播现在语音学理论、方法和术语,起到了至关重要的作用。

同时,原作者在写作《比较语音学概要》的过程中,以普通语言学的视角为出发点,考察欧洲主要语言的语音特点,引入了几个重要的普通语言学术语,如语音学、语言学、句法、音素、音节等。

语音学和语言学两个术语,虽早已引入,但译名略有不同,有的因受日本和汉语音韵传统的影响,把语音学称为音声学或声音学(如沈步洲,1931:4;孙伯坚,1935:21);有的因受日本语言学研究的影响,把语言学称为语言文字学;有的称为语言学(如胡以鲁,1912:23;乐嗣炳,1923);有的因受日本语言学研究的影响,把语言学称为言语学(如王古鲁,1930:1;沈步洲,1931:1等)。刘复受到法国语言学研究的影响,直接翻译成语音学和语言学。从学科发展史的角度看,这两个术语的译介,经受住了时间的考验。

音素与音节两个术语,也早有译介。胡以鲁在《国语学草创》(1912:102,108)中,论述国语语音时,就已经运用了这两个术语,而且音素没有附列外文术语,说明这个术语已被广泛使用。刘复所根据的是法文,把rythme(诗之节奏)翻译成"音节"与"诗律"互用(1930:76),而把与"音节"对应的syllabe翻译成"切音"(1930:59,92),但因在具体的语境中使用,还不至于使读者产生误读。音素是赵元任先生在序言中,译介的一个语音学术语,且这个术语在《国语学草创》中业已出现,应该问题不大。

句法的法语对应词是"syntaxe",据现有文献看,"句法"这一术语是刘复率先译介的。在讨论音节(诗律)的调节功能时,作者认为:"因其是语言的本能中的一件事,所以句法(syntaxe)上和文法的变化(flexion)上,不免要受到它的一些影响。"(刘复,1930:77)从引文可以看出,"句法"与"文法"是指不同的语法现象,前者指句子的结构章法,后者指语言现象中的语法层面,包括的范围更为广泛,英文中用grammar称呼。尽管"句法"这一术语及其所指的研究范围,早已存在,但直到20世纪50年代后期,美国语言学家乔姆斯出版以《句法学》命名的专著,方才得以兴盛起来,中国也随之应用起来。

仅从"句法"这一术语的译介而言，刘复对中国普通语言学发展的贡献，足以引起国人的注意。

(4) 结语

从语音学角度看，该书的译介对中国现代语音学的发展，具有建构作用；从中国普通语言学的角度看，刘复的译介为普通语言学中的句法学引进了学科译名，具有开创之功；而从语言学史的角度看，刘复的译介对中国普通语言学的建立和发展，更是具有引领之功劳。

六、术语引进

20世纪上半叶，中国语言学家经由日本、英国、法国、瑞典、丹麦等国语言学家的著述引进国外普通语言学理论的同时，译介了普通语言学的学科术语，为中国普通语言学的建立和发展奠定了术语基础。

这些术语范围广泛，上到普通语言学的学科称谓，下到各分支学科的学科名称和基本指称术语。譬如，自章太炎开始，语言学就有了"语言文字学""国语学""语言学""言文学""博言学""语文学""言语学"和"普通语言学"等学科称谓。其中，"语言文字学"是章太炎经在日本受到欧美语言学思想的影响，反思中国语言学发展现状，自行创立的语言学称谓，后由备受日本语言学影响的"国语学"所取代，而后偶尔出现对译西方 philology 的"言文学""博言学"和"语文学"，可这三个术语终究没能占据主导地位，而是由颇受日本影响的"言语学"独享学科名称达数年之久，最终才回归今日通用的"语言学"和"普通语言学"。通过文献考察，我们发现，胡以鲁《国语学草创》(1912)业已出现"语言学"(1912：23)和"一般语言学"(1912：92)的学科名称，其后又有乐嗣炳(1923)、刘复(1930)、张世禄(1931)、李安宅(1934，1936)、周辨明(1945)等使用这一学科术语，奠定了今日"语言学"的学科称谓。

分支学科的称谓中,有的早在胡以鲁(1912)之前业已引进,如"声音学"和"音声学",到20世纪30年代分别被"语音学"和"音韵学"所取代;有的在20世纪30年代引进,因各部著作的影响程度及其涉及的层面不同影响程度也各异,如"句法学""形态学"和"意义学"等。对中国语言学来说,这些术语及其附带理论思想的引进至关重要,但仍处于学科建立的萌芽阶段。有关学科术语的引进流变及其相关思想,详见下文。

七、语言学术语的流变

以上节论述为基础,本节以语言学称谓、语音研究术语、句法与形态研究术语、意义研究术语和语言类型术语为类别梳理语言学术语的历史流变,找出各自译介的历史根源,为中国语言学术语的发展提供史料佐证。

1. 语言学称谓流变①

现代语言学英文称谓的演变大体上经过 language studies(语言研究)、language science(语言科学)、linguistic science(语言科学)、philology(语文学)、linguistics(语言学)和 general linguistics(普通语言学)等互相交叉的阶段。其中,语言研究萌芽于古希腊,柏拉图和亚里士多德运用范畴划分词类,到斯多葛学派以后的语言研究成为日后语言科学的基础和萌芽;16世纪以后,特别是借用达尔文生物进化论观点之后,语言研究才真正地成为科学,人们开始把以前专门研究古代经典著作的语言研究划入"语文学"范畴;18世纪以后,欧洲学者开始对以印欧语为中心(特别是在发现古印度的语言学经籍之后)的各门语言发生兴趣,成为现代语言学的开端;到20世纪初,索绪尔等的普通语言学著作成为现代语言学和普通语言学正式建立的标志。

---

① 本节主体内容曾以《20世纪上半叶西方普通语言学术语的译介与衍变》为题,发表于《语言学研究》第11辑(高等教育出版社,2012)。

中国语言研究可分为传统和现代两个阶段,传统的语言研究对象为"小学",涵盖文字、音韵和训诂。1906年章太炎提出"语言文字学"结束了传统的语言研究,开始了现代语言研究的阶段。现代语言研究的学科术语是西方语言学的舶来品与中国传统语言学术语相结合的产物,其译介和产生受到日本语言学术语影响极大。

就西方语言学称谓的译介而言,中国引进西方普通语言学称谓主要围绕着philology、linguistic science、linguistics和general linguistics等展开。philology的对译有"语言文字学""博言学""言语学""语言学""语文学"和"言文学"等,后三者的对译基本上以"国语学""言语学""语言学"和"普通语言学"为主。这些术语的具体分布参见表3.14。

章太炎早年避难日本,受到国外语言学思想的影响,反思中国传统语言学的弊端,提出现代的学科名称"语言文字学"(章太炎,1906),与西方的philology相对应。其后,章门弟子胡以鲁留日归来出版《国语学草创》(1912),引进"国语学""言语学""语言学"和"一般语言学"等学科术语,但并未有与philology相对应的学科术语,反倒是乐嗣炳在《语言学大意》(1923)率先将其译为"语言学"(1923:1),后有水夫《人怎样开始讲话》(1949)中出现同样的译名,不免混淆philology与linguistics的对译;章士钊在翻译德国学者师辟伯《情为语变之原论》(1930)时,引进日本19世纪80年代的学科术语"博言学"(章士钊,1930:1),为首次出现"博言学"的称谓;王古鲁、雷通群和沈步洲先后将这一术语翻译成"言语学"(参见王古鲁,1930:1;沈步洲,1931:1;雷通群,1934:67),与linguistics对译的"言语学"重复,是为误译;岑麒祥《历史言语学中之比较的方法》(1935)①将其翻译为"语文学"(岑麒祥,1935:162),为首次出现这一译名,并得以沿用至今;周辨明和黄典诚《语言学概要》(1945)将其翻译为"言文学",较为罕

---

① 该文后来单独成书,此处为文章。

见。其中,"语言学"译名出现 2 例(乐嗣炳,1923:1;张世禄,1931:1—10),达 16 次,20 世纪 30 年代后已无人使用;"言语学"译名出现 3 例(王古鲁,1930:1;沈步洲,1931:1;雷通群,1934:67),达 26 次,1934 年后无人使用这一对译;译名"语言文字学""博言学""言文学""语文学"各一例一次,且只有"语文学"得以至今沿用。

表 3.14　philology 和 linguistics 术语译介流变

出处	philology 译名	linguistics 译名	出处	philology 译名	linguistics 译名
章太炎(1906)	语言文字学 p. 1		林语堂(1931)		语言学 p. 224
胡以鲁(1912)		语言学 p. 92	李安宅(1934)		语言学 p. 12
乐嗣炳(1923)	语言学 p. 1		雷通群(1934)	言语学 p. 67	言语学 p. 67
方光焘(1928)		言语学 p. 412	孙伯坚(1935)		言语学 p. 10
章士钊(1930)	博言学 p. 1		岑麒祥(1935)	语文学 p. 162	言语学 p. 147
王古鲁(1930)	言语学 p. 1		李安宅(1936)		语言学 p. 45
刘复(1930)		语言学 p. 70	张世禄(1937)		一般语言学(序 5)
沈步洲(1931)	言语学 p. 2	言语学 p. 2	周辨明(1945)	言文学 p. 17	语言学 p. 5
张世禄(1931)	语言学 p. 1	言语学 p. 4			

将 linguistic science 译为"言语学"者居多,如方光焘(1928:31),也偶有译为"语言科学"的,但不常见。就 linguistics 的译名

而言，其译名主要集中在"言语学"和"语言学"，共有译名13例，达18次，其中"言语学"出现6例（7次），"语言学"出现7例（11次），1936年前两者交叉分布，1936年后只用"语言学"这一称谓。此外，尚有一例为"一般语言学"（胡以鲁，1912：92）应为general linguistics的译名，相当于今天的"普通语言学"。

源自日本的学科称谓有"语言文字学""国语学""博言学"和"言语学"等。"语言文字学"是章太炎经日本接触西方语言学理论思想后独自提出的，而"国语学"是由胡以鲁从日本译介过来的，指对"国语"的研究。在日本，国语指"与'汉语'对应的'国语'，也就是'和语'，即是指一个建立在词范畴之上的概念。再有就是用作英语language的译词，作为普通名词使用"（潘钧，2007：28）。该术语在奈良时期出现萌芽，江户时代奠定学科基础，明治时期正式出现，由大槻文彦首次使用，上田万年[①]等人发展为具有民族意识形态的语言研究理念，并建立独立的学科。根据北大潘钧（2007）一文，"国语学"侧重于古代日语在内的日语整体研究，注重日本国语学史上学者代代相袭的考据研究，还可能曾经受到汉语的影响。"国语学"的研究路数与昔日汉语的研究路数颇为相近，容易为广大国人接受，构成胡氏引进该术语的前提条件。

2. 语音研究术语流变

古代印度人的语音学很发展，已经达到了非凡的高度。印度人坚信，吠陀圣典只有用完美无瑕的语音形式表示，才能体现出其奇异的宗教职能。这种情况使他们追求语音的准确性，推动印度语音研究。"印度的语音学家根据生理原则，不仅细致地描写了各个音的发音动作，而且创造了正确的语音分类原则。古代印度的语音学家区分出元音和辅音、闭塞音和摩擦音、半元音、长

[①] 日本语言学的奠基人上田万年早年在德国莱比锡学习语言学，于1886年回国当年，在当时的东京帝国大学创立"博言學"科，引进西方语言学思想。1898年左右，该学科改称"言語學"（Gengogaku），得以广泛沿用。

音和短音、音节、音的熔合（连接音变），这要比希腊人早得多，他们非常注意每个单音在语流中的相互影响。在描写单音时，他们区分了发音部位和发音的器官。在描写元音时，表示出各个发音器官接近的不同程度，在描写辅音时，说明其熔合的情况。将发音器官分为舌根、舌中部和舌尖。古代印度的语音学家已经接近建立音位的概念，他们用'sphota'这一术语，表示起符号作用的音，以区别于言语中的音，这与现在音位和音素这两个概念的区分是一致的。"（杨余森 1985：4）

古代印度人的语言学著作影响了邻近国家的语言研究。早在纪元前，印度的语言学通过波斯业已为古希腊人所熟知。通过佛教的传播，印度的语音和语法学说传入中国，影响了中国诗歌的韵律和语言的音韵研究。公元11世纪末，古代印度的语言研究思想传至欧洲，欧洲学者将欧洲主要语言中的词汇成分和语法结构与印度语言比较。语音比较层面的发起者为英国的东方学家威廉·琼斯（William Jones，1746—1794），他发现梵文与古希腊语、拉丁语等具有近亲关系，凭借直觉建立了印欧语比较语法的基本原理，开始了历史比较语言学的研究。

清末民初，许多中国学者去日本避难或留学，接触到日本语音研究①的学问，将其介绍回国，并与中国传统的"音韵"结合，分析汉语的语音现象。其中著名者为章太炎、胡以鲁、高元等，成为中国当时绝大多数语音研究术语的始发源头。

本书将语音研究术语流变的讨论分为两组：一为语音研究的学科称谓，一为语音研究单位。前者有声音学、语音学、音声学、音韵学、音系学等，根据其各自英文对应术语可分两类：phonetics 的译介称谓（声音学、语音学、发音学等）和 phonology 的译介称谓（音声学、音韵学、音系学等）；后者有音位和音素。

---

① 日本语言学奠基人上田万年在 1926 年创立"日本音声协会"，并亲任会长，成为日本语音研究和国语学研究的中坚力量，为日本近现代语言研究做出大量开创性的工作。其中部分语音研究的概念和术语被旅日学者介绍回中国。

(1)语音学科称谓流变

phonetics 的汉译名有声音学、语音学、国音学和发音学,其中"声音学"出现最早,"语音学"和"国音学"次之,"发音学"最晚。早在清末的《奏定大学堂章程(附通儒院章程)》(1904 年 1 月 13 日)有关英国文学门科目补助课中就列有"声音学",修习规定为:第一年每星期为 2 个钟点、第二年每星期为 3 个钟点、第三年每星期为 2 个钟点(璩鑫圭、唐良炎,1991:357—358)。1919 年黎锦熙在《国语学讲义》中论述了"声音学"(1919:15),可能是最早的专门文献之一。此后,沈昌直在《国学论衡》第二期(1932)发表《声音学与整理古籍》一文,论述了声音学在整理古籍中的作用。江谦的《声音学演讲录》收在《高中国文》(1935)第六册 32—41 页采用这一术语。之后,孙伯坚在转译《言语学与国际语》时,也用了"声音学"(1935:21)这一概念,为 20 世纪上半叶中国普通语言学典籍中最后一个使用这一术语的著作。这一术语的产生受日本影响极为深远,早在光绪年间,中国政府就曾多次派大臣出使日本考察教育情况,当时大学的各种规章制度都是从日本翻译过来的,各种学科术语受到日本影响实属情理之中。

黎锦熙在《国语学讲义》中引进"比较语音学"(1919:21)概念,为最早提出"语音学"术语者,随后刘复在翻译法国帕西著的《比较语音学概要》一书时,也采用了"语音学"(刘复,1930 年版序),之后张世禄(1931:7)、李安宅(1936:34)和周辨明(1945:48)均采用了这一术语,并沿用至今。

几乎与"语音学"这一术语的出现同时,国内以研究汉语语音为主的学者提出"国音学"。1919 年范祥善编了一本小册子《国音浅说》,可能是首次运用"国音"这一术语。次年,易作霖编著《国音学讲义》(商务印书馆,1920)、廖立勋编著《实用国音学》(商务印书馆,1920)等。1922 年高元著《国音学》是同时期影响最为广泛的一本,为王古鲁(1930)、沈步洲(1931)等引用和参考。之后,偶有著作问世,但影响大多不及高元的《国音学》。

表 3.15　phonetics 术语译介流变

出处	phonetics 译名	出处	phonetics 译名
奏定大学堂章程(1904)	声音学	刘复(1930)	语音学(序)
黎锦熙(1919)	声音学 p.15 比较语音学 p.21	张世禄(1931)	语音学 p.7
范祥善(1919)	国音	林语堂(1931)	发音学 p.228
易作霖(1920)	国音学	沈昌直(1932)	声音学
廖立勋(1920)	国音学	江谦(1935)	声音学 p.32
高元(1922)	国音学	孙伯坚(1935)	声音学 p.21
后觉(1922)	发音学	李安宅(1936)	语音学 p.34
汪怡(1924)	发音学 p.1-2	周辨明等(1945)	语音学 p.48
王古鲁(1930)	发音学 p.6		

与前三者比较而言，"发音学"出现得最晚，其使用寿命也相对较短。后觉编著的《国语发音学》(中华书局，1922)为现有文献中首次运用"发音学"术语的著作，1924 年汪怡的著作《国语发音学》，系统地定义了"发音学"(1924：1—2)和"国语发音学"(1924：2)，详细地阐述"发音学的功用"(1924：3—4)，进而运用发音学理论阐述国语的语音现象。1930 年王古鲁据日本安藤正次《言语学概论》编译出版了《言语学通论》，书中采用了"发音学"这一术语，是中国普通语言学文献中首次使用这一术语的著作，而林语堂《语言学论丛》(1931：228)中的《研究方言应有的几个语言学观察点》是 20 世纪上半叶中国普通语言学典籍中最后一个使用这一术语的普通语言学著作。

综上所述，在语音学术语产生的初期，该学科的译名异常混乱，大有四个术语瓜分天下的局面。"声音学"为早期袭用日本的学科名称，随着日本归来学者势力的渐逝，使用频次不断降低；"语音学"为中国学者自己翻译、订立的学科名称，因使用这一术语的著作影响力不断增大,这一术语得以广泛流传,沿用至今;"国音学"也是沿用日本传统国语研究派的学科术语,采用曾经从中国借用的传统方法研究国语的语音系统,国内学者借用了这一术语及其研究思路研究汉语的语音系统,但随着国语、国文和国音在语言研究中地位的不断变化,这一术语的使用也越来越少;"发音学"是就语音的发生来命名的,具有一定的学科意义,在20世纪30年代有不少的书籍以"英语发音学""俄语发音学""法语发音学"等命名,今日仍偶有使用,特别是在台湾地区。

phonology的汉译术语有音声学、音韵学、音位学和音系学等,其中"音声学"出现最早,"音韵学"次之,"音系学"最晚。

"音声学"早在胡以鲁(1912:13)和1912年北京大学课程一览表"文学门言语学类"的课程设置中(参见北京大学档案馆文献编号0001912)早已有之,系借用于日本的学科名称。随后,这一术语曾出现于王古鲁(1930:4)、雷通群(1934:75)、孙伯坚(1936:50)等,此后,它便在中国普通语言学典籍中销声匿迹,反倒是在医学教科书中偶有发现,如:高世明等《现代医院诊疗常规》(安徽科学技术出版社,2002)的第十二节"临床音声学"(2002:933)。

音韵学在中国传统语言学中早有雏形,只是借鉴中国音韵和国外现代音韵学原理进行了重新整合,但指称现代的音韵学原理略晚于源自日本的"音声学",是沉沉在《音韵学》(江苏东台,1919)首次使用的,继而有张世禄的《音韵学》(商务印书馆,1932),然后林语堂在《研究方言应有的几个语言学观察点》(1931:228)中借用西方现代理论继续推进了这一术语的使用,随后李安宅在《巫术与语言》(1936:37)和周辨明等(1945:49)再次从普通语言学角度论述这一学科原理,对日后的传播和推广起了奠基作用。

"音位学"和"音系学"并非是20世纪上半叶中国语言学的产物,而是产生于20世纪80年代至90年代之间。就"音系学"而言,薛凤生在《北京音系解析》(北京语言学院出版社,1986)中首次使用这一术语,1991年王理嘉在《音系学基础》中正式运用"音系学"这一学科名称,随后北京大学王洪君发表《Morris Halle 与生成音系学》(《国外语言学》,1992年第2期)和《生成音系学的形成和发展》(1994)介绍了国外音系学的新发展,为今日音系学这一术语的广泛使用打下基础。此外,由于大多数人把"音位学"与 phonematics 对应,过去有人把 phonology 译为"音位学",不免产生语音研究中术语的误读行为。

表 3.16 phonology 术语译介流变

出处	phonology 译名	出处	phonology 译名
胡以鲁(1912)	音声学 p. 13	李安宅(1936)	音韵学 p. 37
1912年北京大学课程一览表	音声学	周辨明等(1945)	音韵学 p. 49
沉沉(1919)	音韵学	薛凤生(1986)	音系学
王古鲁(1930)	音声学 p. 4	王理嘉(1991)	音系学
张世禄(1932)	音韵学	王洪君(1992,1994)	音系学
雷通群(1934)	音声学 p. 75	高世明(2002)	音声学 p. 933
孙伯坚(1936)	音声学 p. 50		

可见,中国现代音韵学研究的历史就是中国通过日本间接引进和从西方直接引进现代语言学思想的历史,而20世纪上半叶的语音研究则是从借鉴日本语音研究开始的。

(2)语音研究单位术语流变

音素和音位的概念分别为英文术语 phone 和 phoneme 的汉译名。较之 phoneme 而言,phone 出现较早,而且两者在中国译介的情况也大致如此。phone 的译介出现较早,胡以鲁(1912)业已出现,分别译为"音素",而 phoneme 的译介则迟至李安宅(1936)才出现,分别译为"音系单位""音位""单音类"和"音和"等。

胡以鲁在论述国语的"音"时,认为"谐声亦然,曰某声者音素,而其所从者意标也。……不惟意也,音亦共通。如齿止声,舜之舛亦声,金禽今声,是象形亦兼音素也"(胡以鲁,1912:108),从而引进了与英文 phone 对应的汉语概念。十余年后,赵元任在刘复翻译的《〈比较语音学概要〉序言》中采用了这一术语,在刘复译本中也有讲述"音素之研究"(刘复,1930:134)的专门部分,为今日的定名打下了基础。但张世禄在翻译英国语言学家弗斯的 *Speech*(1930)时却运用"单音"(1937:28)来对应 phone 这一术语,以"单音类"(1937:34)来对应 phoneme,可能与汉语固有的语音研究术语关系甚大,可这种对应关系在 20 世纪上半叶的其他文献中尚未发现,影响十分有限。

表 3.17　phone 术语译介流变

出处	phone 译名
胡以鲁(1912)	音素 p.108
刘复(1930)	音素(序言)
张世禄(1937)	单音 p.28

　　phoneme 在中国的译介始于李安宅编译的《巫术与语言》(1936)。在论述《语言底一般属性》时,李安宅在按语中具体地讲述与 phoneme 概念有关的知识:"一种语言所有的音,凡能听见者都按感觉分别出来,是语音学(phonetics)底使命。但一切音不一定有同等价值,如中文底霸与怕,只承认呼气与否(aspirated or not),至于是否有声(voiced or not)与发音轻重(lenxis or fortis)则非所计。然 b,p 二母在其他语言中,如法文,则与中文底分别标准大异。所以分别何种音在一种语言中为必要的单位,何者为无关大体,乃是就该系语音而加检讨的工夫,为音系单位学(phonemics)底使命。这单位叫作音系单位(phonemes),以别于纯感觉上的声音单位。音系单位底形容词是 phonemic,还是不甚老的字。在研究的次第上,先记一切听得见的音,然后进一步来规定内中有用的音系单位。"(李安宅,1936:34)

表 3.18　phoneme 术语译介流变

出处	phoneme 译名
李安宅(1936)	音系单位 p. 34 音位(sound unit/phonetic relations) p. 34—35
张世禄(1937)	单音类 p. 34
周辨明(1945)	音合 p. 40

尔后，李氏认为，"语言实不只一套发得出的音，语言有意义的组织，乃在对于一定数量的音位(phonetic relations 或 sound unit)有不自觉的选择工夫"(1936：34)，如若按照 phoneme 系音位学中的最小语音单位来计算，似乎被注释为 sound unit 的"音位"更适合作为 phoneme 的对应译名。不管是"音系单位"还是"音位"都是国内语言学界首次译介这一语音研究的概念术语。次年，张世禄翻译英国语言学家弗斯的第一部普通语言学专著《语言学通论》(1937)，书中张氏将 phoneme 译为"单音类"，与译为"单音"的 phone 相呼应，但因传播不广，影响有限。继而，在《语言学概要》(1945)中，周辨明和黄典诚将 phoneme 译为"音和"(1945：40)，尽管本书于 1980 年代再版发行，但该术语的影响不及上述的"音位"和"单音类"。

就上述的译名而言，有的受日本语音学影响，如胡以鲁译介的"音素"；有的是直接翻译自西方现代语言学文献，如李安宅译介的"音位"和"音系单位"；有的则受到中国传统汉语音韵学研究的影响，如张世禄提出的"单音"和"单音类"。这些译名在中国语言学的发展中都曾发挥一定的作用，而它们在中国语言学中的存留是自然取舍的结果。

3. 形态与句法研究术语流变

早在古希腊时代，形态与句法的研究就已存在，其出现的顺序为先形态后句法。据英国语言学史家罗宾斯的考察，"后来的希腊语语法研究，都是对狄奥尼修斯在《读写技巧》一书中归纳出来的语法描写加以发展，或者是对书中的某些段落加以注释。从现代语言学的角度看,该书的主要不足是尽管使用了 syntaxis(句法)这一术语,而且书中的某些定义也部分地涉及句法分析,但是没有任何专门讨论句法的章节。对句法进行广泛论述的,是公元 2 世纪在亚历山大里亚从事研究的阿波洛纽斯·狄斯考鲁斯"(Robins,2007:46;许德宝等,2004:48)。可见,古希腊时代不但提出了"句法"的概念,还从事了专门的研究且已经达到了一定的规模和高度,只是关注语法修辞层面多些,与 1957 年乔姆斯基所提出的"句法学"具有很大不同。

形态学术语 morphology 译介到中国始于胡以鲁的《国语学草创》(1912)。胡氏在论述语法形成和变迁时,将 morphology 译为"形变"(胡以鲁,1912:68),未做过多阐述。之后,乐嗣炳在阐述《语言底分类》时运用了"形态分类法"(1923:21)这一术语,提出了"形态"的译名。王古鲁(1930:178)和张世禄(1931:40)都采纳了这一译名。1931 年林语堂在《语言学论丛》中讲到《研究方言应有的几个语言学观察点》时,提"形态学"这一术语(1931:232),为今日"形态学"的定名奠定了基础。后来,雷通群在《言语学大纲》中讲到语言分类的话题时,把 morphology 翻译为"语形"(1934:134),为后世语法研究中的"语形变化"奠定了基础。

表 3.19 morphology 术语译介流变

出处	morphology 译名	出处	morphology 译名
胡以鲁(1912)	形变 p.68	张世禄(1931)	形态 p.40
乐嗣炳(1923)	形态 p.21	林语堂(1931)	形态学 p.232
王古鲁(1930)	形态 p.178	雷通群(1934)	语形 p.134

此外,李安宅在《巫术与语言》(1936:37)引进"字素"(morpheme)的形态学术语,该术语今译为"词素""语素"等,其汉译尚未得以统一。

根据现有文献,傅东华《文法稽古篇》(1939:24)是国内第一篇论述有关 syntax 译名的文献,该文对 1939 年前国内 syntax 的译名加以归纳，并梳理中国的文法衍变史。据傅氏所言，早在1898年马建忠在《马氏文通》中已经引进 syntax 的思想，译为"句读"，之后黎锦熙译为"句法"。"句读"应为中国传统语言学所固有，马氏采纳传统术语指称西方现代语言学中的 syntax。① 因此，我们以为句法学术语 syntax 的译介始于马建忠。但在现有文献中，尚未寻得黎锦熙所译"句法"的出处，如果是《国语学讲义》(1919)或《新著国语文法》(1924)，那么，黎锦熙的"句法"就是中国语言学界首次引进这一译名，而如果该术语出自《比较文法》(1933)一书，那么，"句法"译名很可能是沿袭于刘复的译名(1930：77)。

章士钊在《情为语变之原论》(1930)的译名对照表中将 syntax 译为"脉络"。同年，刘复在《比较语音学概要》中将其译为"句法"(1930：77)，很可能与黎锦熙的译名存在沿袭或借鉴关系，不论谁借鉴了谁的译名，该译名都为日后的定名奠定了基础。这一译名在李安宅(1936)和周辨明(1945)中得到沿用。张世禄在《语言学原理》(1931)和《语言学通论》(1937)中将 syntax 译为"措词"(1931：40)，尽管二书在当时具有一定的影响，但这一译名毕竟没有得到普及。此外，傅东华(1939)用"文法"指代章太炎的"辞例"和西方的"字类"，主张 syntax 的译名应为"辞例"，并深入分析了这一观点②。

我们还发现，同一术语的译名在同一作者不同年代的著作中有所不同。譬如，李安宅在1934年将 syntax 译为"文法"(1934：5)，之后，又改译为"句法"(1936：58—59)，可见，李安宅在这

---

① 句读乃中国固有之术语，有关详细内容以及黄侃对马建忠有关句读观点的评述，参见黄侃《文心雕龙札记》，北京：中华书局，2014年，第111—117页。

② "文法"者，章氏炳麟谓之为"辞例"，是也(见《检论》卷五"正名杂义"，1915)。盖文法之主业，厥为诠辞，而其所谓法，实亦不过例而已。然辞例之立，有待乎字类之分，今各国文法，皆分"辞例"(Syntax)、"字类"(Parts of Speech)为二部，此例殆不可破，故本篇仍以"文法"之名盖其全(傅东华，1939a：21)。上述引文除了陈述辞例与文法关系及作者的文法观外，还映射出章太炎在"正名杂义"中所引进的"辞例"这一事实，但该术语是否与 syntax 对应，尚待查证。

两年中对该术语产生了新的认识。此外,同一术语在同一部著作中出现两种译名的现象。譬如,王力在《中国语法理论》上册的《中国语法学的途径》部分阐述西方语法定义①时,将 syntax 译为"造句法"(1944:8),尔后在章末注释中又强调该术语应该译为"结合法"②,只有这样才符合语法中词和词层面结合的规律。周辨明和黄典诚先将 syntax 译为"句法"(1945:76),而后又译为"排列法"(1945:132),这种现象很可能是两人合译过程中术语没有统一造成的,也可能是受到时代惯用法的局限。

表 3.20　syntax 术语译介流变

出处	syntax	出处	syntax
马建忠(1898)	句读(例言 15)	李安宅(1934)	文法 p.5
章太炎(1915)	辞例(检论)	李安宅(1936)	句法 p.58—59
黎锦熙(待考)	句法	张世禄(1937)	措词 p.19
章士钊(1930)	脉络 p.3	傅东华(1939)	辞例 p.21/ 文法 p.21
刘复(1930)	句法 p.77	王力(1944)	造句法 p.8 / 结合法 p.11
张世禄(1931)	措词 p.40	周辨明(1945)	句法 p.76 / 排列法 p.132

---

① 西洋古代所谓语法,本包括三部分:(一)音韵学(phonology);(二)形态学(morphology);(三)造句法(syntax),后来音韵学的部分渐渐扩大,现在已经独立成为一种科学,于是现代普通所谓语法,就只剩有形态学和造句法两部分。所谓形态的部分,是叙述各词的屈别形式,例如英语"饮"字,因人称和时间的不同而有 drink, drinks, drank, drunk, drinking 的分别。所谓造句的部分,是叙述各词的任务和句子的结构方式,如词在句中的次序,事物关系的表现等(王力,1944:8)。

② 严格地说,syntax 该译为"结合法",因为词和词的结合已经是 syntax 了,不一定要造成一个句子(王力,1944:11)。从上述引述可见,王力对于 syntax 的理解,即并非只局限于句子层面的构成,而是要从句子构成的基本单位——词的结合算起,这样就触及了形态学的内容,与王力语法定义(1944:8)中的形态学形成交叉,不免伤及语法定义中形态学和造句法的独立性。

纵观相关历史文献，morphology 的译介受到日本语言学的间接影响，如胡以鲁(1912：68)、王古鲁(1930：178)和雷通群(1934：134)等，也受到国外语言学的直接影响，而且得以广泛沿用，如乐嗣炳(1923：21)、张世禄(1931：40)和林语堂(1931：232)等。而 syntax 的译介则直接源自国外语言学的影响，如章士钊(1930：3)、刘复(1930：77)、李安宅(1936：58—59)、周辨明(1945：76)等。产生这种现象的原因在于：20 世纪 30 年代以前中国主要通过日本接触国外语言学，不免受到日本语言学界的影响，而 20 世纪 30 年代以后，国外语言学的资料日益增多，特别是 1937 年后，中国很少依靠日本这一途径获取欧美语言学资料。

4. 语义研究术语流变①

最早关注人类语言意义的是哲学家。古希腊哲学家柏拉图(Plato, 427 B.C.—347 B.C.)在《克拉底洛篇》(*Cratylus*)中论辩词的来源问题，与意义有关，即"本质论"和"规定论"。亚里士多德在《范畴篇》《诗学》等著作中也论及语义问题。中世纪的经院哲学，近代和现代西方各哲学流派无不关注意义问题。譬如，哲学家弗雷格就曾针对意义问题，提出今日著名的"意义三角说"，后来被瑞恰慈等人所沿用，方才被今日学界所熟知。然而，对语言意义问题的普遍关注和热情，是在 19 世纪末、20 世纪初才有了不同的局面，特别是在哲学研究中发生"语言的转向"(linguistic turn)之后。著名哲学家弗雷格(G. Frege, 1848—1925)、罗素(B. Russel, 1897—1971)、维特根斯坦(L. Wittgenstein, 1889—1951)、柯日布斯基(A. Korzybski, 1879—1950)等都曾涉足语义的研究，且分别为逻辑、哲学和普通语义学派的代表人物(参见徐志民，2008：3—4)。中国先秦荀子、墨子等也曾提出许多有关语言意义的理论观点，详见国内学者周建设(2002，2008)、谭慧颖(2011)等的相关著述。

现代语义学相当于中国传统的小学，始于汉代，兴于唐朝，

---

① 本节相关内容，包含在作者在 2010 年"哈尔滨论坛"(现代语义学分论坛)上宣读的论文《西方语义学思想在中国(1930—2010)》之中。

到清朝达到鼎盛。章太炎继承小学，结合西方的语言学思想，提出"语言文字学"作为语言学的学科名称。但这种研究模式没能得以继续，否则中国的语言学研究，特别是语义学的研究极可能出现另一番景象。20世纪上半叶中国引进国外语义学思想，成为借鉴现代语义学思想的开端，也标志着中国现代语义学的建立。

现代语义学思想传入中国始于20世纪上半叶，至今已有八十余年的历史。1923年，英国剑桥大学学者瑞恰慈和奥格登出版了两人多年合作研究的成果《意义底意义》（The Meaning of Meaning，1923）。1930年，瑞恰慈来华任燕京大学客座教授，主讲"意义底逻辑"与"文艺批评"课程，在《清华学报》第六卷第一期"文哲专号"发表《〈意义底意义〉底意义》一文，引入英文 semasiolgy①（意义学）的概念；王古鲁以日本安藤正次著《言语学概论》（1927）为蓝本，参考了胡以鲁《国语学草创》（1912）、黎锦熙《国语学讲义》（1919）和高元《国音学》（1922）等著作中有关国语各部门的内容编译出版《言语学通论》（1930）。书中王氏引进 semantics②，译为"意义学"（1930：33，今译语义学），为中国第一个以"意义学"与 semantics 对译的术语；同年章士钊翻译德国语言学

---

① 该术语最早由德国学者莱西希（Karl Christian Reisig，1792—1829）在 Vorlesungen über lateinische Sprachwissenschaft（Latin Lectures on Linguistics，1825）中提出，莱氏去世后由其学生 Friedrich Haase（1808—1867）整理其书稿于1839年出版，因此世人均认为该术语于1839年提出。该术语的提出系莱氏倡导建立专门研究语义的学科，并以 semasiology（semasio-意义＋-ology 学）命名，以便语义研究能够脱离"词源学"（etymology）和"句法学"（syntax）独立成科，但这一设想没能引起足够的重视。就本质而言，semasiology 所指称的语义学属于词汇学（lexicology）和语义学（semantics）的一个部门，探求的是语词的不同意义，即多义现象。更确切地说，它是词汇语义学（lexical semantics）的一个分支学科，因而有时被当作 semantics 所指称的语义学的同义术语，与"专名学"或"名称学"（onomasiology）对立存在。

② 这一术语系法语 sémantique 演变而来的，是由法国语言学家布里亚尔（M. Bréal）于1883年在《语言的理智规律——语义学简述》（Les lois intellectuelles du langage，fregment de sémantique，1883）中提出的，并在《语义学探索》（"Essai de sémantique，1897"）中进一步推广，其英文术语 semantics 是由哈佛大学 Charles R. Lanman 在《反映意义——语义学中的一个问题》（Reflected Meanings—a point in semantics，1894）中首次使用的。

家著的历史语义学著作《情为语变之原论》(*Über den Affekt als Ursache der Sprachveränderung Versuch einer dynamologischen Belrachtung des Sprachlebens*, 1914),为中国第一部语义学著作,引进了保罗《语言学史原理》、冯特心理学观点,译介了"语源学"(现译"词源学")、"语力学"(dynamologie)和"语意学"等术语,引进了历史语义学的研究方法——历史的方法、比较的方法和类比法,上述三者构成中国引进现代语义学思想的开端。其后,雷通群按照同一底本翻译出版《言语学大纲》(1934),重复了与 semantics 对译的"意义学"术语(1934:15)及相关知识,促进语义学知识在中国的传播。1930 年引进的术语中,"意义学"使用最广,"语意学"跟当前译名最为接近,但影响不及"意义学"。

1931 年,李安宅据马林诺斯基(B. Malinowski)、瑞恰慈和奥格登等诸位学者的观点编写了《语言底魔力》,书中引进了由哲学家弗雷格(G. Frege)提出的"意义三角"理论。尔后,因《语言底魔力》(1931)售罄,遂将其与美国语言学家萨丕尔为《社会科学百科全书》(1933)第九卷所写论文 *Language* 的译文"语言的综合观"合并成《巫术与语言》,于 1936 年出版发行,促进了"意义三角说"的普及。此外,李安宅参与瑞氏《孟子论心》(*Mencius on the Mind*, 1932)的合作研究,受到瑞氏语言学思想的影响。在吸收和借鉴《意义底意义》(即前文提及之《意义学》)的内容和框架基础上,李氏翻译《〈意义底意义〉的意义》(1930)和清华大学翟孟生(D. R. Jameson)的书评《以中国为例评〈孟子论心〉》(1933)二文,最终于 1934 年编译出版中国第一本意义学专门著作,标志着中国现代语义学的建立。围绕着意义这一主题,李安宅在《人言周刊》1934 年第 1 至 25 期连载《意义学》,全增嘏在《人言周刊》1934 年第 19 期发表《李安宅之意义学》的书评,后被《出版周刊》1934 年第 87 期转载,崔骥于 1935 年在《江西教育》第 3 期发表《意义学》等介绍和评论意义学的文章。

此后,张世禄翻译英国语言学家弗斯的 *Speech*(Benn's Sixpenny Library, 1919)中的前七章以《语言学通论》(1937)为名出版。张氏在书中也将 semantics 对译为"意义学"(1937：15)，与上述诸书相呼应，便于现代语义学思想在中国的巩固和发展。

1939 年傅东华在《东方杂志》发表《文法稽古篇》，谈及"语义"①(1939：31)问题，为国内首次采用"语义"这一译名。民国后期，高名凯先后发表《中国语的语义变化》(天文台，1947)和《中国语的语义变化与中国人的心理趋势》(《燕京社会科学》，1948)二文，将"意义"的称谓更为"语义"，为 20 世纪 50 年代的"语义学"术语改称奠定基础②。

自 1930 年瑞恰慈和王古鲁率先引进"意义学"到 1949 年，中国共出版译介著作 5 部，发表学术论文 6 篇：

著作

王古鲁．言语学通论．上海：中华书局，1930．

李安宅．语言底魔力．北平：联友社，1931．

李安宅．意义学．上海：商务印书馆，1934．

安藤正次．言语学大纲．雷通群，译．上海：商务印书馆，1934．

李安宅，编译．巫术与语言．上海：商务印书馆，1936．

论文

I. A. Richards. "The Meaning of *The Meaning of Meaning*". 清华学报，1930 年第 6 卷第 1 期．

李安宅．意义学．人言周刊，1934 年第 1—25 期(上册)．

全增嘏．李安宅之意义学．人言周刊，1934 年第 19 期(转载于出版周刊，1934 年第 87 期)．

崔骥．意义学．江西教育，1935 年第 3 期．

---

① 气者，凡语言皆送气者也，而气之长短缓急亦有关于语义焉(1939：30—31)……至于语义之虚实隐显，则又可等而分焉(1939：31)。

② 在 20 世纪五六十年代的著作中，"意义学"这一术语仍为高名凯所用，尽管高氏于新中国成立前就提出了"语义学"这一学科称谓。

高名凯．中国语的语义变化．天文台，1947年第2期．

高名凯．中国语的语义变化与中国人的心理趋势．燕京社会科学，1948年．

纵观中国语言学历史文献，我们发现今称语义学在学科引进初期称为"意义学"，其英文对应词为"semantics"①，是1930年由王古鲁首次引进的。四年后，李安宅在编译英国瑞恰慈等的《意义学》时引进了英文术语"semasiolgy"，两者来源不同，指称略异，但其汉语术语都是"意义学"，不免产生"误读"，但后者已为学界弃用。"意义学"这一术语于新中国成立前被高名凯改为"语义学"，然而直到苏联语言学为主导的1950年代，"意义学"才彻底地改称为"语义学"。

可见，新中国成立前，高名凯改"意义学"为语义学；新中国成立后，方如英译介《语义学在语言各学科中的地位》一文后，学界随之将"意义学"改称"语义学"，成为中国现代语义学研究的历史性转折点。新中国成立前，除了李安宅(1934)这一专门著作、高名凯(1948 & 1949)等6篇论文外，几乎所有的语义学相关内容都分散在语言学理论的著述之中；新中国成立后，受到苏联语言学研究的影响，语义学的著述相对较多，研究的范围也相对广泛。譬如，自1955年开始，学界将注意力从马尔语言学视角转向语义学在语言学科门类中的定位，进而批判和引进所谓"资产阶级主观唯心主义哲学流派"(吴富恒，1955：62)的卡尔纳普语义学思想，最终转向以语言研究为核心的"结构语义学"和"普通语义学"引进和探讨。

5. langue与parole的译介

关于瑞士语言学家索绪尔(F. de Saussure，1857—1913)的语言学思想何时传入中国的问题，国内学界一直众说纷纭。有人

---

① 该词系布氏借自希腊语字根 sēma(意思是"符号")＋字缀-tique(学)新创的术语，英文系法文的翻译。

认为，方光焘是中国第一个介绍索绪尔语言学思想的人(王希杰，2005：71)，也是中国大学里第一个开设普通语言学课程的人(王希杰转述王力《中国语言学史》中的话，但未见原文出处)，陈望道是第一个专文介绍索绪尔的语言和言语区分理论的人(王希杰，2005：71)，陈望道和方光焘都是在日本就接受了索绪尔的思想，他们是从索绪尔《普通语言学教程》的小林英夫的日文译本走向现代语言学的(同上)。

在王氏上述主张中，只有"陈望道是第一个专文介绍索绪尔的语言和言语区分理论的人"具有确凿的文献证据，指的是陈氏以东阜为名于1938年7月27日在《译报》副刊《语文周刊》第3期上发表的《说语言》一文。由于缺乏确凿的文献资料，王氏提出上述观点似乎无法证明其历史真实性。事实上，胡以鲁在1912年业已在北京大学开设具有普通语言学性质的课程，曾使用《言语学讲义》和《国语学草创》，前者虽流失，但从后者可见其内容的宏富程度。可见，方光焘并非中国大学里第一个开设普通语言学课程的人。此外，方、陈二人和当时中国语言学界众多学者一样都是通过日译本接触到索绪尔的语言学思想的，而不是他们二人在日本时就接触到了小林英夫翻译的《言語學原論》(1928)，因为小林英夫的日译本出版于1928年，根据网络和相关文献资料都可证明：我们不否定他们通过日译本接触索绪尔语言学思想的事实，但早在1928年以前方、陈二人业已回国任教。

在以日本安藤正次《言語学概論》为蓝本编译的《言语学通论》(1930：33)中，王古鲁业已引进苏修尔(索绪尔)的名号，可在雷通群的同一原本的译本中却找不到相关的信息，说明当时索绪尔的语言学思想业已为部分国人学者所知，其唯一途径是日译语言学典籍。之后，在经日译本转译的《言语学与国际语》(1935)中，孙伯坚第一次以批判分析的姿态译介了瑞典语言学家"苏修尔"的

"语言活动"(lingvogo①)、"语言"(lingvo)与"言语"(parolodo)的思想(1935：36—37，43)。1938年陈望道发表《论语言》使用了今日的"语言"和"言语"的对应术语，为今日的译名奠定了基础，这一对译名到20世纪30、40年代发起语言与言语的大讨论时方才得以固定下来。

从索绪尔语言学思想译介的完整度看，陈望道当为中国第一个以专门文章介绍"语言"与"言语"的学者。尔后，索绪尔的法语原著 *Cours de linguistique générale* (1916)于1963年由高名凯译成中文，于1980年以《普通语言学教程》为题由商务印书馆出版。同年，高名凯还为该译本写了长篇序言《德·索绪尔和他的普通语言学教程》，发表在《语言学论丛》第6期上，系统地阐述作者的生平和理论观点，分析该书提出的新观点、新见解，批评该书存在的片面性，肯定其在语言学史上的地位，由于受到当时政治意识形态的影响，不免出现过激的言辞，但仍不失为索绪尔评论中的一篇精品。此外，岑麒祥(1980)、徐志民(1980)、徐思益(1980)、陈秀珠(1981)、许国璋(1983)、王维贤(1985)等都是介绍和评论索绪尔语言学理论的重要作品。之后，有关索绪尔研究的著述日渐丰厚，近年有人编著索绪尔研究的论文集《索绪尔研究在中国》(赵蓉晖，2005)，成为索绪尔语言学思想在中国传播的阶段性标志。

至今，索绪尔的《普通语言学教程》已有译本多部，其中高名凯(1980)为直接译本，而张绍杰(2001)、屠友祥(2002)、裴文(2002)、刘丽(2007)等均属英文转译本。可见，转译文本在索绪尔语言学思想的传播过程中起到了重要的作用。

6. 语言类型术语流变

如今，学界大多认为，语言类型的研究始于1786年英国法官威廉·琼斯在加尔各答皇家亚洲学会上所宣读的论文，提出印

---

① 犹如译者在译者序中的交代，三者的外文术语，疑为世界语，其对应的法语为 langage(语言活动)、langue(语言)和 parole(言语)。

度古典语言梵语同拉丁语、希腊语和日耳曼诸语在历史上具有亲缘关系。但经过仔细考察,我们发现,早在16世纪末意大利人菲利波·萨塞帝①(Filippo Sassetti,1540—1588)在家书中就曾指出梵语和意大利语的词语具有诸多相似之处②,后来法国语言学家吉拉尔(Abbé Gabriel Girard,1677—1748)③、英国哲学家兼语言学家亚当·斯密(Adam Smith,1723—1790)④、法国语言学家包泽(Nicolas Beauzée,1717—1789)⑤、法国人科尔杜(Gaston-

---

① 意大利人文学者兼商人。萨氏生于1540年,于1568年至1573年在意大利比萨大学(University of Pisa)学习哲学。1578年后,他到西班牙、葡萄牙和东方各国经商。他曾撰写过有关但丁、亚里士多德诗学等的著述,他的家书饱含了人文学者的素养,详细地阐述了异域各国的历史及人类学的发展,其中最为闻名的是有关语言类型相似性的观点。

② 生于意大利佛罗伦萨的意大利商人萨塞帝,曾前往印度经商,系第一批研究古印度语——梵文的欧洲学者。在萨氏家书(1585)中,他提及梵文与意大利语间的相似性,如:上帝(God—*deva/dio*)、蛇(snake—*sarpa/serpe*)、七(seven—*sapta/sette*)、八(eight—*ashta/otto*)、九(nine—*nava/nove*)等,为后来印欧语族的建立奠定了基础。

③ 在《法语语言原理》(*Les vrais principes de la langue française*,1747)中,吉拉尔提出语言类型的三分法:同源语(langues analogues)、变位语(langues transpositives)和混合语(langues mistes),为后来的语言类型研究奠定了基础。

④ 亚氏以语言为媒介研究情感哲学多年,后期写作《国富论》(1776),一举成名。他在语言研究方面颇有建树,最早的著述多为语言和修辞研究,其中有关语言结构始成的学说影响最广,前后多次发表、再版。在参考吉拉尔语言类型研究的基础上,亚氏在《有关语言结构始成的思考》(*Considerations Concerning the First Formation of Languages*,1761)中将语言(主要是印欧语)分为"合成型"(compounded languages)与"非合成型"(uncompounded languages)两类。有关亚当·斯密的语言类型学观念,苏联语言学家С. Д. Кацнелъсон于1982年在《苏联科学院通报·文学与语言集刊》第2期发表《亚当·斯密的语言类型学观念》一文,该文由郭谷兮译为汉语,发表在《国外语言学》1986年第2期。该文对上述亚当·斯密的语言类型说给予充分的阐述。

⑤ 法国语言学家包泽曾写作《普遍语法》(*Grammaire générale*,1767)一书,另外,有关亚氏的语言类型思想以及语言始成或曰缘起学说,参见贾洪伟,《亚当·斯密有关语言缘起的学说》,《天津外国语大学学报》,2014年第2期。阐述他对语言研究的普遍唯理观,还为《百科全书》(*Encyclopedie ou Dctionaire raisonée des sciences des artes et des métier*,1765)撰写"语言"词条,词条中借鉴了法国语言学家吉拉尔所提出的"同源语"和"变位语"的观点。

Laurent Cœurdoux,1691—1779)①等也提及梵语与诸欧洲语言间的相似之处,可终究影响不大。直至琼斯在皇家学会宣读那篇著名的论文,才引发人们对梵语与欧洲诸语比较研究的兴趣。

继琼斯之后,德国学者 F. 施莱格尔把语言分为两类,一类是通过词形内部变化表示语法关系的语言,另一类是通过词序表示语法关系的语言。而其兄 A. 施莱格尔论述这种分类时,把语言分为孤立语(isolation)、屈折语(flexion)和粘着语(agglutination)三类。波普(Franz Bopp,1791—1867)也提出与此稍有不同的三分法(参见罗宾斯 2004:163)。之后,洪堡于《论语法形式的产生及其对思维发展的影响》(1822)和《论人类语言结构的差异及其对人类精深发展的影响》(1927—1829)中宣扬了这一三分法,并在此基础上把句子结构分为四类:词语之间没有明显的语法连接形式(孤立语)、用词形表示语法关系(屈折语)、句子的基本结构编插在词汇里(粘着语和综合语)和多式综合语(包含屈折形式和粘着形式)。他还认为,汉语和梵语代表语言类型的两极,前者是纯粹的分析型即孤立型语言,后者是纯粹的屈折语,所有语言(包括粘着语或曰混合语)都排列其间(参见罗宾斯,2004:163—164)。再后,德国学者施莱歇尔(August Schleicher,1821—1868)在其代表作《印欧语比较语法纲要》(1861—1862)中继承了施莱格尔提出的三分法,忽视了洪堡所提出的多式综合语。此后,语言类型研究基本上沿着这一路数发展。

西方语言类型思想译介到中国始于胡以鲁在《国语学草创》(1912)中对西方学者所持汉语偏见的批评。此后,乐嗣炳(1923)、王古鲁(1930)、沈步洲(1931)、张世禄(1931)、雷通群(1934)、张世禄(1934)、刘复(1939)、林祝敔(1943)、周辨明等

---

① 科尔杜是法国耶稣会士、法国著名的印度语学家,曾被英国印度语学家兼比较宗教学教授马克思·缪勒(Max Müller)称为"比较语文学之父"(le père de la philologie comparée)。在呈给法国科学院的 Mémoire (1767)中,科氏指出梵文、拉丁文、希腊文、德文与俄文间的相似关系。

(1945)等都对语言类型问题有所涉及。其中王古鲁(1930)、沈步洲(1931)、张世禄(1931)、雷通群(1934)、张世禄(1934)等阐述的最为全面,涵盖分析语与综合语、孤立语、屈折语、粘着语、抱合语和复综语;胡以鲁(1912)、乐嗣炳(1923)和周辨明等(1945)次之,前者涵盖分析语、综合语、屈折语、抱合语,后两者涵盖分析语、粘着语、屈折语和抱合语等;刘复(1939)只包括粘着语一项,译为"关节语"。现以 inflexive language、agglutinitive language、isolating language、analytic language、synthetic language、incorporating language 和 polysynthetic language 为主线,梳理20世纪上半叶中国语言学典籍中有关上述语言类型译名的发展状况,以窥见这些译名的发展脉络。

(1)屈折语译名流变

inflexive① language 的汉译名为"屈折语",其译介始于民国初期胡以鲁的《国语学草创》(1912:59),其后民国晚期厦门大学周辨明和黄典诚(1945:129)继承了这一译法,并沿用至今。1923年乐嗣炳提出新译法"弯曲语"(1923:21),影响不大,几乎没有人沿用。尔后,王古鲁和雷通群据日语原本将这一术语译为"曲折语"(王古鲁,1930:182;雷通群,1934:146),影响稍大,至今仍有沿用,与屈折语并存。沈步洲在参考国内外相关著作基础上,将其译为"诎诘语"(1931:36—51),虽然该书流通甚广,曾以"南张北沈"著称,但因译法古奥,没能得以流传。张世禄将其译为"变形语"(1931:112—116;1934:140),虽然张氏的著作流通广泛,但该译名没有产生太大的影响,反倒是张氏在著作中坚持使用该译名。有关该术语汉译的信息,参见下表3.21。

---

① inflexive 为当时语言学书籍中所常见的,现在通用为"inflective"。

表 3.21　屈折语译名流变

出处	inflexive language 译名	出处	inflexive language 译名
胡以鲁(1912)	屈折语 p.59	张世禄(1931)	变形语 p.112—116
乐嗣炳(1923)	弯曲语 p.21	雷通群(1934)	曲折语 p.146
王古鲁(1930)	曲折语 p.182	张世禄(1934)	变形语 p.140
沈步洲(1931)	诎诘语 p.36—51	周辨明等(1945)	屈折语 p.129

上述可见，流传至今并仍在使用的译名都是当年受到日本语言学影响下产生的，如屈折语和曲折语。其次，"诎诘语"和"变形语"虽然也具有一定的合理性，但终因种种原因被淘汰，而"弯曲语"的影响最弱，可能跟译名本身关系较大。

(2) 黏着语译名流变

黏(粘)着语是后来的译名，英文为 agglutinative language，系德国语言学家 A. 施莱格尔提出，与屈折语和孤立语并立为世界语言的三种类型。该术语的汉译始于乐嗣炳的"接合语"(1923：21)，后由张世禄(1931：112—115；1934：40)继承，在当时具有一定的影响力。其后，王古鲁将其译为"附着语"(1930：181)具有一定的参考价值，雷通群虽根据同一原本却译为"紧属语"，相对而言没有前者影响大，可能与后来的政治氛围有关。1931年沈步洲率先提出"关节语"的译名，影响较大，曾被刘复(1939：59)沿用，且至今仍偶有使用。周辨明等没有沿用任何现有译名，而是创造新译"胶粘语"(1945：129)，应该是今日定名"粘着语"的基础。有关该术语流变的信息，请参考下表 3.22。

表 3.22　黏着语译名流变

出处	agglutinative language 译名	出处	agglutinative language 译名
乐嗣炳(1923)	接合语 p.21	雷通群(1934)	紧属语 p.145
王古鲁(1930)	附着语 p.181	张世禄(1934)	接合语 p.40

续表

出处	agglutinative language 译名	出处	agglutinative language 译名
沈步洲(1931)	关节语 p. 36—44	刘复(1939)	关节语 p. 59
张世禄(1931)	接合语 p. 112—5	周辨明等(1945)	胶粘语 p. 129

就该术语译名而言,20世纪上半叶产生的译名均有一定的合理性,也产生一定的影响,但均未得以广泛沿用,只是"关节语"如今仍偶有使用,但并非是该术语的定名。现今的定名"粘着语"产生较晚,但起于何时并非是本书的研究范围,故不赘述。

(3)孤立语译名流变

孤立语的英文是 isolating language,汉译名始于王古鲁(1930:179)。此后,沈步洲(1931:42)、张世禄(1931:110—115)、雷通群(1934:134)、张世禄(1934:139)和周辨明等(1945:129)等均沿用"孤立语"的译名,使其得以沿用至今。此外,尚有"孤独语"(周辨明等,1945:136)的译名,由于流传不广,鲜有使用。周辨明(1945)同时使用"孤立语"和"孤独语",可能因为周辨明和黄典诚没有确定统一译名或两者中有一人不甚了解这一术语造成的。

表 3.23　孤立语译名流变

出处	isolating language 译名	出处	isolating language 译名
王古鲁(1930)	孤立语 p. 179	雷通群(1934)	孤立语 p. 134
沈步洲(1931)	孤立语 p. 42	张世禄(1934)	孤立语 p. 139
张世禄(1931)	孤立语 p. 110—115	周辨明等(1945)	孤立语 p. 129 孤独语 p. 136

上述可见,"孤立语"的译名经王古鲁从日本引进后,一直得以沿用,最终成为定名,是比较成功的术语译介案例。该术语在各部著作中的分布,参见表 3.23。此外,与同时并立为世界语言三大类型的屈折语和粘着语相比,孤立语的引进略显滞后。

(4) 分析语译名流变

分析语的英文是 analytic language，由德国语言学家 A. 施莱格尔在《论普罗斯旺语言文学》(*Observations sur la langue et la littérature provençale*，1818)的"前言"中提出的。他认为，屈折语等级最高，是"有机的"语言，并细分为综合型和分析型，分析型语言产生于现代，系综合型语言的分解，用人称代词和助动词与动词配合，用介词表示格变，用副词表示程度。后来，洪堡在《论人类语言结构的差异》(1836)进一步宣传了"分析语"的思想，他认为，"汉语和梵语代表语言类型的两极，前者是纯粹的分析型即孤立型语言，后者是纯粹的屈折语言"(罗宾斯，2004：163)。从而，该术语得以沿用于普通语言学研究之中。

在中国普通语言学典籍中，该术语的译名始于胡以鲁(1912)，最初引进时被译为"分析语"(胡以鲁，1912：69)。之后，乐嗣炳(1923：21)、沈步洲(1931：36)、张世禄(1931：113—118)、张世禄(1934：142)和周辨明等(1945：129)等沿用了胡氏的译名，得以广泛普及，并成为 analytic language 的定名。此外，王古鲁据日本原本引进"分解的语言"(1930：186)，雷通群据同一来源引进的"分解的言语"(1934：149)，两译名带有日本术语的味道。

表 3.24　分析语译名流变

出处	analytic language 译名	出处	analytic language 译名
胡以鲁(1912)	分析语 p.69	张世禄(1931)	分析语 p.113—118
乐嗣炳(1923)	分析语 p.21	雷通群(1934)	分解的言语 p.149
王古鲁(1930)	分解的语言 p.186	张世禄(1934)	分析语 p.142
沈步洲(1931)	分析语 p.36	周辨明等(1945)	分析语 p.129

上述可见，该术语从胡以鲁最初译介到现今的定名，虽然经历了些许的变异，但大体上仍保持了"分析语"这一译名。其中，出现的变异基本上是受到日本语言学术语的影响所致。从历时角

度看,该译名从最初的译介引入到现今成为定名,是语言类型术语译名的成功案例。有关该术语在各部著作中的分布,参见表3.24。

(5)综合语译名流变

综合语的英文为 synthetic language,由德国语言学家 A. 施莱格尔在《论普罗斯旺语言文学》(*Observations sur la langue et la litérature provençale*,1818)的"前言"中首次提出①。该术语的汉译始于胡以鲁在《国语学草创》(1912)中的"综合语"(1912:69)。之后,沈步洲(1931:36)、张世禄(1931:113—117)、张世禄(1934:141—142)和周辨明等(1945:129)等沿用了胡以鲁的译名,并最终成为定名。此外,王古鲁和雷通群据日本安藤正次《言语学概论》(1927)将其译为"综合的言语"(王古鲁,1930:186;雷通群,1934:149),保留日语术语的特征,虽然胡以鲁也是从日语译介了这一术语,但比王古鲁等二人的译名要略胜一筹。

该术语从最初胡以鲁引进为"综合语"到最终定名,经历了王古鲁等人的变异译名,但仍得以保留沿用,可算作为语言类型研究术语中的第三个成功案例。有关该术语在各部语言学著作中的分布,参见表3.25。

表 3.25 综合语译名流变

出处	synthetic language 译名	出处	synthetic language 译名
胡以鲁(1912)	综合语 p. 69	雷通群(1934)	综合的言语 p. 149
王古鲁(1930)	综合的言语 p. 186	张世禄(1934)	综合语 p. 141—142
沈步洲(1931)	综合语 p. 36	周辨明等(1945)	综合语 p. 129
张世禄(1931)	综合语 p. 113—117		

---

① 在该书"前言"中,施莱格尔认为,屈折语等级最高,是"有机语言",并将其细分为综合型和分析型两类,这一思想后经德国语言学家洪堡等人的宣扬,得以沿用至今。

(6) 抱合语译名流变

抱合语也称抱体语、多式综合语或复综语（姚小平译），英文为 incorporating language，由德国语言学家洪堡在《论爪哇岛上的卡维语》(1836—1840)的导论《论人类语言结构的差异及其对人类精神发展的影响》中的"语言的复综型系统"部分提出，即："构成一个独立句子的要素，可以缩合进一个词形。按照严格的要求，我们应当把所有这类缩合现象都划归复综系统"（姚小平，2008：184）。德文为 Einverleibungssystem，与英文 incorporating system 对应，被后世语言学家广为使用（如：Jespersen，1922：58；Pedersen，1931：100；Bloomfield，1933：241 等）。除了丹麦语言学家叶斯伯森在《语言论：本质、发展与起源》(1922：58)对其出处有所提及外，大多均未交代。

该术语的译名始于胡以鲁(1912)的"抱体语"（胡以鲁，1912：69），尔后乐嗣炳在《语言学大意》中译为"合体语"(1923：21)，沈步洲(1931：37—38)和张世禄(1931：114)等继承了"合体语"这一译名。其后，王古鲁又将其译为"抱合语"(1930：186)，被张世禄(1934：141)继承，雷通群却将其译为"合抱语"，显然受到日本文法顺序的影响，实则是同一术语的变形。可见，张世禄(1931)继承了"合体语"，后在张世禄(1934)中改译为"抱合语"，说明张氏对该术语有了新的认识，有效地呼应了王古鲁的译名，为该术语在中国语言学界的流通和最终定名奠定了基础。该术语译名在各部著作中的分布，参见表 3.26。

表 3.26 抱合语译名流变

出处	incorporating language 译名	出处	incorporating language 译名
胡以鲁(1912)	抱体语 p. 69	张世禄(1931)	合体语 p. 114
乐嗣炳(1923)	合体语 p. 21	雷通群(1934)	合抱语 p. 149
王古鲁(1930)	抱合语 p. 186	张世禄(1934)	抱合语 p. 141
沈步洲(1931)	合体语 p. 37—38		

此外，当前国内较通行的译名为"复综语"，"多式综合语"也偶有使用，但因其易与 polysynthetic language 的译名混淆，影响了该术语的正确认识和广泛传播。抱体语和抱合语的译名系受日本语言学译名的影响，抱体语为胡以鲁首次引进，抱合语当前仍在使用，如徐一平（1999：5）、岑运强（2006：169）等。

(7) 复综语译名流变

复综语的英文为 polysynthetic language，也称"多式综合语"和"抱合语"等，由德国语言学家洪堡在《论人类语言结构的差异及其对人类精神发展的影响》中提出，包含屈折形式和粘着形式两类，是将其宣扬的三种语言类型及其提出的"黏（粘）着语"重新归为四类，即：孤立语、屈折语、黏（粘）着语和综合语与多式综合语。汉语译介始于王古鲁编译的《言语学通论》(1930)，译为"缉合语"（1930：186）。之后，沈步洲根据手头的日本、欧美的各种资料编译《言语学概论》(1931)，首次将其译为"复综语"（1931：37），得到张世禄（1931：114）和张世禄（1934：141）的回应。由于当时张、沈二人在语言学界所形成的格局和影响，该术语得以沿用和保留，成为定名。此外，尚有雷通群据王古鲁编译《言语学通论》所用同一蓝本译介的"撮聚语"（1934：150）。至此，形成了国内在 20 世纪 30 年代"缉合语""复综语"和"撮聚语"三足鼎立的局面（具体分布见表3.27），但因王古鲁（1930）的销量和影响无法与张、沈二人相比肩，"缉合语"的译名没能得以普遍沿用，而雷通群（1934）属于日文本的翻译，因 1937 年卢沟桥事变，该书的传播理当受到影响，其译名也不免受到冷落。从术语本质特征来说，复综语最为简洁、易懂，缉合语次之，撮聚语最次，甚至有些晦涩，这可能是后两者遭到历史淘汰的主要原因。

自 20 世纪 80 年代，国内学术界大量引进欧美语言学著述，推动了中国语言学的发展，同时一些术语产生新译名或几个译名同时存在。就该术语的译名来说，多式综合语、抱合语等是后来出现或运用其他语言类型术语来代称的，而在 20 世纪 80 年代以后，复综语逐渐成为 polysynthetic language 的定名。

表 3.27 复综语译名流变

出处	polysynthetic language 译名	出处	polysynthetic language 译名
王古鲁(1930)	缉合语 p.186	雷通群(1934)	撮聚语 p.150
沈步洲(1931)	复综语 p.37	张世禄(1934)	复综语 p.141
张世禄(1931)	复综语 p.114		

从语言学史的角度看，该术语在 20 世纪 30 年代初次引进，且在 1931 年业已出现今日的定名，虽后来时有出现新译名，但均遭淘汰。

本节以术语的发生、引进和发展为脉络，考察了语言学学科名称、语音研究、形态与句法研究、意义研究、语言与言语、语言类型研究等所使用术语的流变，旨在挖掘有益于学科史的历史佐证，进而了解上述相关术语的发展脉络，为当今语言学术语的发展提供借鉴。

八、译介的过程走向

经纵向考察该期中国普通语言学典籍文本的译介类型，笔者发现，中国引进现代语言学思想始于译述，发展为编译和直译，演变为后期的转译，从而出现了中国现代语言学史早期的一个典型特征：翻译特征。不管是译述本、编译本、直译本，还是转译本都融入了汉语词汇语法的案例作为补充和参照，同时引进了现代语言学的学科术语，为中国现代语言学的建立和发展奠定了基础。

从语言学史的角度看，译述本不但引进了现代语言的研究思想、术语和范式，也引进了现代学科的伦理（严谨、系统和批判式分析），成就了中国译介国外语言学思想的开端。编译本则全面引进各个层面各个方面的语言学思想和术语，对前一阶段的引进给予补充，对今日中国语言学的影响最大。出于全面了解欧美语言学的概貌，也旨在解决当时国内语言学资源紧缺的情况，当时学者采用直接翻译形式引进国外的语言学著述，极大地丰富了中国语言学家的视角和学科意识。同时，为了跟踪世界语言学的前沿发展和引进，但因各种客观因素的限制，转译文本应时而生，其贡献莫过于最先引进了苏联马尔语言学思想的批评和反思以及有关瑞士索绪尔语言学思想的批判分析，增加了当日中国语言学者的学科智识。

中国译介国外语言学的过程和走向就是20世纪上半叶中国现代语言学的历史发展脉络，也可以说是该期中国语言学发展的历史，可总结为：述—编—译—转，在本学科的历史发展中交相辉映、相互交叉，而又各自具有其明显的历史和文本特征，是昔日中国引进国外语言学思想的特有产物。

九、写作出版规范的演变

"五四"以前，中国传统书籍多以油印方式出版的，不但印数有限，质量也无法保证，不论纸张还是装订都不能与现代的出版质量相比肩，所以在很大程度上影响了书籍的保存和流通。清末以前的书籍多遵循着中国传统的写作规范，即右侧竖行左开本，字体较大，易于识读，但多不分段分句，要靠读者自行辨识划分。在中国现代语言学发展的早期也存在这样的特征，但持续的时间不是很久，比如章太炎的大多著作就属于这个出版和写作规范类别。

随着现代欧洲出版和写作规范的东传，章太炎之后的语言学典籍在出版和写作规范方面出现了或明或暗的变化。譬如，在胡以鲁的《国语学草创》(1912)中，他保留了中国传统的油印本出版模式，仍以右侧竖排繁体左开本为其文本规范，书中遵循了传统的写作范式，即每章不分小节，而是以页眉标准的形式标示，索引注释多以行内括号内小字号加注的形式进行，唯一不同的就是将西式标点符号引入中国语言学典籍,将逗号和句号(空心点)置于句子相应内容的右侧,是为中国普通语言学典籍引入西式标点符号的开端。后来,该书 1913 年版仍用这种规范,这一出版和写作模式被王古鲁(1930)、章士钊(1930)、沈步洲(1931)、张世禄(1931)、李安宅(1934)、雷通群(1934)、张世禄(1934)、李安宅(1936)、张世禄(1937)、林祝敔(1943)、水夫(1949)等沿袭,只是写作规范越来越贴近欧美的规范,脚注、夹注、索引、书目等越来越全面,越来越规范,语言也越来越易懂,可能与当时所进行的白话文运动有关。这些著作大多都是由世界书局、商务印书馆、中华书局、天下图书公司等大型出版社和发行公司出版发行的,可将其归入"保守派"的出版规范范畴。

除了保守派坚持维护当时较为传统的出版规范,尚有积极宣扬西式新出版规范的,我们姑且称之为"改革派"。这一派所采纳的规范为左侧横排左开本,文本上角均有页眉和标示章节与书名的文字,书中夹注、脚注、索引等比较全面,且均按西式范式排列,但中国现代语言学第一本采用西式出版范式的书籍《语言学大意》(1923)似乎是个例外。乐嗣炳一反常态,率先采用西式出版规范出版《语言学大意》(1923),本书是第一部采用横排版的语言学著作,上有页眉与正文用实线隔开,有章节、书名和页码标识,偶有脚注一二,置于页脚用实线与正文隔开,夹注也不多,尚无索引和书目。采用这种出版范式的还有孙伯坚(1935)、刘复(1930)、刘复(1939)、周辨明(1945)等,由中华书局、上海辛垦书店、厦门大学等出版,其中翻译文本占了大多数。这类文本的语言也是越来越简明易懂,其中最为简明的当属乐嗣炳(1923)和孙伯坚(1935)。

上述可见,中国普通语言学典籍的出版和写作规范流变是以当时占主流的"保守派"与占边缘的"改革派"并立存在的,两者的混合发展无法清晰地划分出发展阶段和界限,这个出版规范混同的时期,为日后中国的出版规范的发展奠定了基础,其发展受到当时国内大气候的影响,即学习和引进现代学术和科技。

十、本章小结

　　本章从语言学史的角度考察了20世纪上半叶国外普通语言学典籍汉译文本中的译述文本、直接译本、转译文本和特殊文本等的文本构成、思想来源、版本特征、内容特征、文本痕迹、译介特征与类型、语言学史中的地位等，考辨了20世纪上半叶语言学典籍中40余个术语引进和演变的脉络，梳理了中国语言学术语与国外语言学术语间的源流关系，揭示了现今语言学术语与20世纪上半叶中国语言学术语间的继承关系。基于文本的考察和分析，本章总结了20世纪上半叶中国译介国外现代语言学典籍的过程走向。

　　下一章将讨论该阶段语言学典籍汉译对中国现代语言学本体内部各部门及现代语言学各分支学科的影响。

第四章 典籍译介对中国现代语言学本体及其分支的影响

中国译介国外普通语言学思想肇始于20世纪初叶的章太炎和胡以鲁,为中国语言学的建立和发展奠定了学科基础,对中国传统小学的研究思路和方法构成极大的冲击。

本书第三章分析了20世纪上半叶国外普通语言学典籍的汉译文本,归纳了典籍译介中引进的语言学术语(如当前仍在沿用的"语言""言语""一般语言学""音素""语音学""句法学""语义学"等),阐述了中国现代语言学术语的发展流变以及国外普通语言学典籍汉译的过程走向。

本章以现代的学术视角和标准反观国外普通语言学典籍汉译的过程,从普通语言学理论与术语、语言学本体内部、语言学分支学科和语言学研究方法四个层面,窥见国外普通语言学典籍汉译对中国现代语言学发展产生的影响及其程度。

一、语言学本体

自1906年章太炎途经日本率先借助国外语言学思想改革中国传统语言学,引入"语言文字学"这一学科名称,促使中国学者关注和引进国外语言学思想,开启了语言学典籍的汉译之门。自1906年至新中国成立前,国外普通语言学典籍的汉译对中国现代语言学本体内的语音、语言结构、语言形态与类型、语言意义等层面产生的影响极大,譬如语音的实验研究、句法研究(特别是语法研究的"图释法")、语言的类型研究等。

1. 语音

国外普通语言学典籍汉译对语音层面的影响,可从语音学科理论与术语、对比语音研究和实验语音研究三方面加以梳理。

关于语音学的理论与术语问题,本书第三章的典籍文本分析和第三章第七节第二部分已有所阐述。胡以鲁在《国语学草创》中引进美国语音学家细佛氏(即 Eduard Sievers,1850—1932)的语音分类和压力(重音)的学说(1912:10)、海尔华尔胥(Hell Warg,生卒不详)的语音三角图等,同时从普通语言学角度引进语音研究术语"声音学""音声学""清音""气音""浊音"等,但这些术语并非首次引进,有关"声音学""音声学""音素"和"音位"的具体发展演变,详见本书第三章第七节第二部分。王古鲁在《言语学通论》中将元音组合分为"二重元音"(diphthong,1930:126)和"三重元音"(triphthong,1930:126),引进"语音同化"(assimilation,1930:127)、"语音顺行同化"(progressive assimilation,1930:129)、"语音逆行同化"(regressive assimilation,1930:129)和"语音相互同化"(reciprocal assimilation,1930:129)的理论探讨辅音连音组合的音变,为辅音组合分析提供了新的视角。张世禄在《语言学原理》中将元音、辅音进一步分为"元音性子音"(vowel-like consonants,1931:26)和"子音化元音"(consonant-modified vowels,1931:27),为元音和辅音的深入分析奠定了基础。张世禄在《语言学通论》中引进"节拍"(syllable,1937:33)、"单音"(phone①,1937:33)、"音类"(phoneme,1937:34)、整饰音素(phonæsthetic,1937:73)、语音韵(alliteration,1937:73)、半谐音(assonance,1937:73)、语尾韵(rhyme,1937:73)等音韵概念,并对 phoneme(音位)进行了厘定,即:一类差别音的范围或一组或一副相关的单音,现在叫作单音类(张世禄等,1937:24),及时地引进了弗斯的音韵学思想,为后期弗斯的韵律学(parody)做了铺垫。周辨明等在《语言学概要》中引进"语音异化"(dissimilation,1945:42)、"描写语音学"(descriptive phonetics,1945:48)、"音律"(sound law,1945:53)、"辅音移转

---

① 音韵学概念,指从言语的连续体中抽取出的尽可能小的音段。

规律"(consonant shift, 1945：58)、"樊纳律"(Verner's Law, 1945：67)、"格林律"(Grimm's Law, 1945：59)，还专门提出了音韵学的任务，即"描写与意义上有关联的音之制度"(1945：49)，为现代语音描写与音韵研究奠定了基础。此外，雷通群(1934：77)还谈及"母音"与"子音"的问题："日本人将vowel译为'母音'或称'母韵'，盖根据中国韵书所指之'三十六母'而来；至于consonant则译为'子音'。然在发音之性质言，究无所谓母子的关系，是其所译为不切。更有人主张将consonant译为'父音'者，仍陷于同一之纰缪"，为今天读者了解"子音"和"母音"的由来提供了线索。

对比语音研究和实验语音研究的译介文本不属于本文的研究重点，鉴于1949年前这两方面对中国现代语音学发展的影响较大，现仅以1949年前的两部译作为线索简要阐述语言学典籍译介对这两个领域造成的影响。

就对比语音研究而言，胡以鲁(1912)继承了章太炎对古今音对比的成果，并运用现代语音学理论批判性地分析传统音韵分析法，绘制了汉语辅音音位表，可能是中国的第一张(参见胡以鲁，1912：12)；黎锦熙在《国语学讲义》中也述介了有关"比较语音学"的内容(参见1919：21)；刘复于1930年翻译出版了《比较语音学概要》一书，除了"指示出一种方术来，使人说好外国语"(1930：3)外，也为国人引进了国外普通语音学理论和方法。该书是20世纪上半叶中国第一本论述国外语音研究的专著，主要以"元音"和"子音"这一对术语为发展脉络，即：元音分为半元音(1930：182)、中元音(1930：200)、鼻元音(1930：215)和弱元音(1930：219)等；子音分为气子(1930：33)和声子(1930：33—34)两种，然后从发音位置和发音方式两方面给予详细阐述。就语音与音韵的原理而言，该书引进了"音质"(1930：18)、"音节"(1930：52)、"音素"(1930：i)、"同化"(1930：153)和"逆同化"(1930：248)等概念知识，对中国早期的现代语音教学和外语语音学习具有重要意义。

实验语音研究的奠基人是刘复,他运用语音学仪器和实验语音学的方法研究汉语的四声,写成博士论文,后经自译以《字声实验录》(又称《四声实验录》,上海群益书社,1924)出版。该书认为,汉语声调与音质和音长存在某种关联,但不起决定性作用,决定汉语四声的主要因素是音的高低,两音之间的移动是"滑动",而非"跳跃"(参见邵敬敏等,1991:54)。该书是中国人首次采用语音学实验仪器研究汉语四声,给汉语四声以科学的解释,对开展实验语音研究具有重要意义。之后,刘复在北京大学建立"语音乐律实验室",创制"声调推断尺"等实验语音仪器,积极开展并提倡实验语音学研究。

2. 文法结构

20世纪上半叶国外语言学典籍汉译引进了德国洪堡的"内范"(inner form,1912:9)与"外范"(outer form,1912:9;参见本文3.1.2.4)、美国结构语言学家布龙菲尔德的"向心之力"(即向心结构,参见沈步洲,1931:8)与"离心之力"(即离心结构,同上)、结构主义语言学的"任意性"学说①(参见胡以鲁,1912:8;张世禄,1931:45;张世禄,1934:83;周辨明等,1945:4等)、"句法学"的学科概念(参见第三章第七节第三部分),等等。此外,这个历史阶段的语言学典籍汉译对现代汉语语法研究的影响很大,主要体现在语法框架的构建与语法研究方法的引进和发展上。

胡以鲁在《国语学草创》中从普通语言学的视角重申汉语语法

---

① ……某种语言当中,某个语词上语音和意义的结合完全是由这种民族社会任意选择的结果,没有绝对的固定的关系,这种就是语词的"任意的价值"(即任意性——笔者注)(张世禄,1934:83)。

的一般法则①,定义"语法"②并做分类阐释(详见图4.1),主张语法的构建应循"音声篇""词品篇"和"词句篇"的顺序,并强调句法在语法研究中的重要性(参见胡以鲁,1912:103);黎锦熙在《新著国语文法》(1924)中引进了纳氏《英文文法》(1895)的思想划分汉语词类,从A. Reed与Brainard Kellogg合编的《高等英文法》(*Higher Lessons in English*,1877/1886)③中引进"句本位观"和句法研究的"图解法"④,又从诺曼·福斯特(Norman Foerster)《文法与思维》第二章第一节的"从属结构"部分引进"树形图"(Foerster,1919:27—30)创制具有汉语专门特色的"树形图"分析

---

① 一般法则如下:法一,题语(即话题——笔者注)置第一位,说语或表语置第二位,有目语时则目语置第三位;系一,对语命令之句(祈使句——笔者注),题语从略;系二,说语或表语表说感叹,则谓诸主语之先;系三,比拟之句所以比拟前者,其说语或表语从略。法二,属语置于其所状词之前;系一,若属语与所属语共为体词或为语调叶之故,两者之时间用介节词;系二,表时间或方法之疑问事,置于主语之次;系三,表时间之语次于主语,表地方之语冠介节先于说语。法三,目语常置于最后;系一,属语而述说语所行之方法或地方者,时置目语之后。法四,介节词置其所介语词之前。法五,语助节词置于句读终结处。法六,助用词置于用词之前。此吾国语链接配置之大略法则也(胡以鲁,1912:64—65)。

② 语法分纯理及应用二方面。纯理分叙述和说明二大部。观察语言之现象顺序叙述之,叙述语法也。视其现象所由起,观其现象所由变,察其现象所以然,则为说明语法。故说明语法中又分为历史说明、比较说明、原理说明之三项。然是哲学的语法。语言学之研究也。语法之实用在于介绍一国语之事实而已,应用语法独详于事实,理论原理以事实上所必须者为度(胡以鲁,1912:100)。

③ 《纳氏文法》所遵循的是"字本位",而《高等英文法》是从句子分析开始,后随八类词的分析,是以"句本位"为纲的,且全篇以"图解法"为分析手段。可见,黎锦熙是受到理德和克罗格(Reed & Kellogg)的"句本位"观的影响。对此,阐述得最全面也最清楚的是潘文国(2004:60),但他把这部书翻译成《英语高级课程》,想必他本人可能未必翻阅过这本著作。

④ 关于图解法,他认为:"先理会综合的宏观(句子),再从事于分析的细目(词类)。不但'宏纲具举'而后能'细目毕张',并且词类底区分,有些要由词类在句中的功用而决定。"(1951年版引论)"若从句子底研究入手,则不但灵敏的词类智识、正确的词类用法,可以得到,而且:(一)可以发现一种语言底普通规则;(二)可以做学习或编译他种语言的说明;(三)可以帮助心能底陶冶,因为作句子底'逻辑分析'功夫,实是陶冶心能的无上妙法"(《新著国语文法》1924年版序)。

法,改变了汉语语法研究的"字本位"独霸天下的状态,丰富了汉语句法的研究;吕叔湘在《中国文法要略》(1942)中引进丹麦语言学家叶斯伯森提出的"从外到内"(从形式到意义)和"从内到外"(从意义到形式)的研究思想,改变了中国语法研究中单一的"字本位"和"句本位"的状态;王力在《中国现代语法》(1944)和《中国语法理论》(1945)中译介布龙菲尔德的"向心结构"和丹麦叶斯伯森的"组合"与"连系",尤其是叶斯伯森提出的"三品说";高名凯在《汉语语法论》(1948)中译介了马伯乐(Henri Maspero,1883—1945)、梅耶(Antione Meillet,1866—1936)、房德里耶斯(Joseph Vendryès,1875—1960)和索绪尔等人的语言学思想,从哲学角度探讨汉语语法问题;陆志韦在《国语单音词词汇》(1938)中引进美国描写语言学用于划分词与非词界限的"同形替代法";赵元任在《北京口语语法》(1952)中率先引进层次分析法分析汉语句子结构。此外,刘复(1939)引进了"记载文法"(描写语法,descriptive grammar)这一结构主义语言学术语和知识。可见,20世纪上半叶的中国重在语法研究理论的译介和发展,对现代汉语语法研究的影响极大。

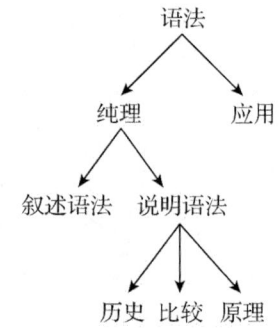

图 4.1 胡以鲁"语法"定义诠释图
(笔者根据胡以鲁论述绘制)

3. 形态与类型

20 世纪上半叶国外普通语言学典籍汉译引进了形态学术语

(参见第三章第七节第三部分)、印度的"六合释"(胡以鲁,1912:55)、"词缀"①(affixes)、"前缀"②(prefix)、"后缀"③(suffix)、"间缀"④(infix)、"骈枝语词"(derivatives,即派生词,沈步洲,1931:100)、"转成作用"(derivation,即派生,张世禄,1931:79)、"外的曲折"(external inflection,即外部屈折,王古鲁,1930:183)、"内的曲折"(internal inflection,即内部屈折)、"重迭"(reduplication,张世禄,1931:88)、"同形"(homomorphy,张世禄,1931:89)、"异形"(suppletion,张世禄,1931:89)等。这些形态学概念知识的引进为现代形态学的建立和发展奠定了学科基础。

1912年胡以鲁率先在《国语学草创》中引进"语言类型学"的术语(参见第三章第七节第六部分),批评了迦伯林氏(Gabelentz,今译甲伯连孜)的"螺旋进行说"(Spirallauf,胡以鲁,1912:71)有关汉语为循环论中孤立语的主张、施莱歇尔(Schleicher,胡以鲁,1912:72)的形态分类主张汉语为"初等语"的观点、波普(Bopp,胡以鲁,1912:72)有关"倾变论"(agglutinative theory,即粘着论)的过失、缪勒(Max Müller)有关汉语为孤立语的观点等,推翻了欧美学界对汉语认识的谬论,肯定了叶斯伯森(Jespersen)对汉语的公允评价(1912:75—81),维护了汉语在普通语言学研究中的地位。

此后,乐嗣炳(1923)、王古鲁(1930)、沈步洲(1931)、张世禄(1931)、张世禄(1934)、刘复(1939)、雷通群(1934)、周辨明(1945)等都不同程度地涉及语言的分类问题(参见第三章第七节

---

① 英文为affix,胡以鲁(1912:76)、乐嗣炳(1923:22)和沈步洲(1931:41)译为"语系",王古鲁(1930:182)译为"接辞",刘复(1939:18)译为"添接部分"等。

② 英文为prefix,王古鲁(1930:182)译为"接头辞",沈步洲(1931:84)译为"前系",张世禄(1931:88)译为"语首",周辨明等(1945:120)译为"接头字"等。

③ 英文为suffix,王古鲁(1930:182)译为"接尾辞",沈步洲(1931:84)译为"后系",张世禄(1931:87)译为"语尾",周辨明等(1945:129)译为"接尾字"等。

④ 英文为infix,王古鲁(1930:182)译为"插入辞",张世禄(1931:88)译为"语中",王古鲁(1930:182)译为"接辞"等。

第六部分），其中乐嗣炳（1923：21）提及语言分类一般有"形态分类法""系统分类法"①和"心理分类法"三种；王古鲁（1930：34，178—192）阐述了"系统分类法"和"形态分类法"，并通过系统分析把汉语定义为"声调语"（tone-language）（王古鲁，1930：180）；沈步洲（1931：56）论述了"心理分类法"和"形态分类法"；周辨明（1945：110）探讨了语言的"形态分类"（morphological classification）、"系统分类"（genealogical classification，即谱系分类）和"心理分类"（psychological classification），这些语言分类法的引进，对推动中国的语言分类，特别是语言类型学的建立和发展具有积极意义。

此外，从胡以鲁（1912）开始，这一时期的普通语言学著作多少都涉及语言的谱系分类问题，其中最为详细的是王古鲁（1930）、雷通群（1934）和林祝敔（1943），对当时人们了解世界语言和中国普通语言学的研究奠定了世界语言谱系的知识基础。

4. 语义

20世纪上半叶，在译介欧美语义研究思想的过程中，有的学者通过日本接触到欧美语义研究的思想，如王古鲁和雷通群等；有的学者留学欧洲，接触到西方语义研究的著述，如高名凯；有的学者在国内接触到了来华的学者，譬如李安宅跟昔日燕京大学的语言学者瑞恰慈来往甚密，并于1934年翻译出版了中国第一部以《意义学》命名的语义学著作，标志着中国现代语义学的建立。

有关意义学译介文本的分析和意义学概念知识的引进，本书第三章第五节和第三章第七节第四部分已有系统的阐述，故本节仅做概要性梳理。乐嗣炳（1923：17）认为语言结构特点是"内部底意义、外部底符号"，引进了"意"称谓；1930年，瑞恰慈任燕京大学客座教授，在《清华学报》第6卷第1期"文哲专号"发表

---

① 系统分类法的英文为genealogical classification，今称"谱系分类法"，属于语言学术语引进过程中的误译。

《〈意义底意义〉底意义》，引入英文 semasiology(意义学)的概念；同年，王古鲁于《言语学通论》(1930：33)引进 semantics(意义学)，成为中国第一个以"意义学"与 semantics 对应的学科术语。同年，章士钊翻译德国语言学家著的历史语义学著作《情为语变之原论》(1914)，引进保罗《语言学史原理》、冯特心理学观点，译介"语源学"(现译"词源学")、"语力学"(dynamologie)和"语意学"等术语和历史语义学的研究方法——类比法，成为中国现代语义学译介的开端。后来，李安宅在《语言底魔力》(1931)中引进语言哲学家弗雷格提出的"语义三角说"，后因该书售罄，遂将其与美国语言学家萨丕尔为《社会科学百科全书(第九卷)》(1933)所写论文"Language"的译文《语言的综合观》合并成《巫术与语言》(1936)，促进"语义三角说"的进一步普及。进而，李安宅借鉴《意义底意义》的内容和框架编译出版中国第一本语义学专著《意义学》(1934)。随后，张世禄(1937)也将 semantics 对译为"意义学"(1937：15)，与上述诸书遥相呼应，便于现代语义学思想在中国的巩固和发展。

此外，沈步洲(1930：8)介绍有关现代语义学奠基人法国语言学家布雷阿尔(M. Bréal)的情况，即"布里尔(Bréal)以推溯字义沿革名"，以"字义"对译 semantics。

表 4.1 meaning 译名演变表

出处	Meaning 译名	出处	Meaning 译名
乐嗣炳(1923)	意义 p. 17	李安宅(1936)	意义 p. 25，67
李安宅(1934)	意义 p. 106	周辨明等(1945)	意义 p. 10 意谓 p. 77

民国后期，高名凯先后发表《中国语的语义变化》(1947)和《中国语的语义变化与中国人的心理趋势》(1948)，探讨汉语的语义变化及其语义变化与心理变化间的关联，系傅东华(1939)以

外，中国早期出现"语义学"代替"意义学"的现象①，为 20 世纪 50 年代出现的"语义学"定名奠定了基础。

5. 语用

语用研究起步较晚，因而有关语用研究思想的引进也相对较晚。中国最初引进语用研究的相关思想肇始于张世禄与蓝文海合作翻译的《语言学通论》(1937)，该书为英国语言学家弗斯(语用研究的奠基人)到伦敦大学学院后写作的第一本教科书 *Speech*(1930)，是从生理学、物理学和心理学等层面阐述人类语言各个层面的概论性书籍。该书在阐述普通语言学问题的同时，还译介了弗斯初期的语用研究思想。本节按情景的作用、语言的经济性和情景中意义的确定等角度，归纳该书引进的语用学思想。

在该译本中，弗斯用洪堡的 inner speech(即内在的言语，张世禄等，1937：56)、马林诺斯基的 context of situation(情景)和华生的 behaviorism(行为论)等理论观点，论述语言的经济性(linguistic economy，张世禄等，1930：40)、言语单位(unit of speech，1930：48)等与意义相关的问题，不但为"意义学"(semantics，1930：15)的研究增添了辅助手段，还为语用研究奠定了基础。

关于情景的作用，他认为："通常谈话关于呈现意识上的人和物的，其中对于发出的和听见的语音最重要的适应者和限制者绝不是语词，而是已熟悉了的情景的系属。语句词(sentence-word)的意义几乎永远是靠了已熟悉的情况而传达的"(张世禄，1937：50)。我们发现，上述引文中隐含着马林诺斯基从人类学角度提出的语用研究的指导思想："词汇的意义在其使用中。"

关于情境中意义的确定，他认为："'意义'至少包含着四种事情——直接关系，对于关系人的态度，对于所说的人的态度，

---

① 尽管高名凯在上述二文中采用源自法语 semantique 译名的"语义学"这一称谓，况且在 20 世纪 50 年代"语义学"已被广泛采用，但他在《语法理论》中依然使用"意义学"这一术语(1960：51)。

以及目的。牠也依据于集团习惯的表达作用"(1937：53)，为后来的语篇语言学和语用学中蕴含意义研究奠定了思想基础。

可见，上述语用研究思想于20世纪30年代已引进中国，但未得到足够的重视。

二、语言学分支学科

20世纪上半叶，中国译介的国外普通语言学典籍在介绍和引进语言学本体层面理论知识的同时，也引进语言学其他分支学科的知识和部分理论主张，为历史语言学、民族语言学、社会语言学、应用语言学、心理语言学、对比语言学、人类语言学、语言学史等在中国的建立和发展奠定了基础。

1. 历史语言学

这一时期的国外普通语言学典籍汉译引进了语言的历史研究和语言学史的研究。就语言的历史研究而言，通过汉译引进了历史比较的研究方法，主要体现于语言起源的探讨，从宗教神学、有机理论、心理、理性和情感的角度探讨世界语言和汉语汉字的缘起，了解语言文字的创立机制与功用。

就语言学史的研究而言，林祝敔的《语言学史》(1943)是中国境内出版的第一本语言学史著作，是集翻译西洋语言学研究成果和编写汉语、日本语及朝语的相关内容而成。该书共六编，分为四部分，即语言学通史、区域语言学史、一般语言学史和语言学专门史。目录如下：

1. 通史(第一编)：古代(希腊、拉丁、印度、回教世界与犹太教世界和中国)、中代、近代和现代；

2. 区域语言学史(第二、三编)：印欧语学史(雅里安语、日耳曼语、温德语、凯尔特•罗曼司语、希腊语、阿尔巴尼亚语、亚美尼亚语、喜底德语和托加利亚语)和非印欧语学史(乌阿语、高加索语、闪含语、巴斯克语、印支语、海洋洲语、非洲语、美洲语及其他）；

3. 一般语言学史（第五编）：语言的研究（语言的起源、语言的变迁、语言的样式和语言的属性）和语词的研究（语音学、意义学和文法学）；

4. 语言学专门史（第四、六编）：比较语言学史（旧时期：拉斯克、布普、格林、波特、希莱赫、柯修斯和费克，与新时期：印欧语的颚音系统、日耳曼语的子音音变、印欧语的元音系统和新文法学家）；和文字学史（楔形文、西普罗文、克利特文、埃及文、喜底德象形字、腓尼基文、西奈文、古印度文、亚细亚文、古拉丁文、希腊·拉丁文、奥干文与罗尼文和古土耳其文与古匈牙利文）。

此外，书末有附录二则，即：语言学书目表和语言学家生卒表，前者系编者从各语言学著作中搜集而成，而后者则是转录于丹麦 Pedersen《十九世纪欧洲语言学史》（参见 Pedersen，1931：343—352)的索引总目（General Index）。

从语言学史研究的角度看，它是一本全史，集语言学通史、区域语言学史（印欧语学史和非印欧语学史）、一般语言学史和语言学专门史（比较语言学史和文字学史）于一体。就语言学史的研究范式而言，该书旨在效仿欧美语言学研究的样板，以丰富翔实的史料来警示国人学者：比较研究方法才是真正适用的方法，将推动中国语言学研究的全面发展。从语言学与应用语言学的关系看，语言学史属于应用语言学范畴，是语言学理论在语言学史研究方面的具体应用，因而本小节中语言学史部分与应用语言学中语言学史部分是交叉的。

除了语言学史外，该期的大多普通语言学著作都或多或少采用或引用国外语言学家有关语音、词汇历史研究的成果。在普通语言学著述中，采用国外语言学家历史语言学成果最为集中的当属王古鲁(1930)，其次是雷通群(1931)、沈步洲(1930)和张世禄(1931)、张世禄(1934)等，而单篇文章则有岑麒祥的《历史比较言语学中之比较底方法》(1935)。有关上述历史语言学著述的内容细节,请参见本书前述。

2. 民族语言学①

受到国外语言学典籍译介的影响,20 世纪 30 年代已经有人关注少数民族语言问题的研究。王静如的《西夏研究》(历史语言所甲种之八、十一、十三,1932—1933)对西夏语及西夏文佛经雕刻版做了系统研究和论述;受丹麦叶斯伯森的影响,傅懋勣②的《维西么些语研究》(《中国文化研究所集刊》,1940、1941、1943)采用了从形式到功能和从功能到形式的研究模式,描写纳西语的语音和语法系统,是国内最早研究云南纳西语的学术专著;邢公畹的《远羊寨仲歌记音》(《语言人类学专刊》2 集第一种,1942)细致描写了布依族的声韵调,并与龙州土语做比较,他的《汉语"子""儿"和台语助词 Luk 试译》(《国文月刊》第 68 期,1949)和《汉台语构词法的一个比较研究》(《国文月刊》第 77 期,1949)对汉台语加以深入的词汇比较研究;高华年的《黑彝语法》(《语言人类学专刊》第三种,1944)对彝语的语法做了详细的描写;袁家骅的《峨山窝尼语初探》(《边疆人文》第 4 卷,1947)介绍了哈尼语的主要语法规则和特点,等等。

受国外语言学典籍译介和学者个人留学英、美、法的学术经

---

① 有关民族语言学的内容,请参见本章二节"3. 社会语言学"的部分内容。

② 美国伯克利大学马提索夫教授说:"傅懋勣是 20 世纪中国最出色的语言学家之一。他对中国少数民族语言的研究和保护做出了巨大贡献。他的贡献体现在学术上和在实际应用两方面。他对众多的语言和方言进行了长期的和艰苦的调查,跻身于当地人的语言文化中。他掌握了彝族和纳西族的神秘而复杂的文字,并会释读、书写他们的表音、图画文字,甚至不亚于他们的经师。如果一个语言没有自己的文字,傅懋勣就会帮助创造一套科学性的,以罗马字母为基础的实用文字。他是中国语言学界先驱之一,把西方语言学理论应用于所研究的中国语言,与此同时他把西方理论和中国传统音韵学结合起来,避免生搬硬套欧洲语言学来处理形态大为不同的东亚语言。"摘自马提索夫教授为《彝语描写语法》作的序(1997),参见 Linguistics of the Tibeto-Burman Area 第 20 卷,以及傅云起写作的回忆录《撒手竟长逝,慈容难再见——思念我亲爱的父亲傅懋勣》(http://blog.163.com/yan_rz@126/blog/static/3523937520111029105741274/,2014-09-22)。

历影响，这一时期的民族语言学研究主要以田野调查手段考察、收集和整理语音和语法材料，属于描写研究的范畴，为中国民族语言学的建立和发展奠定了材料和方法基础。但该阶段的民族语言学尚处在草创阶段，以收集数据为手段，描写语言的基本使用状况、语言的内部特征（语音、词汇、结构），揭示少数民族对民族语言和汉语官话的态度等，还没有开始基于田野调查的理论归纳和思辨。自20世纪50年代，田野调查法成为研究民族语言问题的主要方法，且进行了几项大型的语言田野调查研究，之后遇到政治风波，直到20世纪80年代语言田野调查方才得以恢复。经过近30年的发展，语言田野调查法渐进成熟，已经由原来单一的观察法、访谈法或问卷调查法发展为文献法、访谈法、观察法和问卷调查法综合操作的调查方式。

3. 社会语言学

社会语言学的研究对象为语言的社会变体，包括因地域差异产生的地理方言和因语言使用者社会身份和小团体差异产生的社会方言。国外普通语言学传入中国初期，中国语言学者就关注地理方言中哪一门方言做标准语的问题，方言与标准语的关系问题，社会方言中俗语的特点、特征与标准语的差异等。何仲英（1931）就曾针对实行国语的重要性时，就地域方言有过如下的论述："上海叫姐姐做（应为'作'——笔者注，下同）阿姐，漳州叫母亲做阿姐，长沙叫祖母做阿姐；那么，上海的姐姐跑到漳州就高升为母亲了，再跑到长沙又高升为祖母了，岂非笑话！还有一层，有许多方言，在某地是很平常的，但是换了一个地方便不能用，或者以为骂人的话。譬如，'蛋'字，南人常用为食物名词；可是北平人叫鸡蛋做鸡子儿，叫炒蛋做炒黄菜，叫皮蛋做松花，叫打蛋汤做木樨汤，叫水打蛋做卧果儿——'蛋'字绝对不说，把它当作一个很坏的称呼，如混蛋、坏蛋、掉蛋、捣蛋、滚蛋、狗蛋、琉璃蛋、王八蛋等是。一音之讹，一词之差，判若天壤。"（1931：104—105）

社会语言学研究主要采用田野调查法和问卷普查法，前者在国外普通语言学典籍汉译初期已经引入中国。受到语言学典籍译介的影响，自章太炎《论语言文字之学》(1906)和《新方言》(1907)开始，胡以鲁(1912：82—90)、乐嗣炳(1923：37)、王古鲁(1930：78—81)、沈步洲(1931：165—167，208—211)、雷通群(1934：159—169)、周辨明(1945：120—128，附录1)等都不同程度地阐述汉语地域方言的问题①，其中王古鲁(1930：33)最早引进瑞士语言学家苏秀尔(即索绪尔)的社会语言观，但未及详述。

此外，尚有一些专门研究地域方言的著述。早在1911年清政府学部提出"统一国语办法案"，涉及中国方言的调查研究，但未及实行，清政府就退出历史舞台。在中国最早运用语言学方法调查方言的是瑞典语言学家高本汉于1910—1912年在中国调查了24种方言，描写了语音，出版了《中国音韵学研究》(1926)。1917年，中华民国国语研究会确定了调查各省方言的任务，但因各方面原因未能实施。1927年，清华学校组织吴语调查，由赵元任带队深入江苏、浙江两省33个方言点，从事为期两个半月的吴语调查，记录了63位发音人的语言材料，该次调查是中国首次运用现代语言学理论以国际音标记音的方式从事方言田野调查。该次调查的成果以《现代吴语的研究》②(1928)为名作为"清华研究院丛书"第四种出版，该书系中国现代少数民族语言研究的代表作，被时人誉为中国现代语言学开展社会语言学的样板。赵元任出版《钟祥方言记》(历史语言研究所，1931)和《临川音系》(历史语言研究所，1941)等，是中国方言调查研究的成熟作品。

---

① 仅就方言的研究而言，社会语言学与民族语言学两部门之间多有重复，前者多包括后者，后者只是前者研究范围中的一个小的部分，且只有中国把民族语言学单独列出，以凸显民族语言研究的地位。就本质而言，民族语言学研究的方法、内容和范围就是社会语言学研究或曰语言学研究，但与上世纪70年代拉波夫所做的城市语言研究有所不同，前者既包括不同民族群体之间也包括相同族群不同地域的语言问题。

② 有关该书内容，详见盛林等(2005：322—324)。

赵元任等共同撰写的《湖北方言调查报告》(商务印书馆，1948)是中国于1936—1948年六次田野调查①的综合报告，是中国社会语言学和民族语言学研究中大型田野调查的代表作，也是中国现代语言学发展的标志性著作。然而，对汉语社会方言的论述除章太炎(1910)和胡以鲁(1912：45)偶有涉及外，在其他著作中尚不多见，反倒是"世界语"和"巫术语言"的研究已形成一定的规模。

就普通语言学汉译典籍的现有情况看，傅平译的《为市民性所限制的天才的语言学者：柴门霍夫语言理论的基本要素》(1932)为第一篇有关"世界语"的译文；孙伯坚转译的《言语学与国际语》(1935)不但与上一篇文章相互呼应，而且把国际语问题跟普通语言学理论结合在一起；叶籁士将上文重译为《柴门霍夫的语言理论》发表在《语文》1937年第2卷第1期，促进了波兰语言学家世界语理论在华的传播；周辨明等在《语言学概要》(1945)第九章专门探讨"大同世界的语文计划"，旨在为推广世界语提出建设性的意见。

就"巫术语言"的研究而言，李安宅受弗雷泽《金枝》(*The Golden Bough*, 1890)的影响出版《语言底魔力》(1931)，后将译文《语言底综合观》并入，改名为《巫术与语言》(1936)，该书于1988年由上海译文出版社影印再版，并附录弗雷泽的《交感巫术》译文于后。有关《巫术与语言》的内容，详见本书第三章第五节。

此外，应用于民族语言学研究的田野调查也属于社会语言学

---

① 早在周秦时代，中国已经存在语言田野调查，但其大成者为汉代扬雄。扬雄的方言著作，其初名为《殊名》，后改为《輶轩使节绝代语释别国方言》，略称《方言》。该著的编撰旨在通晓天下语言，了解天下民情和民俗，加强中央王朝与各地的联系，覆盖的范围极其广泛，东北至朝鲜，西北至西秦(今河西走廊)，东南至吴、越、西瓯，西南至梁、益，南至桂林。扬雄承袭了先辈严君平和林间翁孺等的前期成果，相当于今日语言田野调查的"文献法"，又采用类似于今日田野调查的"访谈法"，如："故天下上计孝廉及内郡卫卒会者，雄常把三寸弱翰，齐油素四尺，以问其异语。归即以铅摘次之于椠，二十岁于今矣。"(参见扬雄《答刘歆书》)可见，扬雄当时不但采用了类似今日的"文献法"和"访谈法"，还采用了类似今日的田野日志和材料分析的工作程序(参见贾洪伟，2012)。

的内容，而且是社会语言学研究的基本方法，可见1949年前中国已经引进了社会语言学研究的方法，且出现了社会语言学的研究，只是处于初级阶段而已。

4. 应用语言学

应用语言学是研究语言在各个领域中实际应用的语言学分支，着重解决实际问题，一般不接触语言的历史状态。20世纪上半叶的语言学典籍汉译对应用语言学的影响体现在如下层面：语言教学、实验语音学、词典学、标准语问题和语言学史。有关实验语音学的情况，本节不做详细讨论，参见本章第一节第一部分的实验语音学部分。

20世纪上半叶最早探讨语言教学的著作是沈步洲(1931)，该书从学习者的角度对已有的儿童语言习得观点提出五点批评①，归纳出6点说明儿童学习语言长于成年人的原因，总结了儿童一语习得与二语习得的特点和区别以及群众、教师在语言习得过程中的作用；同年，张世禄(1931)附录了《论语言教学法》，以教学者的角度从语言教学的目的和性质、学童的年龄和教师的资格、音读的练习和意义的解释、文法的说明和课本的选择等四个层面论述了语言教学的问题，批评了两种现行的教学方法②，警示意

---

① 沈步洲就儿童语言学习观点的五点批评如下："儿童学习新语词，每多讹误，可知其运用发音机关，不如成人，是柔顺木强之说，不足信也。儿童不善辨别声音，几微之差，辄致混淆，是听觉灵敏之说，不足信也。儿童口语先讹后正，种恶习之根，而后徐徐斩伐之，是无夙习之为累之说，不足信也。儿童幼小之时所习至多，暑有所闻，刻有所见，其官能之多事，有过于成人，是斯韦特(Sweet)心念专注旁无所惊之说，不足信也。生于异国者，习外人之语，其难易略与本国儿童相同，是遗传之说，又未可尽信也。"（沈步洲，1931：158—159）

② "学习一种外国语，每用本国语来翻译，这实在对于初学外国语的学生，有害而无利；因为这种程序，每每只以外国语当做本国语意义的一种符号，使学生对于外国语联想习惯的养成，减退效率。又有一种外国语的教学法，只以养成读书的知识为主；这种教学的目的，是从学习古代语上得来的，实在把古代的语言和现代的外国语混做一谈了。"（张世禄，1931：164）

义解释过程中"翻译教学法"的弊端①，进而提出教授意义的方式，即："解释外国语的课本，须直接用具体的意义或用外国语上不同的语词或语句（张世禄，1931：176），也就是我们今天常说的"诠释法"（paraphrase），提出文法教学的意见②。不论是沈步洲从语言习得角度还是张世禄从教学语言角度做出的归纳总结，对今天的语言教学仍有可资借鉴的价值。此外，就语言教学的方法而言，胡以鲁在讨论语言进化时，引进了语言教学的方法 method of trial and error，译为"尝试"（胡以鲁，1912：45），现在通称"甄别法"。此外，沈步洲（1931）和张世禄（1931）可视为国内率先论及"翻译教学"与"教学翻译"的早期应用语言学文献。

关于标准语的建立和规范化问题，胡以鲁（1912：91—104）首先界定了"标准语"和"国语"的概念，然后提出了"统一国语的任务"，就北京话与湖北方言何者作为确定"标准语"的标准提出商榷，最后提出确定"标准语"的标准制定意见，并建议以武汉话为中华民族的标准语；王古鲁（1930：210—211）在探讨汉方言基础上，商讨了北京话和湖北方言何者为标准语的问题，也主张以湖北方言为中华民族的标准语；沈步洲（1931：174—175）回顾了清末以来中国有关标准语与标准音的商讨历史，总结中国方言的分布状况以及湖北方言与北京话作为标准语的优劣得失，最终提出北京话当为中华民族标准语的主张；张世禄（1931：160—162）

---

① "我们切不可用本国语来解释外国语的意义。把外国语翻译为本国语，其弊有二点：第一，本国语的语词未必合外国语的语词个个都能吻合，用本国语解释外国语，当然要引起种种误会，而使外国语永远成为间接的联想习惯，且多不正确的联想。第二，学童只贪易畏难，不管其正确与否，总以本国语翻译外国语；除利用本国语外，不能直接引起外国语的联想，于是外国语上的种种意义，很空漠无定；词类的增进，也就很不容易了。"（张世禄，1931：167）

② "学习一种外国语，只是要使学习上易于了解，需要文法的说明。课本内第一课里的新字和成语，可以和第二课里的相比较，逐课比较，自然而然得到形式变化等等许多范畴；这些范畴是由课本里许多实例归纳得来。教师只要简单的指明一下，或某个语词是合于某种规则，或某个语词是不合于某种规则，学生就很容易领会。"（张世禄，1931：168）

以西方语言为例阐述标准语的语言学问题；雷通群（1934：165—169）回顾了清朝满文语言政策，以其失败为教训，取东京话为实例思考民族标准语问题，等等。有关标准语问题的讨论，就是以语言学家的视角，运用语言学的知识，制定标准，确定某一方言为民族标准语。1949年前，语言学汉译文本中有关标准语的探讨为把"北京话"确定为"标准语"，进而以"北京音"为标准制定"普通话"奠定了基础，也为新中国语言政策的制定和施行提供了前期保障。

有关词典学的问题，这一阶段的汉译语言学典籍没有涉及，但《民国时期总书目》（1986：8，22—26）记载词典学的著作3部（戴镏龄编著，《字典简论》，武昌文化图书馆专科学校，1935；李国钧编译，《苏联缩语新语辞典》，哈尔滨广记印书局，1933；王安国编，《华英德法词典》，上海商务印书馆，1936）和汉语词典若干部，有的按照部首编排，有的按照笔画编排，有的按照注音字母音序编排；有的收录新字、简体字，有的收录别种语言中吸收过来的词语，有的删除先前版本字典中的生僻字重新出版，等等。

有关语言学史方面，林祝敔在1943年编译出版了《语言学史》。从内容看，该书分四部分，阐述了语言学通史、区域语言学史、一般语言学史和语言学专门史。语言学通史部分介绍了古代希腊、拉丁、印度、回教世界与犹太教世界以及中国的语言研究的成果和观点，之后扼要阐述中代、近代和现代语言研究的理论和方法。区域语言学史部分叙述了印欧语言学史和非印欧语言学史，主要着重于各门语言分布和状况的介绍。一般语言学史部分述介了语言起源、语言变迁、语言样式、语言属性和语词研究的理论和观点，其中涵盖了当时鲜有论及的意义学。语言学专门史部分专门译述了比较语言学史和文字学史，分别整理了比较语言学旧时期的拉斯克、波普、格林、波特、施莱格、费克，以及新时期的印欧语的颚音系统、日耳曼语的子音系统、印欧语的母音系统和新文法学家的理论方法和主张，涉及楔形文字、腓尼基文字、埃及文字、古拉丁文字等文字系统。该书不但涵盖了以时间为写作脉络的史学方法，还采用了主题式史学著述方式，是一部涉及多层面、多方位的早期语言学专门史著作。该书的出版不但丰富了中国应用语言学的内容，而且为后期中国语言学史的写作和发展奠定了方法和内容基础。

上述可见，自 1912 年到 1949 年前，应用语言学的两个主要分支，即语言教学和语言学史都已引进，不但形成了一些成熟的观点而且出版了相关的著述。此外，语言学理论应用于词典编撰和语言规划方面发展得更为红火，可能与当时的社会意识形态和社会需要具有密切关系。

5. 心理语言学

就普通语言学而言，胡以鲁是将心理学引入语言学的第一人，也是将心理语言学引进中国的第一人。在《国语学草创》(1912)的第二编，胡以鲁运用心理学理论阐释汉语的起源问题，认为语言的缘起源于精神感觉，即：

> 语言，精神活动之产物也。故探究语言当自其胚胎作用之精神活动始。心理学上最低之精神活动，感情也。感情有主观而无客观。故纯感情之发表。但有声气之反射。感而有外界之认识则为感觉。……于是关于一事一物之观念，与该事物现实直接意识相混交，乃生辨别也，乃起比较，乃相类推悬拟，而起命名之作用。此时意之表象与反应之而发之音之表象，因经验而连结，而语言起于其间。(胡以鲁，1912：44)

在该书第三编，胡以鲁采用心理折中观解释汉语的后天发展，他认为，语言是社会心理产物，不能独断地任意创造，也不能随意妄废旧的言语，反倒可以缩小或扩展其固有义项来创造新的表达法，即：

于是而欲弃陈敝补不足使任意得创作新语以更替之者，则秉人为淘汰之原则可立见其新陈代谢矣。而无如语言乃社会心理之产物非独断所能造作也。无己，则惟加以订正耳。不废旧用之资料使之分担专其职，或加以限定素以定其适用之范围，扩延之使其概念明确而丰富，盖折中之得策也。（胡以鲁，1912：60—61）

他认为语法不应建基于逻辑，而应以社会心理为依归，即：

语法之成立本非名理制定，特以心传心之惯习规约耳。习用则心理上起分化，斯为定法。法有时而参差，盖社会心理之差；法有时而变迁，亦社会心理之变也。（胡以鲁，1912：67—68）

乐嗣炳在谈及语言起源时引进"精神作用说"，但跟胡以鲁不同的是，乐氏未及深入探讨，而仅是交代了简单的信息，如："上面两种说法（指'神造说'和'人造说'），既然不能使人满意，于是才有十九世纪后半底哲学家，提倡心理语言并行说，主张此说底最力者，就是德国人文德（即 W. M. Wundt, 1832—1920，今译冯特）。近年谈到语言底起源，大都依此为标准"（乐嗣炳，1923：6）；乐氏在"语言底分类"部分引进语言分类的心理学观（心理分类法），即"把语言跟思想底关系，作分类底根据"（乐嗣炳，1923：21）。乐嗣炳（1923）没有深入阐述心理学观点，但这些观点的提及和采用已与胡以鲁（1912）形成一定的呼应。

张世禄（1931：34—44）从"语言之心理的基础""文法范畴和心理的关系""语言与民族心理"与"语言发出之心理的动机"等角度探究语言内容的心理层面；张世禄（1934：64—78）基于心理角度从"语词构成的由来""语句构成的由来""语法的范畴和民族社会的心理"及"发言时心理的动机"等层面，探讨语言的构成问题。从内容看，前后两书大体相当，仅深度和详细度有所不同。

综观新中国成立前语言学典籍汉译作品，阐述语言心理问题最为全面且系统的莫过于张世禄(1931)、张世禄(1934)和胡以鲁(1912)，而王古鲁(1930)、沈步洲(1931)和雷通群(1934)等鲜有论及心理语言学问题。上述有关心理语言学思想的引进，促进了心理语言学思想在中国的接受与传播。

6. 语言比较研究

现代语言学上的比较与对比肇始于马建忠(1898)和胡以鲁(1912)，胡以鲁从普通语言学视角审视汉语的语言学问题，批评中外先辈有关汉语的错误认识，指出类型学方法是认识汉语的正确之途，确立语法定义，揭示语言比较是认识语言的关键："所谓语法者，叙述语言之机制者也。无外语之接触比较，无成文之机则已耳。"(胡以鲁，1912：76)在论及语法的分类时，胡以鲁(1912：100)把"比较"置于"纯理语法"中的"说明语法"之下，与"历史说明"和"原理说明"并立。陈承泽(1920：9)从理性的角度提出以"汉语"为参照的"比较研究法"，与"说明""实用"的主张并立。乐嗣炳(1923：2)率先引进"比较语言学"的学科术语，沿用至今。胡适(1924：36—80)针对陈承泽(1920)的文法观点提出商榷，但赞同"比较法"为研究汉语语法的一个根本方法，与陈承泽(1920)的观点相呼应。王古鲁(1930：13)与雷通群(1934：11)据日本著作引进"比较言语学"(comparative philology)的学科概念，为当时学界所习用。沈步洲(1931：2)引进"比较文法之学"(comparative grammar，即比较语法)的概念，并说明比较语法是语言学研究的重要部门，但并非是语言学本身。张世禄(1931：156)和孙伯坚(1935：19)都涉及了"比较言语学"的话题，且张世禄(1931)赞同使用"比较法"。为了推广"比较法"，岑麒祥翻译了《历史言语学中之比较的方法》(1935)一文，该文系统阐述了在历史语言学中如何使用"比较"的研究方法；林祝敔编译《语言学史》(1943)，旨在让国人了解西方语言学的发展历程，以图从国外语言学研究的历史中得出教训："使我国语言学向前的最得当的方法……那就是比较研究。"(1943：3)周辨明与黄典诚(1945：16—

17)重复了"比较方法"的内容,引入了 comparative philology 的新译名"比较言文学"。

此外,在《研究方言应有的几个语言学观察点》(1931)中,林语堂业已从普通语言学的视角思考汉外对比的问题,且指出,汉语语法研究应是独立的语言学研究,不应囿于西洋语法的束缚:

> 对于文法关系应做独立的语言学上的研究。何谓独立?即不为西洋(特别英文)文法的模仿所拘,好像以为英文文法的分类,便可以当作我们文法的分类。我们应该取较平正的眼光,由普通语言学方面观察文法现象。英文中有三个"位" cases, nominative, possessive. objective,但是德文有四个,腊丁文有五个。梵文有八个,Finnish 有十二个。又如英文文法分 voice 为主动与被动,然而我们不要误会以为主动被动便是一切语言必有的分别,梵文与希腊文却有所谓中动(middle voice)或自动,梵文还有 causative, intensive, desiderative 的分别。所最要的就是我们不应持偏狭的态度以治中国文法,因为中国语言与西欧普通语言差更远了。(林语堂,1931:247)

同年,在意大利哲学家克罗齐的"语法是表现的科学,一切语法形式和结构只是表达意念的手段"(林语堂,1933:序言)的说法、法国语言学家布鲁诺(Ferdinand Brunot,1860—1938)的《思维与语言》(1922)和丹麦叶斯伯森的《语法哲学》(1924)等的影响下,林语堂采用"从表达到功能"(从外到内)和"从功能到表达"(从内到外)的对比手法编写了《开明英文文法》(上海开明书店,1933)。该书不但涉及语言结构和意义表达的对比,还涉及了语言表达的心理层面,是一本难得的英文语法书。

最后,黎锦熙出版《比较文法:词位与句式》(著者书店,1933),旨在推动汉语词位和句式层面的比较研究。

虽然1949年前中国语言学中尚不存在对比语言学的术语称

谓，语言的比较研究实践却已存在，且已经触及结构和意义的相关层面，为对比语言学的建立和发展奠定了学科基础。

7. 人类语言学

人类语言学研究在中国起步相对较晚，但在中国译介国外语言学的初期，已有3部著作提及并引进人类学、人种学和人类语言学的相关论点。纵观这段时期中国的普通语言学典籍，乐嗣炳（1923：1）率先引入"人种学"和"人类学"概念，但只是略微交代，未做深入分析。真正引入人类学和人类语言学观点，并做深入探讨的是李安宅（1931，1934，1936等）。李安宅（1936）先引入西方人类学的著作《金枝》（1890）及其关于神学与宗教信仰的观点（参见1936：16），然后引进马林诺斯基的人类学思想（1936：26），由此出发探讨中国的巫术语言文字，并用美国人类语言学家萨丕尔的语言学观点阐释巫术的语言现象，这是中国迄今为止第一部专门研究巫术与语言关联的人类语言学著作。张世禄（1937）引进了马林诺斯基的语言人类学观点（1937：14），美国人类学家泰勒（E. B. Tylor，1832—1917）的人类学主张（参见1937：15）等，这些思想的引进为中国学者思考语言社会及语言与人类学关系的研究提供了思想基础，但其在语言学领域所受关注程度却不如人类学领域。

8. 语言与思想

语言与思想的研究一直是学界的热门话题，而关于这一研究课题何时传入中国学界，则鲜有论及。在文本分析阶段，我们发现胡以鲁（1912：47）解释"双声叠韵"在汉语词汇衍生和表意中的作用时，业已涉及语言与思想的关系，但还只是局限于语音、词汇与意义对应上的问题。此外，胡氏还引进了语言符号"能指"与"所指"的观点（1912：52）以及语言符号能指与所指"任意性"的观点。乐嗣炳（1923：1）提及心理学的因素，但没有深入探讨，而王古鲁（1930）在探讨"语言本质"的第二节就是以这一课题为主题的，对今天仍在热烈探讨的语言病理问题参以图例给予深入探讨，引进了德国的相关术语，如"失语症"（Aphasie，1930：

152)、"失书症"(Agraphie,1930:152)、"皮质性运动性失语症"(Kortikale Motorische Aphasie,1930:153)、"皮质性感觉性失语症"(Kortikale Sensorische Aphasie,1930:153)、"错语症"(Paraphasie,1930:153)、"健忘性失语症"(Amnestische Aphasie,1930:154)、"读书不能症"(Alexie,1930:155)等,是为中国探讨语言与思想研究的开端。后有张世禄(1937)引进的"口语丧失症"(verbal aphasia,1937:19)和"语词丧失症"(nominal aphasia,1937:19)。

张世禄(1931:42—44)从文法和声音呈现角度探讨语言表现思维的方法和形式的关系问题,认为语言根植于社会习惯,不同民族有不同的思维表现形式和方法,但语言为思想的符号,符号本身足以助长思想的发展,因而两者间是相辅相成的关系。

周辨明等(1945:78)引进"语义三角图示"解释"象征"(符号)、"指归"(指称)和"心"(思维)间的关系:"……其一,象征自身的原料(即 Symbol,如字音、字形、旗号等是)。其二,所指的客观的物件、品质、或事故(即 Referent)。其三,能感受那象征与指归,而又能把这两者连系起来的心(即 mind)。"如图 4.2 所示,进而解释了语义变迁的因由,即:"意谓的变动就是心理内容的变动,这可以分为两大类。第一类的变动是:成字与指归整个关系的变动(本字另有所指的事物)。第二类的变动是:成字与指归某一方面(aspect)之对指关系的变动。"(1945:79)上述引文中的"对指关系"就是今天语义学中所说的"指称关系"。

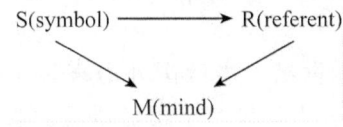

图 4.2 语义三角图

有关语言与思想之关系的理论,为后来这方面的研究以及语义研究奠定了基础。此外,真正看到并强调语言特点对思维影响的是林语堂,他于 1938 年看到丹麦语言学家叶斯伯森的《英语的发展与结构》之后，在《吾国吾民》(1935)的修订版中添加了一节《汉语是女性气质》，还专门谈及语言与思维的关系，指出：

> 中国文学的媒介，亦即汉语的使用，在很大程度上决定了中国文学的特殊发展。只要将汉语与欧洲语言作一比较，人们就能看出，中国人思维和中国文学的特殊性，其实就来源于他们的所谓单音节语言。中国人说的都是像 ching，chong，chang 那样的音节，这一事实导致了惊人的后果。这一单音节性决定了汉语书面语的特性，而汉语书面语的特性又形成了中国不绝的文学传统，甚而影响到了中国人思维的保守性。(Lin，1938：205)

上述有关汉语单音节与特殊书面语有关联的观点，多年后得到赵元任(1975：246—247)的回应。

除了上述影响外，这一时期的国外语言学汉译典籍还引进了"西方语言哲学"思想(雷通群，1934：23)、华生①(Watson)的"行为理论"(张世禄，1937：15)、"语言生物学"(包括 Schlegel，Darwin 等)(沈步洲，1931：10—11；张世禄，1937：11)等，这些理论的传入丰富了当时语言学家的视野，为汉语和中国普通语言学的多视角研究打下知识基础。

三、本章小结

本章总结了 20 世纪上半叶国外语言学典籍汉译，在语言学本体内部和语言学分支学科两个层面造成的影响，这些影响体现在语言学本体内语音、形态与类型、结构、语用和意义等层面所

---

① John Broadus Watson(1878—1958)，美国心理学家，主张行为心理学理论，对美国结构主义语言学家布龙菲尔德影响较大，特别是那个以 Jack 和 Jane 为实验者的"刺激—反应"分析。

产生的新思想，语言学分支学科中历史语言学、民族语言学、社会语言学、应用语言学、心理语言学、语言比较研究、人类语言学等学科所引起的新发展、新变革。这些新思想、新发展和新变革推动了 1949 年前中国语言学的发展，为中国现代语言学的学科建立和发展铺平了道路。

下一章从研究对象和目的角度，着重探讨中国传统语言学的治学方法和特点、现代语言学治学方法的引进、传统治学方法与现代语言学治学方法的差异、引进现代语言学治学方法的意义。

第五章　典籍译介对中国语言学研究方法的影响

自 1906—1949 年，国外普通语言学典籍汉译不仅影响了中国现代语言学本体和中国现代语言学分支学科的发展，还影响了中国语言学的治学方法。本章从中国传统语言学研究方法、中国传统语言学研究方法的特点、现代语言学研究方法的译介、传统语言学研究方法与现代语言学研究方法的差异、引进现代语言学研究方法的意义等层面展开论述。

一、中国传统语言学研究方法

研究方法是为解决特定问题而采用的具体方式与做法，受研究者所持的研究方法论[①]和研究对象的制约。研究对象（即：待解

[①] 方法论是指导人类从事生产实践的思想纲领，学科方法论是一门学科用以处理资料、获得知识的技术，是对该学科内部普遍运用的研究技术所做的哲学性评价，属于认识论的分支学科。该术语是由法国哲学家笛卡尔（René Descartes，1596—1650）在 1637 年出版的著名哲学论著《方法论》(*Discors de la méthode*) 中首次提出的。笛卡尔认为，研究方法可分四个步骤：尽量避免鲁莽和偏见，怀疑一切；切分为小问题展开；从简到复杂；最后综合以检验（参见百度百科，2010 年 7 月 29 日）。笛卡尔的第一个步骤体现了科学研究的客观性（即避免鲁莽和偏见）以及推动科学发展的灵魂（即持客观态度怀疑一切科学成果），属于科学研究的指导思想；第二个步骤体现了科学研究的指导方法，即：将大问题切分为具体的小问题，一一展开，逐个击破；第三个步骤体现了科学研究的程序，从简到繁，逐步深入，跟剥洋葱一样，一层一层地剥，直至核心；第四个步骤着重于做结论的方法，综合前面的分析结果，用事实加以验证，确定真伪。笛卡尔的四个步骤可分为三个层面：科学研究的指导思想（第一步骤）、科学研究的指导方法（第二、三步骤）和科学结论的指导方法（第四步骤），其中蕴含了分析与综合的逻辑分析方法。有关方法论的相关问题，参见贾洪伟，耿芳：《方法论：学术论文写作》，北京：中国传媒大学出版社，2016 年。

决的问题)及目的决定着方法论的采纳,方法论决定着具体研究方法的使用,以达到解决问题的目的。研究方法论与研究方法的区别在于,前者具有学科针对性,属于宏观层面,是抽象的指导原则,具有哲学指导意义;后者具有问题针对性,属于微观层面,是具体的解题方式,不具有哲学性的指导意义。然而,方法论与方法的界限又不是绝对分明的。譬如,分析与综合、归纳与演绎、描写与解释既是方法论又是研究方法。

中国传统语言学的研究目的在于诠释经典为旧的科考服务,决定着其研究对象为经典著作的书面文字,而现代语言学的研究目的在于理性分析中国语言文字(包括少数民族语言文字)为解决语言文字的现实应用问题(如语言文字的规范使用、标准语的确立、国家语言政策的制订、少数民族语言文字的规划和少数民族教育所使用的语言媒介等),决定着其研究对象囊括了中国所有民族所使用的语言文字(书面语、口语、土语、俗语、标准语等),这就意味着传统语言学研究方法与现代语言学研究方法的不同。

1. 传统语言学研究方法

据第三章的"学科术语引进"可知,中国古代并无"语言学"一称,该门学问略等于中国传统语言学中的"小学"。姚小平曾言及小学在中国传统学术体系中的地位,他认为:"经过两千年的发展,及至清代,小学在学术体系中至少要占两三成比重;而它与经学联手,可以说占取了清代学术的九成天下。"(2001:I)也就是说,小学是治理经学的根本,是当时通往学问之途的基本路径。用戴震在《东原集》和张之洞在《书目答问》中的话最能阐述这个观点,即:"经之至者,道也。所以明道者,其词也。所以成词者,未有能外小学文字者也。由文字以通乎语言,由语言以通乎古圣贤之心志,譬之适堂坛之必循其阶而不躐等"(《〈古经解钩沉〉序》);"由小学入经学者,其经学可信;由经学入史学者,其史学可信;由经学史学入理学者,其理学可信;以经学史学兼词章者,其词章有用;以经学史学兼经济者,其经济成就远大。"(张

之洞:《书目答问》附二)

可见,现代学者要想认识中国古代学术史,不先研习小学史,势必难以如愿。小学配合经学,构成中国古代学术的主体,即中国传统语言学既是中国文人的必修课也是通晓中国史籍和学术的必要之途,忽视不得。

中国传统语言学研究的本体是文字,旨在为解读经典服务,因而实学和考据成为中国传统语言学的最佳治学方法,至乾嘉时期,讲求实学的风气盛行到极点。"实学"既是方法论原则又是哲学口号。清人皮锡瑞在《经学历史》中说:"国朝经学凡三变。国初汉学方萌芽,皆以宋学为根柢,不分门户,各取所长,是为汉宋兼采之学。乾隆以后,许郑之学大明,治宋学者已趁。说经皆主实证,不空谈义理,是为专门汉学。嘉道以后,又由许郑之学导源而上……是为西汉今文之学。学愈进而愈古,义愈推而愈高。屡迁而返其初,一变而至于道。"可见,清代学术走的是一条历史回溯的路途。"学愈进而愈古,义愈推而愈高。"清儒章学诚据此认为,通径明道,实事求是,折衷汉宋,以救时弊(详见胡煦,2008 年版序)。本质上来说,这门"求实"的问学之道则是源自汉代的"考据",又称"考证""考核"等。

自汉代,考据一直非常盛行,是一种一般的问学方法,用于通解经籍古书,善于以归纳做出文字训诂的结论。今人将其定义为:"研究历史、语言等一种方法。根据事实的考核和例证的归纳,提供可信的材料,做出一定的结论。考据方法主要是训诂、校勘和资料搜集整理。清代乾嘉、嘉庆两朝,考据之学最盛,后世称为考据学派,或乾嘉学派。"(《辞海》,1980:1237)据姚小平考察,上述定义中的研究对象和考据本质与中国学术历史颇有不相符合之处,因为"就小学而言,这样理解的考据是一种一般的(实际上属于归纳法——笔者注)研究方法,而不限于(甚至也不能说主要是)'训诂、校勘和资料搜集整理'"(2001:268),继而他举例证明说:"在音韵学家的手中,考据便是指从足够的考据中推断出古音的方法。"(同上)上述可见,考据"并不完全只是归纳，也用演绎，而演绎是非常有难度的，不是谁都能掌握的"。①对此，冯胜利教授指出，"乾嘉学者关注的是不同于'是非'的'真伪'，这种追求'真伪'的精神，在段玉裁区分词义的'意'和'义'的关系中，以及王念孙的类聚推证中，可见一斑"。②

除"考据"外，中国传统语言学的研究方法尚有"归纳"一法。早在先秦时代名物释义中就存在归纳的现象，《尸子·广泽》中就保存了这样性质的资料，如：

> 天、帝、皇、后、辟、公：[皆君也]。
> 弘、廓、宏、溥、介、纯、夏、幠、冢、晊、昄：皆大也。十有余名，而实一也。

上引文中的"皆君也""皆大也"都是根据前面列出的指称词做出的归纳，可见中国传统语言学中存在归纳的方法。

在汉扬雄《方言》中，归纳方法的使用也是很明显的。扬雄提出"通语"的概念，并以此作为标准归纳出诸方言字汇的"通语"意义，如下例：

> 硕、沈、巨、濯、吁、敦、夏、于，大也。齐宋之间曰巨，曰硕。凡物盛多谓之寇。齐宋之郊，楚魏之际曰伙。自关而西秦晋之间，凡人语而过谓之迂，或曰金。东齐谓之剑，或谓之弩。弩犹怒也。陈郑之间曰敦，荆吴扬瓯之郊曰濯，中齐西楚之间曰吁。自关而西秦晋之间凡物之壮大者而爱伟之谓之夏，周郑之间谓之暇。郴，齐语也。于，通语也。（《方言》卷一）

---

① 参见日本学者吉川幸次郎《我的留学记》中有关黄侃对中国问学方法的评述。
② 参见冯胜利教授在北京语言大学，为汉语言文字学高级研讨班学员做的学术报告《从〈说文解字〉和〈广雅疏证〉看乾嘉学术的科学精神》，http：//www. blcu. edu. cn/rwxy/dtxxshow. asp? id=1257&nodeid=124，2012-10-4。

上例中除了存在归纳方法的痕迹，还暗含着"比较"的方法。事实上，在始于西汉的佛经翻译中，比较方法是十分重要的操作手段。梁僧佑《出三藏记集》卷五就存在有关"比较"陈述，如："方言殊音，文质从异，译胡为晋，出非一人。"

纵观有关语言研究的史籍，若说中国传统语言学①研究中存在描写的手段似乎并不为过，只是这种描写的手段穿插于历史考据的文献当中，且每个时期的专有指称记录了那个时期特有的历史状态和语言现象，这种贯穿史籍罗列称谓释义的方法也应是动态的历史描写法。因此，我们断言，中国传统语言学研究中存在"考据""归纳""比较"和"历史描写"的研究方法，与该时期中国语言研究的对象和目的有关。

此外，中国传统语言学研究中存在语言田野调查中的"文献法"和"问卷调查法"。② 据考证，语言田野调查早在周秦时代就已存在。扬雄在《答刘歆书》中说："尝闻先代辑轩之使奏籍之书，皆藏于周秦之室。"扬雄所说的"先代"与后一句的"周秦"呼应，指的就是周秦时代，且汉应邵的《风尚通义序》也说："周秦常以岁八月，遣辑轩之使，求异代方言。"可见语言田野调查确实始于周秦时代。周秦时代的语言田野调查属于官方的行为，每年八月，政府派使节，乘轻便的车辆，到各地汇集方言，记载成册，以便政府能通晓天下语言，了解天下的民情和风俗，旨在加强中央王朝与各地的联系，这一史实在东晋常璩著的《华阳国志》卷十中得以证实，即："此使考八方之风雅，通九州之异同，主海内之音韵，使人主居高堂知天下风俗也"（参见何九盈，2006：52—53）。尔

---

① 有关中国传统问学过程中的比较和对比的内容，参见贾洪伟：《一部史书功在千秋——读〈对比语言学：历史与哲学思考〉》，《俄语语言文学研究》，2009年第3期。

② 有关内容参见贾洪伟：《田野调查与语言研究——兼述〈语言田野调查实录〉》，《语言与翻译》，2012年第3期。

后，扬雄在成都严君平和临邛林闾翁孺①的影响下，继承和发扬了周秦方言调查的传统，编著了《輶轩使者绝代语释别国方言》，又称《輶轩使节旷世语释别国方言》(初名为《殊言》，后世改用此名)，略称《方言》。该书所含方言，涉面极广，东北至朝鲜，西北至西秦(今河西走廊)，东南至吴、越、西瓯，西南至梁、益，南至桂林。此后，明清也有过方言词汇的著述，但其影响均不如扬雄的《方言》。虽然早在周秦时代，中国就有了语言田野调查的先例，但中国现代语言学采用的田野调查法，并非沿袭周秦和汉代的田野调查法，而是国外的现代语言学与中国传统的方言学相结合的产物。

2. 传统语言学研究方法的特点

中外语言文化和学术传统的巨大差异，致使二者采取不同的语言研究道路，外国也从治理经籍入手，后转为理性探索世界真理的工具，继而转向语言的深入治理和研究；中国自"五四"以前一直固守为经籍服务的这块热土。关于中国传统语言学的特点，周法高(1980)、王力(1981)、濮之珍(1986)、邵敬敏与方经民(1991)、姚小平(1994)等都曾有过探讨。

周法高将传统中国语言学的特点总结为四点：重实用，喜欢解决实际的问题，而不大长于做纯理论的研究；重古代，为解经服务；重文字，取决于中国文字的特点；善于吸收外来文化加以融会贯通等(1980:2—6)。王力先将中国传统语言学归为"语文学"(philology)，用与现代"语言学"(linguistics)对比，以揭示中国传统语言学的特点，即：重文字或书面语言的研究，特别着重在文献资料的考证和故训的寻求；比较零碎，缺乏系统性等(参见1981/2007前言)。在全书结语部分，王力间接地概括了中国

---

① 林闾为复姓，翁孺为名。参见扬雄《答刘歆书》，即："常闻先代輶轩之使奏籍之书，皆藏于周秦之室，及其破也，遗弃无见之者。独蜀人有严君平、临邛林闾翁孺者，深好训诂，犹见輶轩之使所奏言。翁孺与雄外家牵连之亲，又君平过误，有以私遇，少而与雄也。君平财有千言耳。翁孺梗概之法略有。翁孺往数岁死，妇蜀郡掌氏子，无子而去。"

传统语言学的特点:为经学服务,重实用,无描写;轻历史,缺乏理论化;重文字,轻语法(2007:170—172)。何九盈在《中国古代语言学史》(1985/2006)的全书结语部分,总结了中国传统语言学的特点如下:中国古代语言学的发生、发展,得助于五个朋友:哲学、文学、经学、佛学和文字学;"中国古代语言学本质上是一门工具学科,它的实用性很强……中国古代语言学缺乏发达的、完整的理论体系……轻视理论,理论思维贫乏,是中国各类传统学科的通病";"中国两千多年的古代语言学,始终只有音韵学和语义学、文字学三大部门,语法学极不发达";重古轻今,重通语轻方言,重书面语轻口语;善于吸收外来经验的,汉以后的汉语研究就深受梵文的影响,由模仿而进入独创,如字母之学、等韵学(参见何九盈,2006:323—324)。濮之珍注重针对王力上述有关中国传统语言学的特点(文字、解经零碎,缺乏系统),提出商榷意见:不应把"文字和书面语"与"语言本身"对立,继而将以研究文字和书面语的中国古代语言学排斥在语言科学之外,应效仿西方的做法;解经服务为中外语言学早期特有的现象,也是当时研究语言的目的之所在,不应以此为中西古今的特有分界线;以先秦荀子对语言社会本质的探讨、汉扬雄的《方言》等成果证明中国传统语言学并非是比较零散、缺乏系统性的研究,而是很科学的(参见濮之珍,1986:4—6)。邵敬敏与方经民在《中国理论语言学史》中总结了中国传统语文学的特点如下:重汉语书面语,与汉语的研究相混淆;重具体语言事实的分析,轻语言理论归纳;重归纳法的使用,轻抽象和演绎法(参见邵敬敏等,1991:12—3)。姚小平先论及了何九盈(1985)上述五点,然后在分析周法高(1980)的基础上,重新提出中国传统语言学的特点:重"为学",轻"为道";重文字,轻语法;和重本族语,轻异族语(姚小平,1994:230;姚小平,2001:331)。最近,香港中文大学冯胜利教授在《从〈说文解字〉和〈广雅疏证〉看乾嘉学术的科学精神》中,总结了乾嘉理必之学的技术条例和操作方法,即"尽观察(observation)、准分类(classification)、掘属性(characterization)、建通理(generalization)"与"溯因推理(abduction)、演绎推理(deduction)、预测有无(prediction)、校验现实(verification)",这样的特点和方法,应该能够代表中国传统语言学的特点和方法。

可见,有关中国传统语言学的特点,周法高(1980)论述为最早,姚小平(1994)对其评析后加以重新归纳;王力(1981)的归纳与周法高的略有重合,濮之珍(1986)针对王力的三点提出商榷意见,认为这三点并非是中国传统语言学所独有,甚至与中国传统语言学的发展史实不相符合;何九盈(1985)提出的五点与周法高(1980)、王力(1981)提出的观点大致相同,只是略微详细而已,且第一点中还将中国语言学与外部学科间的关系及学科内部部门间的关系混在一起;邵敬敏等(1991)提出的三点中,前两点重复了上述诸家的观点,第三点关注的是语言研究的方法,即归纳法的使用,其实西方古代语言学也是如此,并非中国语言学所独有,但若从中国传统与现代语言学的角度看,归纳法的使用的确是中国传统语言学的一大特点。在众多特点归纳中,姚小平(1994)较为贴近史实。此外,如果将明末以降传教士的语法手册、字汇手册等史籍有关中国语言的研究纳入中国传统语言学的范畴,笔者以为中国传统语言学势必会出现另一番格局。

以中国现代语言学作为参照,中国传统语言学的特点似乎可从研究对象(重文字,轻通语、白话、俗语和外语)、研究方法(重归纳和历史动态描写,轻演绎、静态描写和比较)、研究手段(单一,少外语和历史的研究做参照)、学科体系(缺乏理论体系如语法和普通语言学理论)等方面给予总结归纳。但如冯胜利所述,中国乾嘉期间的小学,已经具有一定程度的现代科学范式,只是"大道隐于形"而已。

二、现代语言学研究方法的译介

由于与世界各国往来频繁以及中国时人对于国事与语言间关

系的认识不断增强,当时的人们对待语言研究的态度发生了变化,将视角从为解经服务的书面文献转向增强国事服务的书面语、白话和方言俗语,产生了语言研究方法的需求和引进西方语言学研究方法的必要。

  20世纪初叶中国开始引进现代语言学的思想,章太炎(1906)、章太炎(1910)在提出"语言文字之学"和"语言缘起"学说的同时,引进国外语言学界盛行的"历史的方法"和"比较的方法";胡以鲁在《国语学草创》(1912:100)中引进了"历史的""比较的"和"原理的"研究方法,修改了马建忠所提出的汉语文法框架,设立了三个汉语文法研究的样板;陈承泽(1920:5—6/1982:9)针对文法的研究提出了"说明的非创造的""独立的非模仿的"和"实用的非装饰的"的方法原则,且行文其间隐含着"比较的方法";刘复(1923:17)继陈承泽之后,重申文法研究中的"归纳法";乐嗣炳(1923:43—44)也言及"归纳法"在语言研究中的重要性;胡适(1924:36—80)针对陈承泽的研究方法,提出"历史的研究法""比较的研究法"和"归纳的研究法"的三原则;方光焘(1928:37)引进"归纳""演绎""推论"和"思辨"的语言研究方法;张世禄(1930:6)主张运用"历史"和"比较"的方法;王古鲁(1930:9—18)引进"实用""文献学""言语学""各国学研究""系统历史"和"一般"的研究原则;沈步洲(1931:9)主张运用"历史"的方法;雷通群(1934:9—14)与王古鲁(1930)据同一著作引进"实用""古语""言语学""各国语的研究""统系的历史研究"和"一般的研究"的原则,实际上同王古鲁引进的方法和原则是相同的,只是措辞不同而已;岑麒祥(1935:151—163)旨在推动"比较研究方法"在中国的普及,专门翻译了法国语言家梅耶的长篇论文《历史言语学中之比较的方法》;周辨明和黄典诚(1945:16—18)推崇"比较"和"历史"的研究方法。上述学者均主张用"历史"和"比较"的方法研究语言。其中,推动这两种方法在中国普及的大部头著作当推林祝敬的《语言学史》(1943)。

  此外,当时的中国语言学还引进了现代语言学中普遍使用的静态共时描写法①、演绎法、推论法、图解法、历时与共时相结合的研究方法(胡以鲁，1912：77)以及运用于语音研究的实验法等。在20世纪20—30年代，中国引进欧美现代语言学中的田野调查法。关于方言调查，早在1911年清政府学部提出"统一国语办法案"，涉及中国方言的调查研究，但未及实行，清政府就退出历史舞台。在中国最早运用语言学方法调查方言的是瑞典语言学家高本汉(B. Karlgren，1889—1978)于1910—1912年在中国调查了24种方言，描写了语音，出版了《中国音韵学研究》(1926)。1927年，清华学校组织吴语调查，由赵元任带队深入江苏、浙江两省33个方言点，从事为期两个半月的吴语调查，记录了63位发音人的语言材料，该次调查是中国首次运用现代语言学理论以国际音标记音的方式从事方言田野调查。该次调查的成果以《现代吴语的研究》②(1928)为名作为"清华研究院丛书"第四种出版，该书系中国现代少数民族语言研究的代表作，被时人誉为中国现代语言学开展社会语言学的样板。

可见，1928年以前，除胡以鲁从普通语言学角度兼顾汉语文法研究的方法论探讨外，其余全都集中在汉语文法研究的层面；自1928年后，国内学者多集中于引进和探讨普通语言学的研究方法，在宏观上指导了汉语文法和语言学的研究，在微观上亲自运用汉语及国人熟悉的外语验证这些方法的可行性，有效地推动了中国现代语言学研究方法的确立和发展。

三、传统语言学研究方法与现代语言学研究方法的差异

中国传统语言学研究方法与中国现代语言学研究方法的差异，源自两者采纳的不同研究本体和秉持的服务目的差异，前者

---

① 今通称描写法，不同于中国传统语言学中的历史描写法。
② 有关该书内容，详见盛林等(2005：322—324)。

为解经服务，以书面文字为研究对象，后者旨在挖掘汉语在普通语言学层面的特征、解决语言文字的现实应用问题，以书面语、口语、标准语、方言、土语和俗语为研究对象。

与传统语言学研究相比，中国现代语言学研究中也使用"归纳法"，特别是在引进结构主义语言学以后的汉语语法研究方面，但随着"演绎法"的兴起，"归纳法"的使用不如昔日那么普遍。中国传统语言学比较注意语词的历史描写，而现代语言学则较为缺乏这种贯穿历史的描写和比较，反倒是静态描写（特别是语言结构和语音的描写）比较普遍。

就比较法而言，中国传统语言学研究中也存在比较的研究方法，与现代语言学比较法的不同在于：中国传统语言学比较的是两种或多种方言旁及邻国语言，如朝鲜语，寻找其意义对应为传情达意服务，而现代语言学比较的是两门语言或方言，也对一门语言内部不同时期的义项加以比较，或寻其类型特征为语言类型研究服务，或找寻语言发展的证据，抑或找寻古今语言转换的规律，为解决现实语言问题服务。

就语言田野调查法而言，尽管早在周秦时代中国已经存在语言的田野调查，但中国传统语言田野调查法的集大成者则是扬雄的《方言》。王力（2007：163）认为，扬雄的《方言》可以认为是描写语言学，但是，《方言》只限于部分词汇的零星记录，人们还不能从此看出当时语言的全貌，特别是语音方面缺乏叙述。王力以现代学术标准对《方言》加以定性，并指出该书的主要不足，但他没有注意到该书在语言研究方法上的贡献和启示。

扬雄对严君平和林闾翁孺相关成果的继承，相当于今日语言田野调查中的"文献法"，即在田野调查前，先搜阅相关的文献，而扬雄用于调查语言的方法则类似于今日语言田野调查法中的"访谈法"，即："故天下上计孝廉及内郡卫卒会者，雄常把三寸弱翰，赍油素四尺，以问其异语。归即以铅摘次之于椠，二十七岁于今矣。"由此可见，早在汉代，中国传统语言学中就已存在今日田野调查法中的"文献法""参与法"和"访谈法"，而当时是否存在类似今日的"观察法"和"问卷调查法"则尚待考察。

如前述，周秦及汉代的语言田野调查均以政治利益为目的，即：通晓天下语言，了解天下民情和风俗，加强中央王朝与各地的联系，而现代语言学的田野调查则旨在研究语言的语音、词汇、词义、句法结构等层面的历史变迁以及特定（民族）语言或方言当前的使用状况、使用者的态度、语言关系等，为建立和完善语言学相关部门，进而为制定语言规划与语言政策服务，而并非是直接服务于国家政治。

扬雄的《方言》是就当时的状况而言的，是广义的"方言"。从前文的阐述可知，当时的田野调查的范围不单单是国内的民族语言和方言，还涉及国外的语言，如"朝鲜语"，比今天中国语言田野调查的范围宽泛得多。相形之下，中国现代语言田野调查的范围大多只针对一个特定区域内的（民族）语言或方言，也有涉及跨省或跨境的情况，但毕竟不是当今中国语言田野调查的主流，与国外语言田野调查也是不同的。欧美语言学家以普通语言学视角从事语言田野调查，其范围不仅局限于国内特定区域的语言或方言，还延展到国外相关的地区。譬如，近年就有欧美学者来华做语言田野调查，代表之一为日本籍美国学者桥本万太郎走访亚洲、美洲等地，写作《方言地理类型学》（世界图书出版公司，2008）。仅就范围而言，欧美学者所从事语言田野调查似乎与扬雄的语言田野调查更为相近。

如王力所指出的，扬雄的田野调查只以部分语词为对象，以意义的互通为目的，而中国现代语言田野调查的对象则是特定地区（民族）语言或方言的语音、词汇和语法三个层面，旨在考察特定语言或方言①的共时状况和历时变化。此外，现代语言田野调查还会考察特定民族的语言使用状况、语言态度、语言关系、语言与社会进程之间的关系，等等。

---

① 社会语言学中的"方言"分为"地域方言"和"社会方言"两种。中国民族语言学所研究的方言对象多为地域方言，社会语言学的研究对象通常兼顾地域方言和社会方言两种。

四、引进现代语言学研究方法的意义

现代语言学方法的引进改变了中国传统语言学一贯使用的"实学考据"原则、以历史动态研究的准则加以比较和归纳的问学之道,转向以现代科学方法论(演绎、推论、思辨、共时与历时结合、系统与一般结合等)为准则,探讨汉语和中国境内方言的语言学问题,建立现代视角下的汉语研究框架,便于汉语方言土语和白话的田野调查和分析研究,推动了中国语言学界系统而全面地考察汉语及中国各民族语言,为中国现代语言学的建立和发展奠定了基础,也为制订中国少数民族的语言政策提供参考意见。

五、本章小结

本章从研究对象和研究目的为切入点,归纳和阐述中国传统语言学的治学方法和特点、现代语言学治学方法的引进、传统治学方法与现代语言学治学方法的差异以及现代语言学治学方法引进的意义。

下一章将讨论本书目前的遗留问题,如国外普通语言学典籍汉译的历史成因、影响 20 世纪上半叶中国译介国外普通语言学典籍的因素、20 世纪上半叶中国译介国外普通语言学典籍的作用、语言学典籍译介对中国现代语言学发展的影响、20 世纪上半叶中国译介国外普通语言学典籍的启示、研究发现以及本研究的不足与展望等。

第六章 余 论

　　1906年章太炎发表《论语言文字之学》，继承了中国延续千年的"小学""训诂"和"音韵"三门学问，提出"语言文字学"这一学科名称；1912年胡以鲁出版《国语学草创》，包含了章太炎的学说、传统语言学中有关训诂、音韵和小学的部分内容，吸取了《马氏文通》的相关内容；之后出版的王古鲁（1930）、沈步洲（1931）、张世禄（1930）、张世禄（1934）等多有继承章太炎、胡以鲁、高元等有关汉语语音、语法、语言学理论等的相关内容。这种继承使得早期著述的优点得以延续和发展，同时伴随着因历史局限性和学科认识不足所产生的糟粕，但这些糟粕在学科历史的演变中逐步淘汰，促进了语言学的健康成长。

　　可见，20世纪上半叶中国引进现代语言学思想的过程中，继承了中国传统语言学的部分内容，故此，产生于20世纪上半叶的中国现代语言学并不完全是舶来品，而是中外融合的产物。

　　本章以语言学史学的视角和方法，对20世纪上半叶中国译介国外语言学思想的历史做了系统的梳理，以文本为依据分析中国译介国外语言学思想采取的途径、方法以及译介典籍的自身特征，总结了这段历史对中国现代语言学发展的推动作用。现就20世纪上半叶国外语言学典籍汉译的历史成因、影响20世纪上半叶中国译介国外语言学典籍的因素、20世纪上半叶中国译介国外语言学典籍的作用、语言学典籍译介对中国语言学发展的影响等给予总结，最后指出本书存在的不足和继续研究的展望。

一、20世纪上半叶国外语言学典籍汉译的历史成因

　　中国传统语言学曾在唐朝经由佛教徒玄奘（602—664）在《大唐西域记》率先引进印度的"声明学"（即语法学，印度语言文字学

五明之一),将其释义为"释诂训字,诠目流别"(何九盈 2006:21)。尔后,义净(635—713)在《南海寄归内法传》中详细地阐述印度的声明学及其典籍和用法,但中国传统语言学并未因此而顺势发展而成为独立的系统化的学科,其原因是多方面的。王力(1981:211)对此有过如下阐述:"汉语言文字本身的特点规定了中国古代语言学不以语法为对象,而以文字为对象。虚词可以作为词汇问题解决,句法则古今差别不大,古代汉语句法问题可以通过熟读领悟解决。这就说明了为什么梵语音韵曾经影响了我国的音韵学,而梵语语法却没有促进汉语语法学的产生;又说明了为什么直到19世纪末年,马建忠才从西方移植了'葛郎玛'。"王力先生只是强调了汉语言文字的客观特征,也就是影响中国传统语言学的内部因素,忽略了影响中国传统语言学的外部社会因素。相形之下,何九盈(2006:22—23)的分析和总结似乎更为合理,将中国传统语言学没能成为独立的专门之学归咎于两个原因:一是汉语语法问题不如印欧语系语法问题那么明显,那么突出;二是当时的中国社会和中国学术基本上处于自闭状态,学术主流、学术传统一直相当稳定,且偏于保守。前者说的是汉语语言类型的特点,单音节字较多,用法灵活,意义及功能丰富,但不能据此说汉语的语法问题不如印欧语系语法问题那么明显和突出,各门语言的语言类型不同,语法结构各异,是其特点所在,没能得到关注是受当时的"舆论氛围"影响的,人们认为,通过熟读强记便可日渐通熟汉语,没有必要专门研究这个问题;后者说的主要是当时社会的大环境,对学术的发展具有一定的推动和抑制作用,但并非是主要因素,而是要看当时人们是否认为有必要这么做,有无这个需求(科举考试是否涉及语法的考查?专注于文法是否会救民济世?专注于文法能否达至出仕这一彼岸?等等),这才是关键。

自鸦片战争,人们意识到中国社会文化的落后状态需要改变,是为中国语言学走向现代化的社会需求。据此,19世纪40年代魏源提出"师夷长技以制夷"的口号;19世纪80年代张之洞提出"旧学为体,西学为用"的观点;1898年发生了"百日维新"运动。与此同时,清廷派出官员考察日本教育制度,1905年废除科举,建立新式学堂,学堂制度和学科制定都是仿照日本的成规而成;1912年北京大学建立了学科全面的人才培育体制,开始了中国现代的教育制度;1919年五四运动彻底破除中国的封建制度,中国完全进入现代的社会模式。

　　随着这个社会需要的到来,章太炎发起了学科改革的倡议,废除传统的"小学""训诂"和"音韵"三足鼎立的状态,于1906年章太炎参照国外语言学的特点,改中国三足鼎立的"小学""训诂"和"音韵"为具有现代学科意义的"语言文字学";1912年胡以鲁率先引进国外语言学理论(即研究对象、研究方法和手段),分析汉语的语音、语法①、文字的起源与演变、方言与标准语等汉语现象,规划汉语语法构建的模式,为汉语语言学建立了学科框架,引导汉语的学科化研究体系,奠定了中国现代语言学的基础;此后,中国语言学界出现高元《国音学》(1922)、刘复《比较语音学概要》(1930)、汪怡《国语发音学》(1934)、张世禄《音韵学》(1932)等语音研究的专著,李安宅《意义学》(1934)、《巫术与语言》(1936)等专门研究意义的著作,张世禄《汉语词类》(1935)、林祝敔《比较文字学概论》(1940)等研究文字的著作。此外,还有源自各个国家的普通语言学著作,这些著作涉猎广泛而丰富,研究方法新颖而科学,研究手段灵活而细致,为中国现代语言学学科体系的建立奠定了基础,改变以往归纳法一统天下的传统,出现了比较与历史相结合,归纳与演绎、推理相结合的研究格局,伴随着假设、观察、分析、思辨、推理、验证和解释的现代语言学研究范式,贯穿了从胡以鲁《国语学草创》(1912)到周辨明等《语言学概要》(1945)等十余部语言学典籍。

---

①　据现有文献考证,"语法"最早现于唐代。在《左传·昭公二十年》一疏中,唐孔颖达指出,"语法,两人交互乃得称'相',独使员从己,语不得为相从也",这一厘定与现今的语法最为切近。

中国现代语言学受日本引进现代语言学理论的影响，由留日和旅日的中国学者率先引进，然后由具有西方背景的语言学者逐步跟进，形成了具有现代意义的中国语言学。中国现代语言学以现代语言学为主要脉络，参以中国文言文（前期）和现代白话文［自《新著国语文法》(1924)融入现代白话文］的语料，纠正了普通语言学对汉语的不全面认识，属于中外结合的产物。

中国现代语言学引进国外现代语言学理论，改变了中国语言学的研究对象（从文言文到白话文，从文字到语言，从语音到句法、形态和意义），引进了研究方法（实验、归纳、演绎、思辨、推理、比较等研究方法并用），修正了研究手段，以外语和外语的研究成果为参照研究汉语，出现了国音学、国语学、国文学、①语言学等专门研究汉语各个部门的学科，形成了一个学科系统，构成了中国现代语言学的特点。

中国现代语言学的上述特点印证了王力（1981/2007 前言）的观点：科学的、系统的、细致的、全面的语言理论。对此，何九盈（2005：4—5）归纳为三点：理论化、科学化（即明确了语言研究的对象和范围以及语言有一个独特的体系）及社会化（即语言学要为社会服务），而社会的变革又推动语言学的发展。中国现代语言学的新特点是在引进国外语言学理论和继承中国传统语言学传统基础上发展起来的。

20 世纪上半叶中国语言学主要是以学习国外语言学为主，推动中国语言学的发展，先后通过译述、编译、直译和转译等方式系统地译介了国外语言类型学、历史比较语言学、语言描写、语言结构分析［如黎锦熙的《新著国语文法》(1924)］、语法、语言学方法论和研究方法等专业知识，为中国语言学汇入了新的活水，推动了中国现代语言学的建立和发展。

---

① 国字头学科称谓，均系受日本语言学学科术语影响所致。日本语言学学科称谓中的"国"乃日本，因不存在指称的区别性特性，可以直接移植使用，故引进之。

二、影响 20 世纪上半叶中国译介
　　国外语言学典籍的因素

从历史文化背景看，影响 20 世纪上半叶国外语言学典籍汉译的因素较多，主要可归纳为：清朝末年政府意识到西式教育的重要性、国人对现代教育的需要与渴求、国人意识到语言的使用和研究在国家变革中的重要性。

太平天国事件、甲午中日战争等国内国际政治事件，促使清朝洋务派意识到西学的重要性，大力号召"中学为体，西学为用"，力倡废除科举，施行西式教育，建立新式学堂，酝酿了改变中国文化走向的"百日维新变法"，在光绪帝一再督促下，梁启超参考日本和欧洲（主要是德国）教育体制，参酌本国国情拟出《京师大学堂章程》，诞生了中国现代教育的范本。从同文馆到京师大学堂再到后来的北京大学，新式学堂重视语言的教学，且业已出现现代语言教学和研究的萌芽。

由于中外的频繁交往和国内形势的日益变化，国人意识到语言研究的重要性。梁启超在《论小说与群治之关系》中曾针对国情国势提出"新国"与"新小说"的关系（梁启超，2001：760），虽未名言何以"新小说"，但推理可知，除了小说内容和写作范式外，"新"的是"语言"，可见语言是"新小说"，继而"新国"的基础，体现了梁启超当时的语言观。章太炎从日本接触到的国外语言学理论，审视中国传统语言学研究的范式和体系，提出新的学科范式，后被胡以鲁等发扬。旨在迅速提升国人识字能力和水平、引进国外现代的科学知识，以图改变落后面貌，国人开始引进和研究国外语言学思想。此外，为了纠正国际普通语言学界对汉语类型的错误认识，中国语言学者以系统学习和研究汉语的方式提升汉语在普通语言学中的学科地位，促进国际学界正确理解汉语和中国文化。

引进国外语言学思想的直接原因，在于新式学校语言教育的

需要。新式学校中学生尚无能力阅读英语以外的语言学文献,甚至直接阅读英语语言学文本也十分吃力,阻碍教学的顺利进行。欲改变这种状态,也只能通过译介国外语言学文本。另外,社会有志青年也有了解和掌握国外语言学知识的渴望和需求,他们没有支付国外语言学原本的资金能力,甚至尚未达到阅读原本的能力,只能依靠语言学的译介文本来实现这一愿望,构成了译介国外语言学文本的市场动因。

可见,20世纪上半叶中国译介国外语言学文本的因素,既有社会历史的外部原因,又有现实需求的内部动机。

三、20世纪上半叶中国译介国外语言学典籍的作用

在考察20世纪上半叶国外语言学典籍汉译的发展以及当时的社会状况和国人的现实需求基础上,我们发现20世纪上半叶中国译介现代语言学典籍的主要作用[①]如下:一是出于开启民智的需要,把西书翻译出来,可以普及学理,推广新知。二是出于新式学校教育、开设相关课程的需要,有了中文译著,或者在译介的基础上编写教材,学生读起来方便许多;这在由舒新城为张世禄编《语言学概论》(1934)书写的总序中,可以找到根据:"我自民国六年毕业高等师范而后,……我对于此问题感到较重要者有两方面:第一是在校的青年无适当的课外读物;第二是无力进校的青年无法自修。"此外,还有"现在中等学生的用费,已不是内地的所谓中产阶级的家长所能负担,而青年的智能与求知欲却并不因家庭的贫困而有差异"。三是出于拓展小学疆域、更新国学传统的需要,通过翻译活动,西学被划为中学。四是引导国人

---

① 关于20世纪上半叶中国译介国外语言学典籍的作用,前三条出自姚小平教授于2007年在台湾辅仁大学语言学研究所所作的报告《语言学典籍汉译史》,发表于《辅仁外语学报》2007年第4期第27—43页,本书引用出自第29页。

系统认识、理解本国国语。五是引导国人运用西式范式研究本国国语。所以，自 19 世纪末叶以来，译介一直作为吸取新知识并与本土语言材料充分结合的有效途径，对中国语言学的学科建立和发展起到奠基作用。

四、语言学典籍译介对中国语言学发展的影响

20 世纪上半叶的语言学典籍译介对中国现代语言学发展的影响可归纳如下：研究本体（对象）、研究方法论和研究方法。研究目的和服务对象不同，决定了不同的研究本体，不同的研究本体需要不同的方法论作为指导原则，不同的指导原则产生了与其相适应的研究方法。

20 世纪以前的中国语言学以释经为其服务目标，决定了其研究对象为古典文本的书面语，研究书面语的指导原则在于"求实"和"考据"，采用的方法是"考据""历史比较""归纳"和"训诂"；自 20 世纪上半叶的中国现代语言学以改变世界普通语言学界对汉语的错误认识、提高语言教学、改善国人接受新知以图强为目标，决定了语言研究对象的变化，即从古典文本的书面语转向书面语、口头语、标准语、俗语、方言、白话等层面的综合研究。这种研究促生于国外的现代语言学思想，是中外语言研究传统相结合的产物，其指导原则为"比较的研究""历史的研究""系统的研究""原理的研究""各国的研究""思辨的研究""推理的研究"等，采用"比较""归纳""演绎""历史"等的方法，为中国现代语言学研究奠定了方法论、方法和范式的基础，为把中国语言学建设为现代学科提供了充分条件。

该期语言学典籍的译介，除了确立中国现代语言学研究本体，引进学科方法论和研究方法外，还引进了国外现代语言学的理论思想和重要学科术语，如语言类型学理论、形态分析、历史比较语言学理论、音位学原理等以及语言学、言语学、声音学、音声学、语音学、音韵学、形态学、句法、意义学、音位、音素

等术语。这些理论和术语的引进在一定程度上勾勒了中国现代语言学从无到有,从萌芽到渐进成熟,从依赖国外理论到逐步独立自觉地发展的过程,可见国外语言学思想引进的历史就是中国现代语言学演进发展的历史。

五、20世纪上半叶中国译介国外语言学典籍的启示

中国现代语言学的建立和发展是以20世纪上半叶中国引进国外现代语言学思想为基础的。对这段历史(1906—1949)的考察带给我们两方面的启示:语言学研究中的模仿与创新问题和语言学研究中的参考比对问题。

模仿与创新问题是中国现代语言学研究早期的典型特征,也是当时语言学家长挂口头的号召,常见于语言学史籍,如朱林清(1991:19)、龚千言(1997:44)、何九盈(2005:73)等。就模仿而言,中国第一部语法著作《马氏文通》(1898)、中国第一部普通语言学著作《国语学草创》(1912)等都是基于国外语言学著作的模仿,同时参酌汉语的基本语言事实修正和革新国外语言学的理论和观点,纠正了现代普通语言学界对汉语类型学研究的错误认识,即汉语为"原始语言""落后语言""汉语无语法""汉语为单音节语言"等。对语言学研究中的模仿与创新问题,至今仍是中国语言学界的热门话题,历经百年而不衰。从历史的角度看,语言学研究中的模仿与创新是当时历史环境和学科背景所决定的,也是一门学科建立之初所须经历的,理应从学科史学角度对其给予正确的认识与评价。

语言学中的模仿与创新问题仍可为当今新生语言学理论的引进和转化问题所吸取。譬如,认知语言学传入之初,赵艳芳参照《我们赖以生存的隐喻》(*Metaphors We Live By*,1980)编译《认知语言学概论》(2001),成为中国第一部系统介绍认知语言学理论的著作;程琪龙模仿国外有关著作编译《认知语言学概论——

语言的神经认知基础》(2001),成为国内第一部介绍语言的神经认知基础的著作,后有王寅(2005)、蓝纯(2006)等的创新之作,推动了认知语言学在中国的传播。可见,模仿与创新是中国语言学发展的必经之路,也是中国语言学走出自己独特道路的指导原则,应贯穿于当今语言学研究的各个领域,而不应加以排斥。

语言研究中的参考比对问题在中外各国具有悠久的历史和完善的方法规范①,中国老一辈的语言学家业已吸取。章太炎、胡以鲁、王古鲁、沈步洲、张世禄等业已引进和参考有关各门语言参考比对的实例,对宣传和指导语言类型学理论起到推动作用②。有关语言研究中的参照比对思想,胡以鲁《国语学草创》(1912:100)、胡适《国语文法概论》(1921:36—80)等业已有所涉猎,因为"语言类型学的研究弥补了单一语言研究的不足,为观察人类语言的本质提供了单一语言研究所不能提供的视角,也为单一语言的研究提供了在语言内部所达不到的视角"(刘丹青,2004:5)。

事实上,自 1912 年胡以鲁提出语言中的比较和历史研究,陈承泽(1920:5—6)、胡适(1921:36—80)、张世禄(1930:6)、黎锦熙(1933)、岑麒祥(1935:151—163)、周辨明等(1945:16—18)、吕叔湘(1977)等相继提倡语言研究中的参照比对研究,可见语言研究中参照比对的重要程度。

---

① 古罗马的语法研究著作业已存在参考比对希腊语语法的现象,这种参考比对行为在 18—19 世纪的欧洲达到高潮。就中国而言,早在汉朝的佛经翻译中就存在两门语言之间的比对行为,至宋朝的修辞研究促成了共时与历时文本的对比行为,至明末来华传教士以母语或拉丁共同语为参照学习汉语,形成语言学习和教学传统下的汉外语言对比模式和范式。有关中国语言对比的历史,参见拙文《一部史书 功在千秋——读〈对比语言学:历史与哲学思考〉》(《俄语语言文学研究》,2009 年第 3 期)及"Contrastive Analysis in China: Today and Yesterday"(*Thoery and Practice in Language Studies*,2012.2)。

② 老一辈语言学家伍铁平教授于 20 世纪 80 年代有关俄语、英语、德语、法语、拉丁语等词汇表达的文章,就受到民国时期语言学作品的影响,显见的是文内的思想和实例。

六、研究发现

通过对 1906—1949 年间国外普通语言学汉译典籍的研读与考察，我们大致获得如下发现：

发现 1

确立了某些国外普通语言学思想传入中国的具体时段，确定了著译者的观点、各著述间的关联度及其特点。通过文本阅读的方式和文献考证的方式，我们发现，早在 1930 年英国文学评论家瑞恰慈通过论文《〈意义底意义〉底意义》、王古鲁通过《言语学通论》，将现代语义学译介到中国；在 1936 年李安宅已于《巫术与语言》中将美国语言学家萨丕尔的语言学思想译介到中国；在胡以鲁的《国语学草创》(1912)、王古鲁的《言语学通论》(1930)、孙伯坚的《言语学与国际语》(1935)等著述中已有瑞士语言学家索绪尔语言学思想的相关论述，且陈望道以"东阜"为笔名的《说语言》(1938)是中国第一篇论述索绪尔"语言"与"言语"的著述；在刘复的《比较语音学概要》(1930)和傅东华的《文法稽古篇》(1939)中已有现代句法和语义研究术语以及参照欧美句法研究的理论阐述中国句法理论的论述；张世禄等在《语言学通论》(1937)中引进了英国语言学家弗斯早期的语言学思想。此外，因考虑到现实需求，每位著译者的关注点有所不同，各著述间没有十分紧密的关联，且各自对中外语料的取舍也各有尺度。

发现 2

20 世纪 30 年代以前与 30 年代以后著作间的印刷版式差异较大。30 年代以前的语言学著述，或采用中国传统的印刷版式，或采用中国传统融合欧美现代印刷版式，抑或是采用纯粹的西式印刷版式，后者多见于直译文本。可见，30 年代以前的印刷版式处于"保守派"与"革新派"并立存在的趋势（参见本书第三章）；而 30 年代以后语言学著述的印刷版式则处于现代印刷版式占主流的渐进完善趋势。

发现 3

1949 年前,外国的应用语言学、社会语言学、人类语言学、民族语言学、历史语言学、语言学史、语言与思维等研究的思想已传入中国,且国内学者已经采用上述分支的理论和方法从事语言学实践,开展田野调查和创建相关分支学科的工作。

发现 4

自 1906—1949 年间,在中国引进的国外普通语言学典籍中,有的著述在本国的地位并不高,影响也并不大,之所以中国会引进,完全是受到当时国际大气候的影响。譬如,傅平、叶籁士、周辨明、孙伯坚等引进的世界语和国际语的理论和主张。

发现 5

中国现代语言学并非纯粹是舶来品,而是中国传统语言学研究与国外现代语言学理论相结合的产物,比如,国外现代语言学研究采用的比较法从事语言的静态描写研究,中国传统小学(特别是中国的方言研究)中也有类似的比较方法,只是中国传统小学采取的是在考证字源和字义基础上加以历史的动态比较,从而归纳出汉字的义项差异与演变情况,与国外现代语言学中针对语音和形态的静态研究略有不同。在引进国外现代语言学的比较方法后,中国学者将两种方法相结合从事汉语(包括方言土语)字义、语音的比较研究。可见,汉语研究中的比较研究并非是国外现代语言学的舶来品,而是中外混血儿。

发现 6

现代语言学的创新研究和国外语言学新理论的引进,须做好对比、模仿与创新三者间的平衡,即通过对比和模仿从事创新研究,以防出现跟在别人后面跑的情况。

七、不足与展望

本书以语言学史学的方法,秉持学科史学的史—论—法相结合的宗旨,系统梳理 20 世纪上半叶国外普通语言学典籍汉译的成果、影响及其源流关系，同时梗概性地介绍1906—1949年间中国译介国外现代语言学思想的历史，基于该期出现的大事件和标志性著作对这段历史给予分期，按照该期典籍汉译采用的译介方式划分译介类别，以个案形式给予详细分析和总结。

本书的介绍和分析均基于第一手语言学历史文献，是迄今为止较为详尽的，也是国内第一部有关该期语言学思想的断代史研究著作。因此，本书对系统研究中国现代语言学史、构建中国语言学发展史和梳理国外语言学思想在中国的传播与接受都起到一定的补充作用。此外，对当前宏观语言学的研究来说，本文也能提供一定的启示。

本书因篇幅所限，尚无法包括该期所有文本的个案分析，且有些典籍业已消失，无以得见，不免遗憾。就现有文献而言，有的源文本尚未取得，如日本安藤正次《言语学概论》(1927)；有的中外文本虽已取得，但因本人不熟稔所用语种，无法阅读源文本，幸好这类文本只有一部《情为语变之原论》(1930)，属于普通语言学的具体研究，本书将其归入特殊文本。

为分析便利起见，本书未将语音、语法等普通语言学范畴的分支学科文献纳入分析范围，是为另一遗憾，只能留待日后另作考察。另外，本书对该期语言学文本中涉及的语音、语法现象未做历时梳理和总结，原因在于本书作者于中国早期音韵研究的修养尚浅，对于汉语语法的微观研究也仅是刚刚入门，根基还不扎实，不敢妄自菲薄，因此本书选择从宏观的角度加以梳理。

虽然本书在文本、史实、源流、影响等方面做了较为详细的考察，但仍苦于该期的文献无法穷尽，只好留待日后慢慢补齐，当前只能尽量反映该期中国译介国外普通语言学典籍的具体状况。此外，对这段历史而言，尚有许多重要问题有待考察，比如：在该期普通语言学文本和普通语言学分支学科的文本中，有关文法、语音、音韵、汉语类型等具体问题，还有重点人物的语言学思想和历史贡献等都值得做专门的探讨分析。这些问题并非本书所能囊括，只得留待日后继续努力，弥补本书的不足。

附录 1
论苏联语言学汉译历史分期①

一、引言

不论在俄语界还是在英语界，语言学汉译史还都是个新事物、新课题。语言学的汉译史可以做通史性的研究，可以做断代史性的研究，也可以做国别史性的研究。通史性的研究，早在2007年北京外国语大学姚小平教授曾受台湾辅仁大学语言学研究所之邀，做过《语言学典籍汉译史》的讲座，讲稿后来经过整理发表在《辅仁外语学报》2007年第4期，应该算是国内语言学界第一篇语言学典籍汉译史的通史性专论。断代史性的研究，有北京外国语大学贾洪伟博士正在撰写的博士论文《西方普通语言学典籍汉译(1906—1949)及其对中国语言学的影响》②。而国别史部分尚未见相关的著述，是应该大力提倡的。因为语言学典籍汉译史的国别研究，不但可以清楚地看到在该语言领域中国语言学的历史发展状况，还可以将所有的国别史研究综合到一起，组合成该学科通史性的、全面而系统的研究，以窥视该学科在中国的历史发展。

现根据手头所掌握的有关苏联语言学的历史文献，专门对苏

---

① 本文发表在《中国俄语教学》2010年第2期。论文发表过程中，承蒙北京外国语大学俄语学院史铁强教授、北京外国语大学语言所姚小平教授、黑龙江大学俄语语言文学研究中心李锡胤研究员、北京外国语大学俄语学院黄玫教授、黑龙江大学俄语基地黄忠廉教授等的审阅，并提出修改意见，在此表示诚挚的谢意。在此，要特别感谢黄玫教授为本文翻译俄语摘要。本文在转录本书时，对当时考虑不周、信息不足和相关文字部分做了补充和修订。

② 该文已于2010年9月初撰写完毕，并于2011年5月答辩通过，现存于北京外国语大学图书馆和中国国家图书馆，本书系在该文增删和修订基础上完成的，特此说明。

联语言学汉译的历史给予通史性的论述。苏联语言学传入中国始于20世纪上半叶中后期,曾对汉语语法和普通语言学理论起到过重要的影响。由于本文的侧重点是普通语言学层面,所以有关苏联语言学理论对中国汉语语法与文字方面的影响留待专文阐述。

二、历史分期

20世纪初,为了改变中国语言学研究附庸于经学研究的地位,也为了改善中国语言研究的学科状态,章太炎、胡以鲁等率先通过日本引进国外语言学的理论和思想。而后到二三十年代,中国语言学者开始了多国别、多层面的引介国外语言学研究的成果,如乐嗣炳译介的《语言学大意》(世界书局,1923)、王古鲁译介的《言语学通论》(世界书局,1930)、沈步洲译介的《言语学概论》(商务印书馆,1931)、张世禄翻译的《中国语与中国文》(商务印书馆,1931)、贺昌群翻译的《中国语言学研究》(商务印书馆,1933)、李安宅通译的《意义学》(商务印书馆,1934)等。与经由日本所引进的和直接引进于德国、瑞典等国的语言学理论相比,中国对苏联语言学的译介是比较晚的。中国第一本苏联语言学译著①是斯皮义尔维奇著、孙伯坚译的《言语学与国际语》,于1935年在上海辛垦书店出版发行。自此,开始了中国译介苏联语言学的大潮。

据不完全统计,从第一部苏联语言学著作于1935年翻译出版,到1991年苏联解体这段时期,中国共翻译引进苏联语言学著作近50部。其中,1949年前共翻译引进3部,一部是讲语言学与国际语间的理论问题的,即《言语学与国际语》,一部是讲"马尔底言语理论研究"和普通语言学理论的《新兴言语理论》,另一部则是讲人的语音和发音专题的《人是怎样开始讲话的》,此外

---

① 若按译文算,中国第一个苏联语言学译作应为杨伯凯、叶青等编译"科学论丛"(上海辛垦书店,1934)中的文章《言语底发生》,比孙伯坚的译著早了一年,且孙伯坚的译著属于日语转译著作。

还有一篇是讲语言发生历史的译文《言语底发生》(参见脚注 252 页);1949 年后引进的苏联语言学著作先是围绕着斯大林批判马尔语言学理论和斯大林语言学理论主张,然后是多层面高广度地引进苏联语言学各个层面的研究著作。其中,不少都是很有价值的著作,对中国语言学影响很是深远,特别是引进和通过苏联途经引进的语言学史著作。也正是在 1952 年,中国开始了苏联语言学论文的译介,从 1952 年到 1991 年苏联解体,共翻译发表论文 90 余篇。

下面我们基于 20 世纪中外的政治变革、学术发展和出版状况等,对始于 1935 年的苏联语言学汉译史分为四个时期:

肇始期:1935—1949

发展期:1950—1960

停顿期:1961—1976

终结期:1977—1991

其实,中国苏联语言学的汉译史,是中国语言学在自身学科体系发展壮大过程中,接受和发展苏联语言学的历史,其典型的时期就是 20 世纪 50 年代。

1. 肇始期:1935—1949

1935 年以前,苏联是马尔语言学一统天下,虽然也不时会有不同的意见,但这对 1949 年前中国语言学的影响都不大。从 1935 年至 1949 年,中国共翻译出版苏联语言学著作 3 部。

1935 年,中国翻译出版了第一部苏联语言学著作,这部著作是由斯皮义尔维奇著,孙伯坚翻译,上海辛垦书店出版发行的《言语学与国际语》,以"用语言学理论阐释语言学理论与国际语间理论问题"为基调。无疑,这部著作的出版,给中国语言学界打开了新的视角,即普通语言学理论与国际语的思考。

1936 年,上海新文字书局出版了由安德烈也夫与特雷仁合著,徐沫翻译的《新兴言语理论》,是讲"马尔底言语理论研究"和"普通语言学理论"的。这可能是中国语言学界第一次通过直接翻译苏联语言学著作的方式,接触马尔语言学理论为主的苏联语言学思想。

1949年，上海天下图书公司出版了由尼柯尔斯基与雅柯夫列夫合著，水夫翻译的《人怎样开始讲话》，是讲人类的发音和语音特点的。这是中国继刘复在1922年翻译法国保尔巴西著的《比较语音学概要》，刘复在1926年出版的博士论文《四声实验录》和张世禄在1934年编著出版的《语音学纲要》之后的另一重要的语音学著作。

在苏联语言学汉译的肇始期，尽管只有三部著作问世，但从这三部著作中，我们却能够发现：那个时期的翻译著作中用"言语学"和"言语"来指代"语言学"和"语言"。产生这样现象的原因，则在于中国语言学界最先是通过日本接触国外语言学思想的，也因此受到了日本语言学术语的影响，即按照日语的"言語學"（げんごがく）把"语言学"命名为"言语学"，以对应于英语的 linguistics。这种现象在1949年后的苏联语言学著作的译介中已得到改善，但在整个中国语言学界，后来还是有零星的使用，直到学者们用这一术语来指某类专门的语言研究，如索绪尔的 le langage 和 la parole，这种用指语言学的现象方才彻底得以改善。

随着"西学入华"的大潮，国外语言学也随之涌入，这是应中国社会的需要而产生的，姚小平教授（2007）曾针对20世纪上半叶的语言学典籍翻译总结出三个方面的作用。我认为，也适合苏联语言学汉译，即"一是出于开启民智的需要，把西书翻译出来，可以普及学理，推广新知；二是出于新式学校教育、开设相关课程的需要，有了中文译著，或者在译介的基础上编写教材，学生读起来方便许多；三是出于拓展小学疆域、更新国学传统的需要，通过翻译活动，西学被划为中学"。类似的说法早在由舒新城为张世禄编《语言学概论》（1934）书写的总序中，可以找到根据："我自民国六年毕业高等师范而后，……我对于此问题感到较重要者有两方面：第一是在校的青年无适当的课外读物；第二是无力进校的青年无法自修。"在此基础上，我补充两条，即：引导国人系统认识、理解本国国语；引导国人学者运用西式哲学化范式来研究本国国语。

纵观苏联语言学汉译的肇始期,我们发现这个时期的翻译著作很少,其明显的原因在于,中国的语言学还处于起步阶段,研究者、翻译者都不多,而且这个时期中国语言学研究的重点在语法上,还无暇顾及专门的语言学引入的工作。

2. 发展期:1950—1960

自1949年中华人民共和国成立到1960年这段时间,由于中国与苏联"老大哥"之间的亲密政治关系,导致中国语言学界受到苏联语言学的极大影响。这十年间,中国从苏联大量引入语言学的理论和方法,就连语言学讨论的问题和方向也是来自于苏联。对于苏联语言学来说,1950年是很重要的一年,就在这一年,斯大林对曾一统天下的马尔语言学理论加以清算。斯大林先要契科巴瓦率先在《真理报》上发表文章《关于苏联语言学的若干问题》(1950年5月9日),而后自己亲自发表了《关于语言学中的马克思主义》(1950年6月2日)、《关于语言学中的某些问题——答科拉舍宁尼科娃问》(1950年7月4日)等,揭开了批判马尔新语言学的序幕。这些文章后来结集出版《马克思主义与语言学问题》(1950),后由李立三等翻译,由北京解放出版社出版发行。该著中,斯大林提出了"正确"的主张,即:语言无阶级性、语言并非上层建筑、语言研究的唯物论观等,因而被苏联和中国语言学界认为是这个时期的代表作,开启了苏联语言学研究的新时期。

这个时期,中国共翻译出版苏联语言学著作近40部,主要是介绍马尔语言学说(3部)、斯大林语言学思想(8部)、普通语言学理论、俄语教学、方言研究和语言学史等各数部。其中介绍普通语言学理论的有:

契珂巴娃. 语言学概论(上)[M]. 周嘉桂,译. 北京:高等教育出版社,1954.

契珂巴娃. 语言学概论(下)[M]. 高名凯,译. 北京:高等教育出版社,1955.

兹维金采夫. 语言的内部发展规律[M]. 清问,译. 北京:

255

时代出版社，1955.

布达哥夫. 语言学概论[M]. 吕同仑，高晶齐，周黎扬，译. 北京：时代出版社，1956.

加尔金娜·菲多克. 语言是社会现象[M]. 哈尔滨外国语专科学校编译室，译. 北京：时代出版社，1956.

杰格捷列娃. 欧洲语言学说简述[M]. 北京：商务印书馆，1958.

B. A. 谢列勃连尼柯夫. 有关语言学的几个问题[M]. 群力，译. 北京：科学出版社，1959.

纵观这个时期的苏联语言学的汉译典籍，从 1950 年到 1953 年主要是以介绍和批判马尔新语言学（斯大林语言思想）的时期，而后则是随着苏联语言学的发展而引进语音、词汇、语法、风格、方言、语言的历史研究和教学等。第一次直接从国外翻译引进有关语言学史的著作，如杰格捷列娃著、俄语教学杂志连载的《欧洲语言学说简述》（商务印书馆，1958），还通过苏联学者拉·绍尔编根据威廉·汤姆逊著的语言学史著翻译出版了《十九世纪末以前的语言学史》（科学出版社，1960）。此外，还翻译了针对欧美理论语言学加以批判的著作，如《现代欧美语言学唯心主义学派批判》（科学出版社，1958），导致中国语言学界受到苏联批判欧美语言学态度的影响，并把西方理论语言学斥之为资产阶级唯心主义学说，从而采取了"批判式吸收"的方针。

中国语言学界翻译引进苏联语言学论文是从 1952 年开始的，到 1960 年共翻译发表论文 60 多篇。其中又以 1954 年和 1955 年最多（各 14 篇），1957 年最少（1 篇关于教学大纲的）。这些论文涵盖语言结构、词汇、语言发展、应用、教学、理论批判和书籍评论等，给中国语言学界提供了丰富的理论源泉，开阔了视野，同时也束缚了中国语言学的发展。

这个时期中国翻译苏联语言学著述的高潮，一部分是由于中国所奉行的"一边倒"政策，一部分是由于 20 世纪 50 年代，苏联语言学家以顾问身份援建中国时，视阐释斯大林著作为主要任务，并按照斯大林的语言学理论来指导中国语言学研究，而中国语言学界又甘于全盘的接受这种指导。

3. 停顿期：1961—1976

停顿期包括两个阶段，第一个阶段是从1961年到1965年，这个时期中苏关系恶化，极大地影响了中国语言学对苏联语言学的引进工作；第二个阶段是从1966年到1976年，这个时期中国发生了"文化大革命"，完全停止了科学研究，使得语言学的研究和引进步入了停滞的尴尬境地。

1961年至1966年，中苏关系急剧恶化，中国再也没有公开翻译出版过苏联语言学专著，而只是翻译发表了20余篇论文及2个专辑：《1950年苏联语言学界大辩论论文汇编》(1962)和《苏联六十年代攻击斯大林语言学观点的文章汇编》(1965)。这些论文及专辑，除了捍卫斯大林的语言学说和声援苏联的斯大林派语言学家以外，还积极地介绍和批判了国际语言学界的新成果、新发展，如《什么是转换分析》(1961年第5—6期)、《应用语言学中的新问题》(1961年第6期)、《转换语法的理论基础》(1963年第1期)等，当然这些属于专门语言学的范畴。

1967年至1976年，中国发生"文化大革命"，中国语言学界几乎停止了国外语言学成果的引进。从出版物的出版数量看，中国语言学界几乎与苏联语言学界断绝了往来，使得苏联语言学的引进处于绝对的停顿时期，即这十年间，中国语言学界再也没有翻译发表过任何苏联语言学的成果。

这个时期对中国语言学的发展来说，负面的影响非常大，中国语言学研究不但失去了多年来苏联语言学的指导，还使得整个科研处于停滞的状态。

4. 终结期：1977—1991

1976年，中国结束了历经十年的"文化大革命"，国内形势发生了巨大变化，语言学研究也得以恢复正常。同时，语言学界又开始了国外语言学成果的引进，但这次是以多层次、多途径、多国别策略来进行的，以猛追"文化大革命"期间国外语言学的快速发展。

然而，随着国际形势的转变，苏联最终于1991年解体，这标志着苏联语言学时期的结束，也是苏联语言学汉译的终结。最后这十余年间，根据不完全统计，中国共引进苏联语言学著作5部、论文近10篇。

这期间引进的苏联语言学作品，先是集中翻译发表苏联语言学近年发展的介绍性论文，如《苏联的话语语言学(1948—1975)》(1979)、《苏联的语言》(1979)、《二十、三十年代苏联语言学中语言社会分化的若干理论问题》(1982)、《苏联语言研究所近年来的研究成果》(1982)等，以了解近年苏联语言学的发展状况。在此基础上，中国语言学界又引进了苏联新时期的普通语言学(兹维金采夫著《普通语言学纲要》和柯杜霍夫著《普通语言学》)、专门语言学(A. P. 卢利亚著《神经语言学》和什维策尔著《现代社会语言学理论·问题·方法》)和语言学史(康德拉绍夫著《语言学说史》)等方面的著作共5部。

上述可见，中国语言学历经日本引进到直接从欧美引进，后到以苏联为主要引进对象，再到多途径直接引进的时期。以苏联为主要对象的时期，主要是20世纪50年代，到1961年中国与苏联关系恶化，基本上很少有著作翻译出版，而只是一些论文见诸报端。直到1981年，这种状况才有所转变，但到苏联解体的这十年，也只有近10部著作翻译出版(详见附录)，而且其中含有专门语言学2部、语言学史1部。

三、结语

纵观苏联语言学的汉译史，我们发现这段时期所引进的语言学著作，涵盖普通语言学、专门语言学和语言学与政治问题等。其中，前期的普通语言学多以批评马尔理论支持斯大林为理论基调，后期则以开放的精神来探讨语言现象；其中专门语言学著作包括语音、词汇、语法、方言与标准语、民族语、语言与语言学教学、风格、语言的社会层面与历史层面、神经语言学和语言学史等。这些著作的引进极大地丰富了中国语言学，特别是语言的社会、心理和神经层面的研究。此外，还有语言学史著作的引进，促进了我国学者在语言学史方面的研究，如岑麒祥的《语言学史概要》(1957)。

在考察苏联语言学汉译50余年的历史，我们发现苏联语言学汉译的历史具有如下几个特征：其一，自1949年，中国语言学界对苏联语言学的翻译引进，具有十分浓重的政治色彩，这既是苏联国内的政治因素所导致的，也是中国在政治上施行"一边倒"政策的结果；其二，翻译方法和策略上，1949年前语言学者在书籍择取和翻译方法上，采取自由的翻译策略，从而明显地体现于那个时期的文本当中，囿于篇幅，此不详述；而1949年后，由于受到马列主义引进和政治因素的影响，对书籍的择取倾向于政治局势的变化，而翻译方法则略显直白；其三，相比较而言，苏联语言学对新中国的语言学的发展，具有史无前例的影响，特别是在批判欧美语言学思想、语言教学、语言学教学与研究、教材编写和语言学史等层面，导致中国语言学的教学与研究发生了很大的变化；其四，1949年后，引进苏联语言学作品的目的较为统一，所采用的翻译方法则大抵有编译、译述、摘译和翻译等（篇幅所限，不详述），这些方法的搭配使用，极大地保证了及时而迅速地引进苏联语言学的成果，有效地丰富了中国语言学的理论，指导了中国语言学的发展方向。

参考文献

[1]姚小平．语言学典籍汉译史[J]．辅仁外语学报，2007(4)：27—43.
[2]张世禄．语言学概论[M]．上海：中华书局，1934.

附：苏联普通语言学典籍汉译大事记[①]

一、著作

斯皮义尔维奇. 言语学与国际语[M]. 孙伯坚, 译. 上海：辛垦书店, 1935.

安德烈也夫, 特雷仁. 新兴言语理论[M]. 徐沫, 译. 上海：新文字书局, 1936.

尼柯尔斯基, 雅柯夫列夫. 人怎样开始讲话[M]. 水夫, 译. 上海：天下图书公司, 1949.

斯大林. 马克思主义与语言问题[M]. 李立三, 译. 北京：解放出版社, 1950.

缪灵珠. 苏联新语言学[M]. 北京：天下图书公司, 1950.

安德烈也夫. 马尔的语言学说[M]. 徐沫, 译. 北京：大众书店, 1950.

谢尔久琴柯. 马尔与唯物论之语言学之发展[M]. 秦佚, 译. 北京：大众书店, 1950.

斯大林. 斯大林论语言学问题[M]. 草婴, 译. 北京：时代出版社, 1950.

波·弗·尤金. 斯大林关于语言学问题的著作对于社会科学发展的意义[M]. 秋江, 列兵, 等译. 北京：人民出版社, 1951.

维诺格拉陀夫, 等. 斯大林论语言学的著作与苏联文艺学问题[M]. 张孟恢, 等译. 北京：时代出版社, 1952.

叶高林. 斯大林关于语言学著作中的文学问题[M]. 何勤, 译. 北京：新文艺出版社, 1952.

亚历山大罗夫. 斯大林语言学著作中的哲学问题[M]. 王以

[①] 本部分曾以《苏联普通语言学典籍汉译大事记及其简析》为题, 发表在黑龙江大学俄语语言文学研究中心主办的《俄语语言文学研究》2010年第2期, 本书只摘取了该文的原始资料, 经修订后作为本书附录, 仅供参考。

铸，等译．上海：三联书店，1953．

桑席叶夫，等．论方言·少数民族语言[M]．杜松寿，彭楚南，译．上海：东方书店，1954．

契珂巴娃，等．语言学中的历史主义问题[M]．高名凯，译．北京：五十年代出版社，1954．

契珂巴娃．语言学概论（上）[M]．周嘉桂，译．北京：高等教育出版社，1954．

阿瓦涅梭夫．方言；方言学（《苏联大百科全书》条目）[M]．高名凯，彭楚南，译．北京：人民出版社，1954．

契珂巴娃．语言学概论（下）[M]．高名凯，译．北京：高等教育出版社，1955．

阿瓦涅梭夫．斯大林语言著作所阐明的语言与方言学说[M]．李佩娟，译．北京：民族出版社，1955．

凯德洛夫，等．斯大林语言学著作中的哲学问题续集[M]．麦园，等译．上海：三联书店，1955．

兹维金采夫．语言的内部发展规律[M]．清问，译．北京：时代出版社，1955．

切库乔夫．俄语语法分析教学法：语音；词法[M]．道治，译．北京：时代出版社，1956．

布达哥夫．语言学概论[M]．吕同仑，高晶齐，周黎扬，译．北京：时代出版社，1956．

阿瓦涅索夫，等．语言学论文选译：第1辑[M]．刘涌泉，等译．北京：科学出版社，1956．

维诺格拉多夫，等．语言学论文选译：第2辑[M]．彭楚南，等译．北京：科学出版社，1956．

加尔金娜·菲多克鲁．语言是社会现象[M]．哈尔滨外国语专科学校编译室，译．北京：时代出版社，1956．

苏联科学院语言研究所．俄语语法：卷一：语音学、形态学[M]．哈尔滨外国语学院，译．北京：时代出版社，1957．

列夫柯夫斯卡亚，等．语言学论文选译：第3辑[M]．孙宏开，列文，译. 北京：科学出版社，1957.

斯米尔尼茨基. 语言学论文选译：第 4 辑[M]. 高晶齐，译. 北京：科学出版社，1957.

彭楚南，编译. 俄汉对照语言学词汇[M]. 北京：新知识出版社，1957.

N. M. Owahnh. 苏联大百科全书条目汉语[M]. 彭楚南，译. 北京：新知识出版社，1957.

杰格捷列娃. 欧洲语言学说简述[M]. 北京：商务印书馆，1958.

古赫曼，等. 现代欧美语言学唯心主义学派批判[M]. 北京：科学出版社，1958.

伊凡诺夫，等. 语言学论文选译：第 5 辑[M]. 耿世民，胡明扬，等译. 北京：中华书局，1958.

阿赫马诺娃，等. 语言学论文选译：第 6 辑 结构主义问题讨论[M]. 伍铁平，等译. 北京：中华书局，1958.

波斯佩洛夫，等. 语言学论文选译：第 7 辑[M]. 中国科学院语言研究所，译. 北京：中华书局，1958.

苏联科学院《语言结构问题》编. 语言学论文选译：第 8 辑[M]. 中国科学院语言研究所，译. 北京：中华书局，1958.

谢列勃连尼柯夫. 有关语言学的几个问题[M]. 群力，译. 北京：科学出版社，1959.

捷斯尼切卡娅. 印欧语亲属关系研究中的问题[M]. 劳允栋，译. 北京：科学出版社，1960.

N. S. Pospelov，等. 中国科学院语言研究所编. 语法结构问题[M]. 北京：商务印书馆，1960.

苏联语言学家. 语言风格与风格学论文选译[M]. 苏旋，等译. 北京：科学出版社，1960.

拉·绍尔编，威廉·汤姆逊. 十九世纪末以前的语言学史[M]. 黄振华，译. 北京：科学出版社，1960.

维诺格拉多夫. 词的语法学说导论[M]. 黑龙江大学编译

室，译．北京：科学出版社，1960．

兹维金采夫．普通语言学纲要［M］．伍铁平，等译．北京：商务印书馆，1981．

康德拉绍夫（Кондрашов，И. А.）．语言学说史［M］．杨余森，译．武汉：武汉大学出版社，1985．

柯杜霍夫．普通语言学［M］．常宝儒，等译．北京：外语教学与研究出版社，1987．

卢利亚．神经语言学［M］．赵吉生，卫志强，译．北京：北京大学出版社，1987．

什维策尔．现代社会语言学理论·问题·方法［M］．卫志强，译．北京：北京大学出版社，1987．

二、论文

墨西尼卡夫．言语底发生［M］．杨伯凯，叶青，编译．科学论丛，上海：上海辛垦书店，1934．

色拉泽尼泽．语言的分化和统一［J］．彭楚南，译述．中国语文，1952(2)．

维诺格拉多夫，Б．谢列布连尼科夫．苏联各族语言底发展问题［M］．王少恭，译．中国语文，1952(6)．

阿热戈夫．词汇与基本词汇［J］．王均，译．科学通报，1952(7)．

伊里金斯卡娅．普希金词典［J］．王均，译．科学通报，1952(7)．

维诺格勒多夫．苏联语言学走上了新的道路［J］．余元盦，译．科学通报，1952(1—10)．

苏联高等教育部大学总管理处．语言学引论教学大纲［J］．季羡林，译．中国语文，1953(1)．

契科巴瓦．论培养普通语言学的专家［J］．郑祖庆节，译．中国语文，1953(2)．

苏联高等教育部．斯大林的语言学说基础教学大纲［J］．彭楚南，译．中国语文，1953(4)．

库兹涅左夫. 语法(苏联大百科全书节译)[J]. 彭楚南,译述. 中国语文, 1953(5).

赫连诺娃. 七年级语言的普通知识教学经验[J]. 彭楚南,译. 中国语文, 1953(6).

Ґ.І.Ахманова. 方言和方言学：苏联大百科全书[J]. 彭楚南节译. 中国语文, 1953(7).

Ґ.І.Панкратова. 论俄罗斯民族语言发展的历史条件问题[J]. 杜松寿节,译. 中国语文, 1953(12).

彭楚南,译. 时制(语言学名词选译)[J]. 中国语文, 1954(1).

彭楚南,译. 音素文字：语言学名词选译[J]. 中国语文, 1954(2).

Пымчукарашичова. 俄罗斯方言学引论[J]. 彭楚南,译述. 中国语文, 1954(3).

彭楚南,译. 土语：语言学名词选译[J]. 中国语文, 1954(3).

阿夫洛林. 苏联北方各部族的标准语与方言[J]. 王辅世,刘涌泉,节译. 中国语文, 1954(4).

洛孜也夫,哈山诺夫. 论维吾尔文学语言中的词汇问题[J]. 耿世民,译. 中国语文, 1954(5).

彭楚南,译. 语言中的借用：语言学名词选译[J]. 中国语文, 1954(5).

契科巴瓦. 民族语言、文学语言跟地域方言[J]. 俞敏节,译. 中国语文, 1954(6).

彭楚南,译. 元音：语言学名词选译[J]. 中国语文, 1954(7).

何道南,译. 语言学高等教育和语言科学干部的培养：苏联科学院出版《语言学问题》1954年2月社论摘录[J]. 中国语文, 1954(7).

力山,译. 词根：语言学名词选译[J]. 中国语文, 1954(8).

ㄋㄅㄦㄚㄉ. 在斯大林的语言学著作的启示下论中国和日本的民族语言[J]. 彭楚南, 译. 中国语文, 1954(8/9).

萧芸, 译. 同行语: 语言学名词选译[J]. 中国语文, 1954(10).

多明, 译. 列宁和马克思主义的语言学[J]. 中国语文, 1955(1).

力山, 译. 拟声词: 语言学名词选译[J]. 中国语文, 1955(1).

力山, 译. 马尔: 语言学名词选译[J]. 中国语文, 1955(3).

力山, 译. 形态单位: 语言学名词选译[J]. 中国语文, 1955(4).

力山, 译. 语言的形态学分类法: 语言学名词选译[J]. 中国语文, 1955(5).

维诺格拉多夫. 马克思主义与语言学问题[J]. 彭楚南, 译. 中国语文, 1955(6).

加尔基娜-费多路克, 等编拟. 现代俄语教学大纲[J]. 王力, 译. 中国语文, 1955(6).

谢尔久琴柯. 布拉格学派: 批判特鲁别茨科依的音位学说[J]. 刘涌泉, 译. 中国语文, 1955(8).

列歇托夫. 论现代乌兹别克标准语的方言基础[J]. 王均, 译. 中国语文, 1955(10).

卡里莫夫. 现代东干语的计算词、计算词尾和数量单位的语法特征[J]. 彭楚南, 译. 中国语文, 1955(10).

谢尔久琴柯. 关于中国文字的几个问题: 在全国文字改革会议上的发言[J]. 刘涌泉, 等译. 中国语文, 1955(11).

鄂山荫. 关于文学语言规范化的几个问题——在现代汉语规范问题学术会议上的发言[J]. 吴乐校, 译. 中国语文, 1955(11).

郭路特. 近几年来苏联东方学研究中的汉语形态问题(1950—1955)[J]. 刘涌泉, 等译. 中国语文, 1955(12).

克列. "马克思主义与语言学问题"和"苏联社会主义经济问题"中的历史唯物论问题[J]. 辩证唯物主义与历史唯物主义教研室, 译. 教学与研究, 1955(6).

维索特斯基. 研究方言的方法[J]. 张永言, 译. 中国语文, 1956(4).

苏别兰斯卡娅. 两个综合的字母表[J]. 刘涌泉, 译. 中国语文, 1956(4).

谢尔巴. 论词类[J]. 刘涌泉, 译. 吕叔湘, 校. 中国语文, 1956(5).

谢列布列尼科夫. 语法中的选择性原则[J]. 刘涌泉, 译. 吕叔湘, 校. 中国语文, 1956(6).

乌罗耶瓦, 等. 评契科巴瓦《语言学引论》语音学部分[J]. 望桐, 译. 中国语文, 1956(6).

阿瓦涅索夫. 文学语言对全民语言体系的关系[J]. 陈鹏, 译. 吕叔湘, 校. 中国语文, 1956(8).

切列米新. 语言的结构和语言学各学科的基本概念[J]. 俄文教学, 1956(2).

兹维庚采夫. 苏联高等教育部语言学教学大纲(草案)[J]. 黄树南, 译. 中国语文, 1957(7).

维诺格拉多夫. 词的词汇意义的主要类型[J]. 俄语教学与研究, 1958(2).

格谢尔久琴柯. 关于中国民族和语言的分类问题[J]. 吴乐, 译. 中国语文, 1958(3).

索弗罗诺夫. 利用机器把汉语译成其它语言的一般原则[J]. 志升, 译. 白水, 校. 中国语文, 1958(9).

苏联"语言学问题"社论. 苏联语言学的发展道路[J]. 高祖舜, 译. 中国语文, 1958(2).

谢尔久琴柯. 战后苏联的东方语言研究[J]. 吴乐, 译. 中国语文, 1959(5).

瓦尔萨夫斯基. 言语的统计研究对工程技术的意义[J]. 山

佳,译. 米尔,校. 中国语文,1959(8).

刘非,译. 最近苏联的应用语言学研究活动[J]. 中国语文,1960(3).

谢尔久琴柯. 苏联将大量出版东方和非洲语言概要[J]. 刘鲁扬,译. 中国语文,1960(3).

格里高利耶维奇. 论代码和语言[J]. 白水,译. 中国语文,1960(4).

高尔农. 关于语言学中的结构方法及数理语言学应用语言学问题的讨论[J]. 常富英,译. 米尔,校. 中国语文,1960(5).

契科巴瓦. 对《语言学中的一些理论问题(导论)》的意见[J]. 苏华等,译. 白水,校. 中国语文,1960(5).

邵勉. 关于问题报告书《语言学中的一些理论问题》[J]. 苏华,译. 白水,校. 中国语文,1960(5).

苏联科学院文学与语言学部普通语言学委员会. 关于语言结构分析工作的决议[J]. 苏华,译. 米尔,校. 中国语文,1960(5).

尼柯采耶娃. 什么是转换分析[J]. 刘敏,译. 语言学资料,1961(5—6).

安德烈也夫,琴德尔. 应用语言学中的新问题[J]. 每文,译. 中国语文,1961(6).

中国科学院语言研究所编. 1950年苏联语言学界大辩论论文汇编[J]. 语言学资料,1962(11/12).

邵勉. 转换语法的理论基础[J]. 金有景,译. 语言学资料,1963(1).

费多谢耶夫. 苏联语言学发展中的几个问题[J]. 汤庭国,刘仲亭,译. 语言学资料,1963(5).

维诺格拉多夫. 消除苏联语言学中的个人迷信的后果[J]. 叶蜚声,等译. 语言学资料,1963(5).

契科巴瓦. 论苏联语言学的一些问题[J]. 戚雨村,译. 语言学数据,1964(4/5).

维诺格拉多夫. 在马克思列宁主义理论的基础上发展苏联语言学[J]. 王德春, 译. 语言学资料, 1964(4/5).

切莫达诺夫. 苏联语言学的发展道路[J]. 许以理, 译. 语言学资料, 1964(4/5).

费林. 摆脱停滞, 为苏联语言学的发展而奋斗[J]. 云衷, 译. 语言学资料, 1964(4/5).

卡潘强. 论马尔的几个普通语言学原理[J]. 云衷, 译. 语言学资料, 1964(4/5).

布拉霍夫斯基. 在唯物主义语言学的道路上[J]. 胡孟浩, 译. 语言学资料, 1964(4/5).

库德略夫采夫. 论语言的阶级性问题[J]. 胡孟浩, 译. 语言学资料, 1964(4/5).

切尔内赫. 评"语言新学说"的几个论点[J]. 林逸, 译. 语言学资料, 1964(4/5).

契科巴瓦. 论苏联语言学的一些问题[J]. 戚雨村, 译. 语言学资料, 1964(4/5).

Н. Г. Морозова. 论"无语言的聋哑人"及其对时间言语的掌握[J]. 语言学资料, 1964(6).

К. Х. Ханазаров. 苏联各民族的接近和民族语言[J]. 许浩福, 译. 语言学资料, 1964(6).

捷舍里耶夫. 论苏联各民族语言的相互丰富[J]. 许浩福, 译. 语言学资料, 1964(6).

拉林. 论最近将来的语义学[J]. 赵永穆, 译. 语言学资料, 1964(6).

阿·霍洛波夫. 论语言的接触[J]. 薪殊, 译. 语言学资料, 1964(6).

中国科学院语言研究所编. 苏联六十年代攻击斯大林语言学观点的文章汇编[J]. 语言学资料, 1965(1).

Г. Л. Сераюченко. 苏联语言学中的几个哲学问题[J]. 铁声, 译. 语言学资料, 1965(1).

В. А. Аврорин. 语言和文化[J]. 高德渭，译，语言学资料，1965(1).

Н. Слюсарева. 苏联语言学家对索绪尔的某些看法[J]. 冰心，译. 当代语言学，1966(1).

谢·依·根金. 苏联的话语语言学(1948—1975)[J]. 冯加方，译. 语言学动态，1979(2).

肖雨潞编译. 苏联的语言[J]. 语言学动态，1979(5).

维伊采. 二十、三十年代苏联语言学中语言社会分化的若干理论问题[J]. 顾伟丽，译. 国外社会科学著作提要，1982(13).

Ю. С. ЕηNсев. 苏联语言研究所近年来的研究成果[J]. 方也，译述. 国外语言学，1982(2).

尤·洛特曼. 论语言学结构概念和文艺学结构概念的分界[J]. 宋大图，译. 外国文学报道，1986(6).

В. В. Славкин. 苏联篇章语言学发展概况[J]. 华邵，译. 国外语言学，1988(1—4).

以上还只是不完全统计。漏网之鱼肯定不少，希望俄语界前辈老师，在日后的工作学习中能够不断添加，把这个大事记补全。

三、著作论文翻译出版汇总表

发生年份	论文翻译数量	著作翻译数量	发生年份	论文翻译数量	著作翻译数量
1934	1		1960	7	5
1935		1	1961	2	
1936		1	1962	1	
1949		1	1963	3	
1950		5	1964	14	
1951		1	1965	3	
1952	5	2	1966	1	
1953	7	1	1979	2	
1954	14	4	1981		1
1955	14	4	1982	2	
1956	7	5	1985		1
1957	1	5	1986	1	
1958	4	6	1987		3
1959	2	1	1988	1	

附录 2
苏联语义学思想在中国：历史反思[①]

一、引言

欧美语义学思想传入中国始于 1930 年英国学者瑞恰慈[②]（I. A. Richards）在《清华学报》发表的论文《〈意义底意义〉底意义》，文中引入学科术语 semasiology（意义学），成为中国引进现代语义学思想的开端。现代语义学思想在经历 80 余年的译介、引进和发展之后，已到了回顾和反思其历史发展的时刻，以便于发现和纠正学科发展过程中遗留的问题，同时也有助于梳理现代语义学思想在中国传播的轨迹，旨在为该学科今后的发展提供可资借鉴的经验。

迄今为止，国内学者业已做过现代语义学思想的梳理研究，如王秀丽（1996）的欧美语义学的历史、张家骅（2001，2006 等）和杜桂枝（2006）等的莫斯科语义学派、李炯英（2005）的波兰语义学派、贾洪伟（2010a，2011）的西方语义学思想在中国的传播和新世纪现代语义学发展的问题与展望，等等。其中张家骅（2001，2006）、李炯英（2005）、杜桂枝（2006）等属于主题研究，王秀丽（1996）、贾洪伟（2010）等属于通史性研究。纵观中国的语义学历

[①] 本文发表于《中国俄语教学》2011 年第 4 期，经修订后附录于此。本文发表时俄语提要翻译部分得到首都师范大学杜桂枝教授帮助，在此表示真挚的谢意。有关苏联语义学影响下的中国词义研究内容，参见贾洪伟：《1969 年前苏联语义学影响下的中国词义研究》，《天津外国语大学学报》，2017 年第 1 期。另外，有关苏联语义学在中国现代语义学建立与发展这一大背景下的作用与影响，尤其是中国现代语义学发展的总体脉络，参见贾洪伟：《国外语义学在中国的传播与影响》，上海：上海交通大学出版社，2014 年。

[②] 瑞恰慈为 A. Richards 的中文名字，清华大学外语系 1930 年课表上显示为芮卡兹，现在很多人误译为"理查德""理查兹"等。

史研究，我们尚未发现有关以苏联语义学在中国传播为主题的通史性研究。

前人在中国理论语言学史（邵敬敏，1991）、语言学典籍汉译史（姚小平，2007）、苏联语言学典籍汉译史（贾洪伟，2010b）等方面做了大量的工作，可为苏联语义学思想在中国的发展研究提供可资借鉴的经验。

根据现有文献，本文拟从语言学史的角度，扼要梳理苏联语义学思想在中国的传播和发展，以相关历史背景和学科发展的重要标志为界限对这段历史给予分期，总结苏联语义学思想在中国传播的历史成因、阶段性特征及其对中国语义学发展造成的影响，以便为中国语义学史和中国语言学史的撰写提供史实参考。

二、历史回顾

现代语义学思想传入中国始于瑞恰慈于 1930 年引入 semasiology（意义学）这一术语。同年，王古鲁以日本安藤正次著《言语学概论》(1926) 为蓝本编译《言语学通论》，引入 semantics（意义学，今称语义学），成为中国第一个以 semantics 与"意义学"对应的学科术语。后来，李安宅根据马林糯夫斯基（B. Malinowski, 今译马林诺斯基）、瑞恰慈和欧格顿（C. K. Ogden, 今译奥格登）诸位学者的观点编写《语言底魔力》，书中引进了语言哲学家弗雷格提出的"语义三角"理论（也称意义三角说）。尔后，因《语言底魔力》(1931) 售罄，遂将其与美国语言学家萨丕尔为《社会科学百科全书（第九卷）》(*Encyclopedia of the Social Sciences*, 1933) 所写论文 "Language" 的译文《语言的综合观》合并成《巫术与语言》(1936)，促进"语义三角说"的进一步普及。进而，李安宅在吸收和借鉴《意义底意义》的内容和框架基础上，编译出版中国第一本语义学专著《意义学》(1934)，其间有章士钊翻译德国师辟伯的《情为语变之原论》(1930)，这些成绩标志着中国现代语义学的建立。

1939 年，傅东华在《东方杂志》第 21、22 期发表《文法稽古篇》，文中出现"语义"这一表示。20 世纪 40 年代后期，高名凯先后发表《中国语的语义变化》(1947)和《中国语的语义变化与中国人的心理趋势》(1948),探讨汉语的语义变化及其语义变化与心理变化间的关联,系中国首次出现"语义学"代替"意义学"的现象①,为20世纪50年代出现的"语义学"定名奠定了基础。

据不完全统计,从1930年瑞恰慈和王古鲁率先引进"意义学"术语及其相关知识到1949年,中国共出版译介语义学相关著作5部,发表学术论文6篇,但尚未发现有关苏联的语义学著述。经过考察,我们将1950年确定为中国引进苏联语义学思想的起始之年,到1991年解体为止,中国共出版源自苏联的语义学著作1部,发表学术论文近20篇(参见附录)。

下文专门讨论自1950年至1991年苏联解体期间苏联语义学思想在中国的传播及其对中国语义学研究产生的影响。

三、定位与分期

贾洪伟(2010a)将西方(国外)语义学思想在中国的传播史分为五个阶段:肇始期(1930—1949)、彷徨期(1950—1966)、复苏期(1978—1990)、拓展期(1991—2000)和新世纪的发展期(2001年至今)。根据苏联语义学思想在中国的译介轨迹和文献,我们发现苏联语义学思想在中国的传播处在国外语义学思想在中国传播的"彷徨期"和"复苏期",与新中国成立初期的政治外交关系紧密相关。为便于梳理苏联语义学思想在华的影响,本文拟将苏联语义学思想在中国传播的历史(1950—1991)给予单独分期处理,即:肇始期(1950—1960)、发展期(1961—1966)和终结期(1977—1991)。

1. 肇始期:1950—1960

1949年中华人民共和国成立,随着政治意识形态的转变,中国采取"一边倒"的外交政策,致使苏联语义学研究成为影响中国

---

① 尽管高名凯在上述二文中采用源自法语 sémantique 译名的"语义学"这一称谓,况且在20世纪50年代"语义学"已被广泛采用,但他在《语法理论》中依然使用"意义学"这一术语(1960:51)。

语义学的主流。自 1950 年开始，中国开始大量引进苏联语义研究的成果，甚至连讨论的问题也从苏联输入，这些成果有的单篇（部）出现，有的混杂在语言学的著作之中。现仅以代表性的著述梳理中国引进苏联语义学的大体走向。

1950 年，徐沫翻译《马尔的语言学说》，在论述形态和意义问题时，作者认为"现在要谈到人类声音语底形态学（Morgologio）和意义学（Semantiko）了，首先，我们必需指出：雅弗语言理论在这二点上也探究出了一个源泉。这源泉不但预先规定了声音语底产生，并且也预先规定了它底外形（声音）和内容（意义）诸方面底进化。这源泉便是以一定的自然环境，一定的生产力——生产关系作为基础的人类底社会！"（徐沫，1950：17）该译著成为中国引进苏联语义学思想的开端。自此，苏联语义学思想不断地涌现于各类著述之中。

自 1955 年开始，学界将注意力从马尔语言学视角转向语义学在语言学科门类中的定位（如"语义学在语言各学科中的地位"，1955），进而批判和引进所谓"资产阶级主观唯心主义哲学流派"（吴富恒，1955：62）的卡尔纳普语义学思想，最终转向以语言研究为核心的"结构语义学"和"普通语义学"的引进和探讨。譬如，吴富恒肯定了"斯大林在《马克思主义与语言学问题》中所谈到的语义学"（吴富恒，1955：62），并认为"那里的语义学是语言学里一个部门，……约相当于中国的训诂学"（吴富恒，1955：62），批判美籍哲学家卡尔纳普的语义学是资本主义唯心主义的产物；尹仲贤从《美国的唯心主义语义学家撤斯（Chase）所著的〈词的暴虐〉（*Tyranny of Words*）一书》为切入点，批判语义学是"欺人的语言魔术"（尹仲贤，1956：170）；管士滨译《从逻辑经验论到语义学——一对新实证主义的总清算》（1957）也对哲学语义学大加批判。

然而，随着批判的不断深入，1958 年中国科学院语言研究所选译了《结构主义问题讨论专辑》，其中第五篇为列夫辛所写的《结构主义语言学、意义学和词的研究问题》，针对卡尔纳普语义学思想的批判，提出了与大气候不相同的声音："卡尔纳普的意义学思想，如同控制论一样，已经被宣布为唯心主义的、反动的疯话。从来没有人试图把'普通意义学'（general semantics）或'意义哲学'的实证主义结构，或甚至不甚懂得语言本质的人的非科学的宣传性议论跟象卡尔纳普这样的学者的客观上有价值的、科学的方法区别开来。卡尔纳普的主要成就是建立抽象语言，它是科学研究上的良好手段。然而，它却常常被宣布为非科学的，唯心主义的，说它离开现实的语言的研究而跑到另外的方向去了。这当然是谬误的"（边兴昌，1958：68），从而，扭转了对哲学语义学一度热批的状况，起到"拨乱反正"的作用，使得中国语义学随着苏联语言学界的觉醒而回归正途。

纵观肇始期的语义学文献，该期共有语义学相关著作1部、论文5部。可见，在苏联语义学传入的肇始期，中国引进苏联语义学的专门篇/著不多，可能与当时苏联语义学研究的队伍和著作数量有关，但对中国语义学研究的影响很大。苏联语义学带来的影响可归纳为：语义学研究和讨论方向的转变、学科本质和定位问题的思考以及对哲学语义学错误认识的纠正。此外，在苏联语义学前期错误研究方向和后期"拨乱反正"学风的引导下，中国语义学界确定了正确的学科观念，将该学科正式定名为"语义学"，并得到广泛的认可。

2. 发展期：1961—1966

从1961年到1966年，中苏关系恶化，极大地影响了中国对苏联语言学的引进，但从现有语义学文献看，苏联语义学思想对中国语义学的影响依然存在，即在肇始期苏联语义学界提出的"拨乱反正"思潮。这一思潮致使中国学者认识到所谓资本主义语义学思想的参考价值，并开始引进相关的理论思想，进而造就了中国语义学"彷徨"发展的时期。这一时期中国并未停止对苏联语义学思想的引进，只是引进的数量较少，主要是沿着苏联语义学的思想摸索前行。

1961年，李振麟先后翻译卡尔纳普的《经验主义、语义学与本体论》和塔斯基的《真理的语义概念与语义学基础》，系统引进原汁原味的"普通语义学派"的理论。同年，吴棠翻译切斯（Chase）撰写的《柯日布斯基的普通语义学》，率先次引进美籍波兰语义学家柯日布斯基的普通语义学理论。1962年，尚英翻译阿普列祥撰写的《乌尔曼的结构语义学》，率先引进了"结构语义学"思想；次年，李锡胤发表《介绍乌尔曼新著〈语义学〉》一文，专门介绍乌尔曼出版的专著《语义学》一书；后有曾冲明翻译乌尔曼撰写的《描写语义学和语言类型学》(1965)，系统地引进乌尔曼的语义学思想（从结构语义学到描写语义学），引导中国语义学研究走向深入发展的方向。

由上述可见，苏联语义学思想影响的发展期共有文章7篇，其中苏联语义学文章只有1篇。在苏联语义学思想的影响下，这个时期引进的完全是原来大加批判的英美语义学，其原因在于1949年后中国语言学界顺应大的潮流，紧随苏联的步伐推崇、引进和批判马尔语义理论，批判美国为主的哲学语义理论，到斯大林下台后对普通语义学理论的充分肯定，导致直接翻译欧美语义学著作数量的增加。此外，由于盲目的跟苏，该期的语义学成果中不免存在重复劳动的现象，比如卡尔纳普的《经验主义、语义学与本体论》(1961 & 1964)。

与肇始期相比，发展期的特点在于：随着苏联的步伐扩大了引进的范围，而且引进中伴随着批判和分析，锻炼了国人的专业思维；引进的学派范围更加广泛，从哲学实证主义、经验主义、本体论到结构主义和描写语义学为主导的普通语义学。

3. 终结期：1977—1991

1967年至1976年中国发生"文化大革命"，中国语言学界几乎停止了国外语言学成果的引进。"从出版物的数量来说，中国语言学界几乎与苏联语言学界断绝了往来，使得苏联语言学的引进处于绝对的停顿时期，即这十年间，中国语言学界再也没有翻译发表过任何苏联语言学的成果。"(贾洪伟 2010b：73—74)这段时间中国不但失去了苏联语言学界的指导，还使得整个科研处于瘫痪的状态，对中国语言学的整体发展影响很大。1976年中国结束了历时十年的"文化大革命"，百废俱兴，语义学的引进工作也得以恢复。然而，随着国际形势的急剧转变，苏联最终于1991年解体，标志着苏联语言学时期的结束，也标志着中国引进苏联语义学思想的终结。

自1977年至1991年，中国共出版发表相关成果7篇，多出现在20世纪80年代中后期，几乎都是俄语界学者受到苏联语义学思想影响而作，对推动中国语义学的应用发展影响较大（详见本文四）。

该期仍沿着苏联语义学"拨乱反正"后提出的指导方向继续前行，进一步加大引进的力度和广度，以巩固国外语义学思想的消化和应用，进而促进国外语义学思想与汉语语义学应用领域的融合。1983年，李锡胤翻译《形式语义学和词汇语义学》，促进比尔维施（Manfred Bierwisch）语义学思想在中国的接受与传播；同年，王德春发表《词汇学、语义学和词典编纂——再评苏联〈英俄大词典〉》，从词汇、语义和词典的视角探讨词典编纂的得失，对语义学理论知识应用于词典编撰具有借鉴意义；1984年赵其吕翻译亚罗斯拉夫等的"音乐的语义学分析"，为语义学理论用于音乐分析开辟了新的途径，拓宽了国内音乐研究者的视角；1985年赤丹翻译苏联学者Ю. А. Сорокин的《篇章语义学及其形式化》，首次引进篇章语义学的思想，为日后篇章语义的研究奠定了基础，促进了当时盛行的篇章研究理论的引进；1986年倪波发表《俄语语义学研究的对象与任务》，探讨中国俄语语义学的研究对象和任务等学科基础问题，促发了俄语语义学界学科意思的思考；1987年出现两篇文章——《关于语义学派批评》和《语义学与词典编纂》，前者反思语义学派存在的问题，后者继王德春之后深入探讨语义学应用于词典编纂的理论问题，促进了语义学理论在词典编纂中的思考和应用；随后顾柏林发表《新的语义学理论在词典编纂中的应用》(1988)，进一步探讨语义学在词典编纂中的应用问题。

由上述可见，苏联语义学的影响业已延伸到篇章语义研究、音乐分析、词典编纂等领域，为日后中国语义学的应用奠定了基础，特别是语义学与词典编纂的理论与实践研究。就语义学用于词典编纂的理论与实践研究而言，中国俄语界受到苏联语义学、词典学和词汇学的影响较大，率先采用现代语义学理论编纂俄语词典，为日后语义学理论应用于词典编纂做出榜样。

纵观中国现代语义学的发展史，苏联语义学时期尚处在大量引进国外语义学思想的时期，对中国引进国外语义学理论的方向、内容以及对语义学理论的思考、应用和学科的建立、发展奠定了基础。

四、影响

纵观苏联语义学思想在中国传播的40余年，我们发现苏联语义学思想对中国语义学发展的影响可归纳为如下：(1)为中国语义学定名，从1949年前提出的"意义学"和"语义学"名称到确定"语义学"这一学科名称，为中国语义学学科的建立奠定了基础；(2)1949年前，中国从日本和英国学者处引进语义学思想，随着苏联语义学的传入和一统天下，从"唯物主义"的视角批评和批判欧美所谓"资本主义语义学"的思想，到斯大林下台后对欧美语义学"拨乱反正"，正视欧美语义学思想的学科价值与地位，从而大量引进欧美语义学理论，我们称之为"欧美语义学引进的转向"；(3)1949年后，随着苏联语义学的引进和指导，中国语义学界经历了对欧美语义学理论的"批判"到"借鉴"的思考转向；(4)在语义学思考层面，中国语义学界借鉴苏联语义学中词汇语义的思想，将语义学理论应用于词典的编纂，为日后词典的编纂奠定了应用基础；(5)随着苏联语义学的学科思考，中国语义学者思考了中国语义学学科的基本问题，为今日中国语义学的学科建立和发展奠定了学科基础。

五、结论

纵观苏联语义学在中国的影响，我们发现苏联语义学思想对中国语义学发展的影响存在其合理性：纠正对欧美语义学理论的错误认识、对语义学学科基础问题的思考和讨论以及语义学理论在词典编纂中的运用。同时,苏联的影响也存在其不利的一面:苏联语义学从"唯物主义观点"批判欧美语义学理论,甚至遏制欧美语义学的传入,阻碍了欧美语义学理论在中国的正常输入和发展,语义学上这一"一边倒"的态势随着中苏关系的瓦解而停止,为中国语义学吸收和借鉴欧美语义学理论清理了道路。

此外,苏联语义学思想的影响中还有一点值得注意:"拨乱反正"后的苏联语义学指出欧美语义学理论的科学本质,为中国语义学日后引进欧美语义学理论和建立自己的学科奠定了思想基础。

参考文献

[1] Richards. I. A, The Meaning of The Meaning of Meaning [J]. 清华学报,1930,6(1).

[2] Апресян. Ю. Д. 莫斯科语义学派[J]. 杜桂枝,译. 中国俄语教学,2006(2/4).

[3] 阿普列祥. 乌尔曼的结构语义学[J]. 尚英,译. 语言学资料,1962(12).

[4] 安德列也夫. 马尔的语言学说[M]. 徐沫,译. 上海:大众书店,1950.

[5] 兹魏庚采夫. 语义学在语言各学科中的地位[J]. 方如英,译. 外语教学译丛,1955(3).

[6] 傅东华. 文法稽古篇[J]. 东方杂志,1939(21/22).

[7] 高名凯. 中国语的语义变化[J]. 天文台,1947(2).

[8] 高名凯. 中国语的语义变化与中国人的心理趋势[J]. 燕京社会科学,1948(1).

[9] 高名凯. 语法理论[M]. 北京:商务印书馆,1960.

[10] 贾洪伟 a. 西方语义学思想在中国:历史探索[R]. 哈尔滨论坛宣读论文,2010.

[11] 贾洪伟 b. 苏联语言学汉译历史分期[J]. 中国俄语教学,

2010(2)：71—74.

[12] 加罗第. 从逻辑经验论到语义学：一对新实证主义的总清算[J]. 管士滨, 译. 世界哲学, 1957(6).

[13] 卡尔纳普. 经验主义、语义学与本体论[J]. 李振麟, 译. 国外社会科学文摘, 1961(6).

[14] 卡尔纳普. 经验主义、语义学与本体论[J]. 张静一, 译. 世界哲学, 1964(9).

[15] 李安宅. 语言底魔力[M]. 北平：联友社, 1931.

[16] 李安宅. 意义学[J]. 人言周刊：上册, 1934(1—25).

[17] 李安宅. 意义学[M]. 上海：商务印书馆, 1934.

[18] 李炯英. 波兰语义学派概述[J]. 外语教学与研究, 2005(3).

[19] 李锡胤. 介绍乌尔曼新著《语义学》[J]. 语言学资料, 1963(1).

[20] 列夫辛. 结构主义语言学、意义学和词的研究问题[M]. 边兴昌, 译. //中国科学院语言研究所. 语言学论文选译：第6辑. 北京：中华书局, 1958.

[21] 切斯. 柯日布斯基的普通语义学[J]. 吴棠, 译. 国外社会科学文摘, 1961(6).

[22] 邵敬敏, 方经民. 中国理论语言学史[M]. 上海：华东师范大学出版社, 1991.

[23] S. Ullmann. 描写语义学和语言类型学[J]. 曾冲明, 译. 语言学资料, 1965(6).

[24] 塔斯基. 真理的语义概念与语义学基础[J]. 李振麟, 译. 国外社会科学文摘, 1961(6).

[25] 王德春. 词汇学、语义学和词典编纂：再评苏联《英俄大词典》[J]. 外国语（上海外国语学院学报）, 1983(12).

[26] 王古鲁. 言语学通论[M]. 上海：中华书局, 1930.

[27] 王秀丽. 法兰西语义学派综述[J]. 现代外语, 1996(3).

[28] 吴富恒. 语义学批判[J]. 文史哲, 1955(5).

[29] 姚小平. 语言学典籍汉译史[J]. 辅仁外语学报, 2007(4).
[30] 尹仲贤. 为帝国主义服务的语义学的语言魔术: 从"词的暴虐"一书来考察[J]. 东北人民大学(人文科学学报), 1956(4).
[31] 张家骅. 莫斯科语义学派[J]. 外语研究, 2001(4).
[32] 张家骅. 莫斯科语义学派的理论要点[J]. 中国外语, 2006(3).

附录

1. 著作

安德列也夫. 马尔的语言学说[M]. 徐沫, 译. 上海: 大众书店, 1950.

2. 文章

B. A. 兹魏庚采夫. 语义学在语言各学科中的地位[J]. 方如英, 译. 外语教学译丛, 1955(3).

吴富恒. 语义学批判[J]. 文史哲, 1955(5).

尹仲贤. 为帝国主义服务的语义学的语言魔术: 从"词的暴虐"一书来考察[J]. 东北人民大学人文科学学报, 1956(4).

加罗第. 从逻辑经验论到语义学: 一对新实证主义的总清算[J]. 管士滨, 译. 世界哲学, 1957(6).

中国科学院语言研究所. 语言学论文选译: 第6辑[M]. 北京: 中华书局, 1958.

Ю. Д. 阿普列祥. 乌尔曼的结构语义学[J]. 尚英, 译. 语言学资料, 1962(12).

李锡胤. 介绍乌尔曼新著《语义学》[J]. 语言学资料, 1963(1).

Manfred Bier Wisch. 形式语义学和词汇语义学[J]. 李锡胤, 译. 外语学刊, 1983(3).

王德春. 词汇学、语义学和词典编纂: 再评苏联《英俄大词典》[J]. 外国语(上海外国语学院学报), 1983(12).

亚罗斯拉夫,等. 音乐的语义学分析[J]. 赵其昌,译. 外国音乐参考资料,1984(6).

Ю. А. Сорокин. 篇章语义学及其形式化[J]. 赤丹,译. 国外语言学,1985(4).

倪波. 俄语语义学研究的对象与任务[J]. 中国俄语教学,1986(1).

无名. 关于语义学派批评[J]. 文艺理论研究,1987(3).

郑述谱. 语义学与词典编纂[J]. 辞书研究,1987(5).

顾柏林. 新的语义学理论在词典编纂中的应用[J]. 中国俄语教学,1988(4).

附录3
20世纪上半叶中国译介国外语言学典籍分布表

年份	译述	编译	摘译	直译	转译
1906	论语言文字之学				
1907	新方言				
1910	国故论衡				
1912	国语学草创				
1923	语言学大意				
1928				言语的起源	
1930		言语学通论		比较语音学概要 情为语变之原论	
1931	言语学概论 语言学原理			中国语与中国文、言语学大纲、语言学论丛	
1932				柴门霍夫语言理论的基本要素	
1933				中国语言学研究	
1934	语言学概论	意义学			言语底发生
1935	汉语词类			历史言语学中之比较的方法	言语学与国际语
1936		巫术与语言		新兴言语理论	

续表

年份	译述	编译	摘译	直译	转译
1937				柴门霍夫的语言学理论	
				语言学通论	
1939	语音学概论				
1940				中国音韵学研究 比较文字学概论	
1943	语言学史				
1945		语言学概要			
1949		人怎样开始讲话			

附录 4
20 世纪上半叶语言学典籍译介者信息

姓名	籍贯	留洋经历	所习学科	学位	主要著述	著作类型
章太炎	浙江	日本	不详	不详	《新方言》《文始》《论语言文字之学》《国故论衡》	译述
胡以鲁	浙江	日本	言语学/法学	双学士	《国语学草创》	译述
刘复	江苏	英法	语言学	博士	《比较语音学概论》《字声实验论》	翻译 自译
乐嗣炳	浙江	不详	语言学		《语言学大意》	译述
章士钊	湖南	英国/日本/德国	语言学 逻辑 经济 法律	学士	《情为语变之原论》	翻译
王古鲁	江苏常熟	日本（东京高师研究科）	文学	硕士	《言语学通论》《中国近世戏曲史》	编译 编译
雷通群	不详	不详	教育学	不详	《言语学大纲》	翻译
张世禄	浙江	无	语言学	学士	《语言学原理》《中国语与中国文》《汉语词类》《语言学概论》《语言学通论》	译述 翻译 翻译 译述 翻译
沈步洲	不详	英国	化学	硕士	《言语学概论》	编译
贺昌群	四川	无	语言学	学士	《中国语言学研究》	翻译

续表

姓名	籍贯	留洋经历	所习学科	学位	主要著述	著作类型
林语堂	福建	美国/德国	语言学	博士	《语言学论丛》	翻译
李安宅	河北	美国	人类学	博士	《意义学》 《巫术与语言》	编译 编译
孙伯坚	不详	不详	不详	不详	《言语学与国际语》	转译
徐沫	不详	不详	不详	不详	《新兴言语理论》	不详
林祝敔	不详	不详	不详	不详	《比较文字学概论》 《语言学史》	翻译 编译
赵元任 罗常培 李方桂	江苏 北京 山西	英国/美国	语言学	博士	《中国音韵学研究》	翻译
周辨明 （黄典诚）	福建	德国	语言学	博士	《语言学概要》	编译
（叶）水夫	浙江	不详	物理	不详	《人怎样开始讲话》	翻译

附录5　语言类型划分术语译介表

出处	incorpo-rating	analytic	inflec-tive	aggluti-native	synthe-tical	polysyn-thetic	isolating
胡以鲁 (1912)	抱体语 p. 69	分析语 p. 69	屈折语 p. 59		综合语 p. 69		
乐嗣炳 (1923)	合体语 p. 21	分析语 p. 21	弯曲语 p. 21	接合语 p. 21			
王古鲁 (1930)	抱合语 p. 186	分解的 言语 p. 186	曲折语 p. 182	附着语 p. 181	综合的 言语 p. 186	缉合语 p. 186	孤立语 p. 179
沈步洲 (1931)	合体语 p. 37	分析语 p. 36	拙诘语 p. 36	关节语 p. 36	综合语 p. 36	复综语 p. 37	孤立语 p. 42
张世禄 (1931)	合体语 p. 114	分析语 p. 113	变形语 p. 140	接合语 p. 112	综合语 p. 113	复综语 p. 114	孤立语 p. 110
雷通群 (1934)	合抱语 p. 149	分解的 言语 p. 149	曲折语 p. 146	紧属语 p. 145	综合的 言语 p. 149	撮聚语 p. 150	孤立语 p. 144
张世禄 (1934)	抱合语 p. 141	分析语 p. 142	变形语 p. 140	接合语 p. 40	综合语 p. 141	复综语 p. 141	孤立语 p. 139
刘复 (1939)				关节语 p. 59			
周辨明 (1945)		分析语 p. 129	屈折语 p. 129	胶粘语 p. 129	综合语 p. 129		孤立语 p. 129 孤独语 p. 136

附录6
20世纪上半叶中国文法研究方法演变表

出处	著作	方法
胡以鲁(1912)	《国语学草创》p.100	历史、比较、原理
陈承泽(1920/1982)	《国文法草创》p.5—6/9	说明、独立、实用、比较
刘复(1923)	《中国文法通论》p.17	归纳法
乐嗣炳(1923)	《语言学大意》p.43—44	归纳法
胡适(1924)	《国语文法概论》p.36—80	历史、比较、归纳
方光焘(1928)	《言语的起源》(上篇) p.37	归纳、推论、思辨、演绎
王古鲁(1930)	《言语学通论》p.9—18	实用、文献学、言语学、各国语研究、系统历史、一般
张世禄(1931)	《语言学原理》p.6	比较、历史
沈步洲(1931)	《言语学概论》p.9	历史
雷通群(1934)	《言语学大纲》p.9—14	实用、古语、言语学、各国语的研究、统系的历史研究、一般的研究
岑麒祥(1935)	《历史言语学中之比较的方法》p.151—163	比较的方法
周辨明、黄典诚(1945)	《语言学概要》p.16—18	比较的方法、历史的方法

附录7
国外普通语言学典籍译介大事记
(1906—1949)

1906 年

章太炎在《国粹学报》第 24—25 期发表《论语言文字之学》一文,提出废除中国传统语言学研究中"文字""训诂"和"音韵"三足鼎立的"小学",提倡建立现代化的语言学"语言文字学",揭开了中国现代语言文字学的序幕。

来裕恂的《汉文典》出版。

1907 年

章太炎在《国粹学报》第 34—43 期发表《新方言》,以国外语言学理论为参照,率先以现代语言学范式研究社会语言学中的地域方言,引进"语根""推见本始"等的语言研究思想。

章士钊的《中等国文典》出版。

1909 年

章太炎在东京出版《新方言》单行本。

1910 年

章太炎以"语言文字之学"为基础,写作《国故论衡》,将以前的其他文稿结集,在日本秀光社出版《国故论衡》,对中国语言文字研究产生深远的影响。该书自 1910 年出版后,不断再版。

1912 年

胡以鲁留学日本,在先后获得法学学士和博言学学士学位归国后,在国内大学讲授语言学课程,并于民国初年出版《国语学草创》(商务印书馆),引入国外普通语言学理论,提倡运用现代语言学理论研究汉语,且在扬弃马建忠基础上提出汉语语法教科书的编撰模式。该书被认为是中国普通语言学的奠基之作,并因而得到广泛流传。

同年8月,南京临时政府教育部召开教育会议,会议决定实施国语教育,被视为民国时期国语统一运动的开端。

1915年

黎锦熙提出改"国文科"为"国语科"。

1919年

沉沉经日本接触到西方语音研究的成果,并从西方语言学的视角研究汉语的语音系统,出版《音韵学》(江苏东台)一书。本书的出版标志着传统小学中"音韵"研究的终结,并以"音韵"指称西方现代音韵原理,为日后中国音韵学的发展奠定了基础。

范祥善在接触到西方现代语音学研究的学说后,提出汉语国音研究的尝试,出版《国音浅说》(商务印书馆)。

黎锦熙受到章太炎、胡以鲁等引进的现代语言学思想的影响下,将讲稿修订结集出版《国语学讲义》(商务印书馆)。该说前半部多集中于汉语语音系统的讲授,后半部分多集中于汉语标准语的建立问题,并附列了难得一见的政府有关语言问题的公文,是该书的一大特色。

马裕藻、钱玄同等提出拟请颁布新式标点符号的议案。

同年4月,国语统一筹备会成立,被认为是国语统一运动领导机构,主要致力于国语统一运动,此次会议提出提案"国语统一进行方案"。

1920年

刘复在英、法接触到西方的语言学思想,并以此为基础研究汉语的文法结构,出版《中国文法通论》(群益书社),该书根据斯威特的《新英文文法》中提出的理论,将词按照逻辑分类,并依据句子的功用和语法逻辑将句子分为四类:直示句(包括肯定和否定句)、感叹句、询问句(包括普通、特别和抉择询问句)和命令句;根据后者把句子分为简句(普通句、特别句、独字句)和复句(主从和衡分),为汉语文法研究提供了新的框架。该书被国内学界认为是中国文法革新派的代表作。

廖立勋经由日本受到西方语言学思想的影响，研究汉语国音问题，出版《实用国音学》（商务印书馆）。

易作霖出版《国音学讲义》（商务印书馆）。

沈兼士发表《研究文字学"形"和"义"的几个方法》一文。

同年2月，民国教育部颁行新式标点符号。

1922年

陈承泽根据当时国语文法的研究现状，自1920年起在《学艺杂志》发表系列文章，在国语文法研究大纲中提出国语文法研究的三原则：说明的，非创造的；独立的，非模仿的；实用的，非装饰的，然后据此三原则研究汉语各个词类，之后这些系列文章结集出版《国文法草创》（商务印书馆）。

金兆梓根据当时国语文法的研究状况，反对因袭马建忠的文法体系，提倡研究汉语文法要注重汉语的历史和习惯，以古汉语为语料出版《国文法之研究》（上海中华书局）。该书被认为是中国文法研究革新派的代表作。

高元出版《国音学》（商务印书馆）。该书的影响相对较大，黎锦熙、沈步洲等都曾引证过该书的例证和观点。

后觉出版《国语发音学》（中华书局）。

赵元任根据西方语言学的研究方法研究汉语的语调，在《科学》杂志第七卷发表论文《中国言语字调底实验法》，提倡运用实验法研究汉语的语音语调。这是国内引进实验法研究汉语语音的代表作。

1923年

乐嗣炳针对当时国内语言学的研究状况，出版《语言学大意》（中华书局），对某些语言学著作提出批评，然后以扼要的方式阐述语言学研究的基本框架和内容。该书是国内第一本采用"语言学"称谓命名的学科著作。

1924年

胡适针对已故的陈承泽提出的"归纳与演绎"观点，写作《国语文法概论》（上海亚东图书馆）一文驳斥陈承泽，后收入《胡适文存》第三卷。

黎锦熙将多年在各地讲授国语文法的讲稿结集出版《新著国语文法》(商务印书馆)。该书结合《纳氏文法》中的"词本位观"、Reed 与 Kellog 合著的《高等英文法》中的"句本位观"和诺曼·福斯特(Norman Foerster)的《文法与思维》中的"树形图"提出新的文法研究模式。此外，该书是中国第一部现代文法研究专著。

刘复出版《字声实验录(四声实验录)》(上海群益书店)，该书系刘复在法国用仪器从事汉语字声实验研究的博士论文，是中国采用实验法研究汉语语音的代表作。

汪怡出版《国语发音学》(商务印书馆)。该书在中国普通语言学著作中被广泛引用。

国语统一筹备会修改读音统一会所定的"国音"，确立北京语音为国语标准音，被称为"新国音"。

1926 年

潘尊行用文言翻译高本汉著《中国语言学研究》(奥斯陆，1926)，但因语言古奥流传不广。

1927 年

清华学校组织调查吴语，由国学院国学导师赵元任负责。

1928 年

方光焘翻译丹麦语言学家叶斯伯森的论文《言语的起源》(《国立大学联合会月刊》)，引进叶斯伯森有关语言起源的观点。

赵元任的《现代吴语的研究》作为"清华研究院丛书"第四种出版，开始使用国际音标记录汉语方言，该书系中国现代少数民族语言研究的代表作，也是中国现代语言学中社会语言学发展的样板。

杨树达出版《词诠》。

国立中央研究院历史语言研究所成立，同时创办刊物《国立中央研究院历史语言研究所集刊》。

同年 9 月，民国政府以南京大学院名义公布钱玄同、黎锦熙、赵元任等于 1926 年制定的国语罗马字。

张世禄在《语言学原理》基础上，编写《语言学概论》一书，在中华书局出版；在《音韵学》基础上编写《语音学纲要》，由开明书店出版。

李安宅在《语言底魔力》基础上，吸取瑞恰慈、马林诺斯基等观点，写作连载论文《意义学》（《人言周刊》），之后结集以同名在商务印书馆出版，该书是中国第一部语义学著作，拉开了中国现代语义研究的序幕。

全增嘏在《人言周刊》第 19 期针对李安宅的意义学著作发表书评《李安宅之意义学》。

叶籁士翻译日本高木弘的《言语科学与世界语》，在《言语科学》1934 年 5—6 号上发表。之后，他又翻译同一作者的《言语的本质与起源》，在同一期刊同年的 7—8 号发表。

杨伯凯、叶青等编译《言语底发生》一文，在"科学论丛"（上海辛垦书店）发表。

白涤洲在《历史语言所集刊》发表《关中声调实验录》是中国运用实验方法研究地域方言的又一部力作。

赵元任发表《音位标音法的多功能性》，该文代表了国际音位学研究的最高水平，是中国语言学家的标志性作品。

1935 年

崔骥在《江西教育》第 3 期发表论文《意义学》，与李安宅的《意义学》相呼应。

孙伯坚通过日语转译苏联语言学家斯皮义尔维奇著的《言语学与国际语》（上海辛垦书店），引入了从语言学观点看待国际语问题的观点，该书系首次从批判的视角看待马尔的语言学理论和瑞典语言学家索绪尔的语言学观点，因而该书是中国译介索绪尔语言学观点的重要参考文献。

岑麒祥翻译法国语言学家梅耶著的《历史语言学中之比较底方法》，发表于《语言文学专刊》，系统地引进了历史比较语言的比较方法，对当时的语言学研究影响较大。

董世礼译注法国语言学家德鲁益（Drouin）著的《日耳曼语系

研究》(辅仁大学)，系统地引进了有关日尔曼语系研究的思想和方法。

卢哲夫翻译苏联卑科夫斯基等著的《世界原始社会史》(上海辛垦书店)，书中有讲语言起源的专章《言语底起源》。

江谦在《高中国文(第六册)》中发表《声音学演讲录》。

张世禄出版译著《汉语词类》(商务印书馆)。

1936 年

李安宅据弗雷泽的《金枝》、马林诺斯基等人类学思想的影响，编译《巫术与语言》(商务印书馆)。该书前两章为出过单行本的《语言底魔力》，在探讨了语言用于巫术这一现象后，用美国语言学家萨丕尔的语言学理论作以解说。该书不但是中国社会语言学的重要著作，还是研究中国译介萨丕尔语言学思想的重要参考文献。该书 1945 年版补入作者长篇序言《论语言的膨胀》(该文发表于 1946 年《文化先锋》第 15 期)。

徐沫翻译苏联语言学家安德烈也夫与特雷仁合著的《新兴言语理论》(新文字书局)，及时介绍苏联语言学的最新进展。

魏龙翻译苏联语言学家龙果夫和周松源合著的《中国新文字的文法和写法(文法初步教科书)》。

王力发表《中国文法学初探》一文，该文引发了中国文法革新的大讨论。

1937 年

张世禄与蓝文海合译英国语言学家弗斯的 *Speech*(1930)，以《语言学通论》为名在商务印书馆出版。译本只摘取了前几章的内容，认为后两章的内容以英语分析为主，不适合传入中国。该书系首次将弗斯初期的语言学思想传入中国，是弗斯早期思想和弗斯语言学思想在中国传播的重要文献。

叶籁士重译苏联语言学家斯皮义多维奇的论文，以《柴门霍夫的语言理论》为名发表在《语文》第 2 卷第 1 期，该译文参见《叶籁士文集》(世界语出版社，1995)。

李方桂在《中国年鉴》上发表《中国的语言和方言》。该文被厦门大学周辨明编入他与黄典诚共同编译的《语言学概要》(国立厦门大学,1945)一书。

1938 年

陈望道以东阜为笔名在《译报》副刊《语文周刊》第 3 期发表《说语言》一文,以汉语为材料系统论述索绪尔语言学中的重要术语"语言"及其相关思想,该文系中国人首次用专文阐述索绪尔的语言学思想。

陈望道发表论文《谈动词和形容词的分别》,该文是中国文法革新讨论的开端。

陆志韦出版以美国结构主义语言学观点论述汉语单音词汇的著作《国语单音词词汇》(燕京大学)。

胡仲持翻译丹麦语言学家叶斯伯森的《英文法通论》(76 页)。

1939 年

傅东华在《东方杂志》第 36 卷第 21—22 期发表《文法稽古篇》,以西方文法观念为参照阐述汉语文法的缘起。

岑麒祥应教学需要,编写《语音学概论》(中华书局)。

1940 年

林祝敔翻译英国语言学家葛劳德(E. Clodd)著的《比较文字学概论》(商务印书馆),引进了以比较的方式探讨文字学问题的方法。

赵元任、罗常培、李方桂翻译瑞典高本汉的音韵学著作《中国音韵学研究》(商务印书馆),引发了中国音韵学的大讨论。

罗常培出版《临川音系》,为中国民族语言学和社会语言学中地域方言研究的又一部力作。

李方桂出版《龙州土语》,该书是用描写语言学方法描写和分析中国少数民族语言的经典著作,也是中国社会语言学研究的重要文献。

1942 年

何容在新知识出版社出版《中国文法论》,该书对 20 世纪 30 年代以前的汉语文法研究加以总结,提出若干重要问题,是一部中国现代文法研究史性质的著作。

吕叔湘的《中国文法要略》在商务印书馆出版。该书受到法国语言学家勃吕诺和丹麦语言学家叶斯伯森的影响,以叶斯伯森提出的"形式到意义"和"意义到形式"的理念为纲,开创了中国文法书编写的新体例,引进了叶斯伯森提出的"三品说",反映了20世纪上半叶中国汉语文法研究的大体水平。

傅懋勋发表《中国训诂学的科学化》,提倡以现代语义学的科学理论和方法改革中国传统的训诂学。

1943 年

林祝敔编译《语言学史》(世界书局)旨在促进历史比较语言学方法在中国的普及。该书集语言学通史、语言学国别史于一身,是中国第一本语言学史著作,也是中国第一部从语言学史角度探讨日本语、朝鲜语和汉语的著作,在上述三门语言的阐述方面可以与王古鲁的《言语学通论》相互补充。

王力的《中国现代语法》上册在商务印书馆出版。

1944 年

王力的《中国现代语法》下册在商务印书馆出版。

王力的《中国语法理论》上册在商务印书馆出版,该书和《中国现代语法》是姊妹篇引进了叶斯伯森的"三品说""词结说"和美国语言学家布龙菲尔德的"向心结构"说,虽然受到了两位学者学说的不利影响,但能够体现当时汉语文法研究的水平。

1945 年

王力在商务印书馆出版《中国语法理论》下册。

周辨明、黄典诚编译出版教材《语言学概要》(国立厦门大学),该书节译帕默尔的《现代语言学概论》(1936)、博德马的《语言的组织》(1943)和庞克斯特的《未来的世界语》的部分内容,选录李方桂为《英文中国年鉴(1936—1937)》所撰写的《中国域内之语言方言》,附录周辨明自撰文章:《八年抗战中国语文国际化进展:Q. R. 1937—1945》《国语罗马字的方案》《国语罗马字基本字汇》《中国语言文字学会章程草案》《教育部国语推行委员会组织条例》等，基本上反映了周辨明普及语言学知识、推广国际语的观点。

1947 年

高名凯在《天文台》第 2 期发表研究汉语语义变化的论文《中国语的语义变化》。据现有文献考证，该文系中国首次采用"语义"和"语义学"与起源于法国的 sémantique 对应的术语，为中国语义学从"意义学"正名为"语义学"奠定了基础。

张琨发表论文《苗瑶语声调问题》，推进了中国苗瑶语研究的进程，并为中国少数民族语言声调的研究提供了有力的参考。

王力将现代语言学理论和方法融合中国传统训诂学，写作《新训诂学》，主张建立中国新训诂学。

1948 年

高名凯在《燕京社会科学》发表论文《中国语的语义变化与中国人的心理趋势》，促进了"语义学"这一学科称谓正名的进程。

高名凯在开明书店出版《汉语语法论》。该书是高名凯语法研究的代表作，与王力的《中国现代语法》《中国语法理论》和吕叔湘的《中国文法要略》并立为汉语语法研究中最重要的几部著作。

赵元任等合著的《湖北方言调查报告》由商务印书馆出版，该书是中国社会语言学和民族语言学研究中大型田野调查的代表作，也是中国现代语言学发展的标志性著作。

1949 年

水夫翻译苏联语言学家尼柯尔斯基与雅柯夫列夫合著的《人怎样开始讲话》由天下图书公司出版。该书简明易懂，且为了便于理解安插了许多相关的图片，讲授人与动物语言机制的区别及其认识如何发声和讲话的，是新中国第一部语言学普及读本。

参考文献

典籍文本·外文

Bloomfield, Leonard. *Language* [M]. New York: Henry Holt and Company, 1933.

Bodmer, F. *The Loom of Language: a guide to foreign languages for the home student* [M]. London: G. Allen & Unwin, 1943.

Firth, J. R. *Speech* [M]. London: Ernest Benn Limited Bouverie House, Fleet ST. E. C. , 1930.

Foerster, Norman & Steadman, J. M. *Sentences and Thinking* [M]. Houghton Mifflin Co, 1919.

Frazer, J. *Golden Bough* [M]. Macmillan, 1926.

Jespersen, Otto. *Language: Its Nature, Development and Origin* [M]. London: George Allen & Unwin Ltd, 1922.

Lin, Yutang. *My Country and People* [M]. London: William Heinemann, 1938.

Meillet, A. *Introduction à l'étude comparative des langues indo-européennes* [M]. Paris: Hachette et Cie, 1922.

Müller, Max. *Lectures on the Science of Language* [M]. New York: Scribner, Armstrong, And Co. , 1873.

Nesfield, J. C. *English Grammar Series, Book IV, Idiom, Grammar, and Synthesis* [M]. London: Macmillan and Co, 1895.

Ogden, C. K. & I. A. Richards. *The Meaning of Meaning* [M]. London: Lund Humphris, 1923.

Palmer, L. R. *An Introduction to Modern Linguistics* [M].

London: Macmillan, 1936.

Pankhurst, S. *The Future of International Language* [M]. London: Kegan Paul, Trench, Trubner & Co. Ltd, 1927.

Passy, P. E. *Pétite phonetique comparée des principales langues europeenes* [M]. B. G. Teubner, 1912.

Pedersen, H. *The Discovery of Language: Linguistic Science in the Nineteenth Century* [M]. Tr. by John Webster Sprado. Indiana University Press, 1931.

Reed, Alonzo & Kellogg, Brainard. *Higher Lessons in English: A course of Practical Lessons Carefully Graded, and Adapted to Every-Day Use in the School-room* [M]. Revised ed. New York: Clark & Maynard, 1877/1886.

Richards, I. A. *The Meaning of The Meaning of Meaning* [J]. 清华学报, 1930, 6(1): 11—16.

Sapir, E. Language [A]. *Encyclopedia of the Social Sciences*. 1933(9): 155—169.

Sapir, E. *Language: An Introduction to the Study of Speech* [M]. New York: Harcourt, Brace and Company, 1921.

典籍文本·中文

安德烈也夫, 特雷仁. 新兴言语理论[M]. 徐沫, 译. 上海: 新文字书局, 1936.

安藤正次. 言语学概论[M]. 东京: 早稻田大学出版部, 1927.

安藤正次. 言语学大纲[M]. 雷通群, 译. 上海: 商务印书馆, 1934.

白涤洲. 关中声调实验录[J]. 历史语言所集刊(四本四分), 1934.

保尔巴西. 比较语音学概要[M]. 刘复, 译. 上海: 商务印书馆, 1930.

卑科夫斯基，等．世界原始社会史［M］．卢哲夫，译．上海：辛垦书店，1935．

岑麒祥．历史言语学中之比较底方法［J］．语言文学专刊，1935(1)．

岑麒祥．语音学概论［M］．北京：中华书局，1939．

沉沉．音韵学［M］．江苏东台，1919．

陈承泽．国文法草创［J］．学艺杂志，1920，2(3)．

崔骥．意义学［J］．江西教育，1935(3)．

东阜(陈望道)．说语言［J］．《译报》副刊《语文周刊》第3期，1938-07-27．

高本汉．中国语言研究［M］．贺昌群，译．上海：商务印书馆，1934．

高名凯．中国语的语义变化［J］．天文台，1947(2)．

高名凯．中国语的语义变化与中国人的心理趋势［J］．燕京社会科学，1948(1)．

高名凯．汉语语法论［M］．上海：开明书店，1948．

高名凯．语法理论［M］．北京：商务印书馆，1960．

高木弘．言语科学与世界语［J］．叶籁士，译．言语科学，1934(5/6)．

高木弘．言语的本质与起源［J］．叶籁士，译．言语科学，1934(7/8)．

高元．国音学［M］．上海：商务印书馆，1922．

范祥善．国音浅说［M］．上海：商务印书馆，1919．

方光焘．言语的起源［J］．国立大学联合会月刊，1928(5)．

傅东华a．文法稽古篇［J］．东方杂志，1939，36(21)．

傅东华b．文法稽古篇［J］．东方杂志，1939，36(22)．

福尔．语言学通论［M］．张世禄，蓝文海，译．上海：商务印书馆，1937．

何仲英．训诂学引论［M］．上海：商务印书馆，1931．

后觉．国语发音学［M］．上海：中华书局，1922．

胡适．国语文法概论［M］//胡适文存：卷三，上海：亚东图书馆，1924．

胡以鲁．国语学草创［M］．上海：商务印书馆，1912．

胡以鲁．论译名［J］．庸言，1914(1/2)．

江谦．声音学演讲录［M］//高中国文：第六册．1935．

葛劳德(E. Clodd)．比较文字学概论［M］．林祝敔，译．长沙：商务印书馆，1940．

喀尔格楞．原始中国语为变化语说［J］．冯承钧，译．东方杂志，1929(5)．

黎锦熙．国语学讲义［M］．上海：商务印书馆，1919．

黎锦熙．新著国语文法［M］．上海：商务印书馆，1924 年初版，1955 年第 21 版．

黎锦熙．比较文法［M］．著者书店，1933．

廖立勋．实用国音学［M］．上海：商务印书馆，1920．

李安宅．意义学［J］．人言周刊，1934．

李安宅．语言底魔力［M］．北平：联友社，1931．

李安宅．巫术与语言［M］．上海：商务印书馆，1936．

李安宅．论语言的通货膨胀：1945 年版《意义学》序言［J］．文化先锋，1946(15)．

李安宅．巫术与语言［M］．上海：上海译文出版社，1988．

李安宅．交感巫术［M］．上海：商务印书馆，1931．

李安宅．美学［M］．上海：世界书局，1934．

李安宅．意义学［M］．上海：商务印书馆，1934．

李安宅．语言·意义·美学［M］．成都：四川人民出版社，1991．

林语堂．语言学论丛［M］．上海：开明书店，1931．

林语堂．开明英文文法［M］．上海：开明书店，1933．

林祝敔．语言学史［M］．上海：世界书局，1943．

刘复．字声实验录：四声实验录［M］．上海：群益书店，1924．

刘复. 中国文法通论[M]. 上海：中华书局, 1939.

龙果夫, 周松源. 中国新文字的文法和写法：文法初步教科书[M]. 魏龙, 译. 太原：太原出版社, 1936.

陆志韦. 国语单音词词汇[M]. 北平：燕京大学, 1938.

吕叔湘. 中国文法要略[M]. 北京：商务印书馆, 1942.

马建忠. 马氏文通[M]. 上海：商务印书馆, 1898/1983.

墨西尼卡夫. 言语底发生[M]. 杨伯凯, 叶青等, 编译. 科学论丛, 上海：辛垦书店, 1934.

青木正儿. 中国近世戏曲史[M]. 王古鲁, 译. 上海：商务印书馆, 1931.

全增嘏. 李安宅之意义学[J]. 人言周刊, 1934(19).

斯皮义多维奇. 言语学与国际语[M]. 孙伯坚, 译. 上海：辛垦书店, 1935.

斯皮义多维奇. 为市民性所限制的天才的语言学者：柴门霍夫语言理论的基本要素[J]. 傅平, 译. 希望, 1932.

斯皮义多维奇. 柴门霍夫的语言理论[J]. 叶籁士, 译. 语文, 1937, 2(1)（参见《叶籁士文集》）, 北京：中国世界语出版社, 1995.

师辟伯. 情为语变之原论[M]. 章士钊, 译. 上海：商务印书馆, 1930.

沈步洲. 言语学概论[M]. 上海：商务印书馆, 1931.

沈昌直. 声音学与整理古籍[J]. 国学论衡, 1932(2).

水夫. 人怎样开始讲话[M]. 北京：天下图书公司, 1949.

索绪尔. 言语学原论[M]. 小林英夫, 译. 东京：岩波书店, 1928/1941、1954.

田原祯次郎. 清末民初中国官绅人名录[M]. 台湾：文海出版社, 1918.

王古鲁. 言语学通论[M]. 上海：世界书局, 1930.

王力. 博白方言实验录[D]. 巴黎大学博士论文, 1931.

王力. 中国现代语法[M]. 北京：商务印书馆, 1944.

王力. 中国语法理论[M]. 北京：商务印书馆，1945.

汪怡. 国语发音学[M]. 上海：商务印书馆，1924.

易作霖. 国音学讲义[M]. 上海：商务印书馆，1920.

乐嗣炳. 语言学大意[M]. 上海：世界书局，1923.

张世禄. 语言学原理[M]. 上海：商务印书馆，1931.

张世禄. 中国语与中国文[M]. 上海：商务印书馆，1931.

张世禄. 音韵学[M]. 上海：商务印书馆，1932.

张世禄. 语言学概论[M]. 上海：中华书局，1934.

张世禄. 语音学纲要[M]. 上海：开明书店，1934.

张世禄. 汉语词类[M]. 上海：商务印书馆，1935.

章太炎. 论语言文字之学[J]. 国粹学报，1906a(24).

章太炎. 论语言文字之学[J]. 国粹学报，1906b(25).

章太炎. 新方言[J]. 国粹学报，1907.

章太炎. 国故论衡[M]. 日本秀光社，1910/上海：上海古籍出版社，2006.

章太炎. 检论[M]//章氏丛书. 右文社铅印本，1915.

章太炎. 自述学术次第[J]. 制言，1936(25).

赵元任. 中国言语字调底实验法[J]. 科学，1922，7(9).

赵元任. 中国音韵学研究[M]. 上海：商务印书馆，1940.

赵元任. 北京口语语法[M]. 李荣，等译. 上海：开明书店，1952.

赵元任. *Rhythm and Structure in Chinese Word Conceptions*（汉语词的概念及其结构和节奏）[M]//袁毓林主编. 中国现代语言学的开拓和发展：赵元任语言学论文选. 北京：清华大学出版社，1992.

周辨明，黄典诚. 语言学概要[M]. 厦门：国立厦门大学出版社，1945.

参考文本

外文

Baker, Mona. *Translation and Conflict: a narrative account* [M]. New York: Routledge, 2006.

Beauzée, Nicolas. "Langue" [A]. *Encyclopedie ou Dcitionaire raisonée des sciences des artes et des métier* [Z]. par une société des gens de letters. Mis en ordre et publié par M. Diderot, et, quant a partie mathématique, par M. d'Alembert. Tome neuvième. Paris: Briasson, 1765.

Girard, Abbé Gabriel. *Les vrais principes de la langue Française* [M]. Paris: Librairie Droz, 1747.

Heinrich, Patrick. *The Reception of Western Linguistics in Japan (Die Rezeption der westlichen Linguistik im modernen Japan bis zum Ende der Shōwa-Zeit)*. München Iudicium, 2002.

Hornby, A. S. Oxford Advanced Learner's English-Chinese Dictionary [Z]. Beijing: Commercial Press, 2004.

Jacobson, Roman. *On Linguistic Aspects of Translation* [J]. In Reuben A. Brower (ed.), 1959/1966.

Jia, Hongwei & Jiafeng Tian. Contrastive Analysis in China: Today and Yesterday [J]. *Theory and Practice in Language Studies*, Vol. 2, No. 11, 2012.

Kristeva, J. *Desire in Language: a Semiotic Approach to Literature and Art* [M]. Oxford: Blackwell, 1969.

Lakoff, G & Johnson, M. *Metaphors We Live By* [M]. Chicago: The University of Chicago Press, 1980.

Lefevere, André. *Translation/History/Culture: A Source-*

book [M]. Shanghai: Shanghai Foreign Language Education Press, 2004.

Lung, Rachel. Translation and Historiography: How an Interpreter Shaped Historical Records in Latter Han China [J]. *TTR: traduction, terminolgie, rédaction*, Vol. 19. No. 2, 2006.

Plug, Leendert. The Early Career of J. R. Firth: Comments on Rebori (2002)[J]. *Historiographia Linguistica* XXXI: 2/3 (2004).

Robins, R. H. *A Short History of Linguistics* [M]. Beijing: Foreign Language Teaching and Research Press, 2001.

Sinclair, John. Collins COBUILD Advanced Learner's English Dictionary [Z]. Beijing: Foreign Language Teaching and Research Press, 2009: 4.

Smith, Adam. Considerations Concerning the First Formation of languages, and the Different Genius of Original and Compounded Languages [J]. *The Philological Miscellany* (Vol. I), 1761.

Tomalin, Marcus. Reassessing Nineteenth-Century Missionary Linguistics on the Pacific Northwest Coast [J]. *Historigraphia Linguistica* XXXV: 1/2 (2008).

中文

С. Д. Кацнелъсон. 亚当·斯密的语言类型学观念[J]. 郭谷兮, 译. 国外语言学, 1986(2).

曹增友. 传教士与中国科学[M]. 北京: 宗教文化出版社, 1999.

曹志颖. 浅论新闻英译中的编译及其理论依据[J]. 湖北第二师范学院学报, 2008(9).

曹莹. 就功能派探讨国际新闻的编译[D]. 西北大学硕士论文, 2008.

岑麒祥. 瑞士著名语言学家和他的名著《普通语言学教程》[J]. 国外语言学，1980(1).

岑麒祥. 语言学史概要[M]. 北京：世界图书出版公司，1957/2008.

岑运强. 言语的语言学导论[M]. 北京：北京大学出版社，2006.

陈建初，吴泽顺. 中国语言学人名大辞典[M]，湖南：岳麓书社，1997.

陈明瑶. 浅论新闻编译加工[J]. 中国翻译，2001(5).

陈秀珠. 评索绪尔的语言观[J]. 语文论丛，1981(1).

陈永禹. 交流与融合：特龙贝棣与索绪尔的语言学观[J]，台湾辅仁外语学报，2008(5).

程琪龙. 认知语言学概论：语言的神经认知基础[M]，北京：外语教学与研究出版社，2001.

辞海编辑委员会. 辞海[M]. 上海：上海辞书出版社，1980.

丹尼罗夫. 军事费与国民经济[M]. 上海：辛垦书店，1935.

邓文彬. 中国语言学史[M]. 北京：北京交通大学出版社，2006.

邸爱英. 1919年—1949年中国翻译界的转译现象[J]. 电子科技大学学报，2007(4).

杜慧敏. 译者·译述·译入语：论晚清小说期刊文言译作的译介方式[J]. 中文自学指导：2008(4).

段黎霞. 国际新闻英汉编译初探[D]. 上海海事大学硕士论文，2004.

高拜石. 新编古春风楼琐记：6[M]. 北京：作家出版社，2004.

高国抗，等. 中国近代史学史概要[M]. 广州：广东高等教育出版社，1994.

高名凯. 德·索绪尔和他的普通语言学教程[J]. 语言学论丛，1980(6).

高世明，等. 现代医院诊疗常规[M]. 合肥：安徽科学技术出版社，2002.

龚千言. 中国语法学史[M]. 北京：语文出版社，1997.

桂乾元. "写译"：翻译的新品种：兼评瑞士胜雅律教授的《智谋》一书[J]. 语言与翻译，1997(1).

范志坚. 缩译过程研究[J]. 中国海洋大学硕士论文，2006.

方开瑞. 民国时期采用章回体译述小说问题[J]. 广东外语外贸大学学报，2007(3).

方梦之，等. 译学辞典[M]. 上海：上海外语教育出版社，2005.

方幸福. 编译在软新闻汉译英中的应用[J]. 四川师范学院学报，2002(6).

冯奇，万华. 译述的"忠实"与"通顺"[J]. 上海科技翻译，2001(4).

冯天瑜. 新语探源：中西日文化互动与近代汉字术语生成[M]. 北京：中华书局，2004.

哈特曼，斯托克. 语言与语言学词典[M]. 黄长著，等译. 上海：上海辞书出版社，1981.

韩琴. 论林则徐摘译国际法的选择性[J]. 福建师范大学学报，2008(4).

何九盈. 中国古代语言学史[M]. 郑州：河南人民出版社，1985，再版见：北京大学出版社，2006.

何九盈. 中国现代语言学史[M]. 广州：广东教育出版社，1995.

何九盈. 中国现代语言学史[M]. 广州：广东教育出版社，2005.

洪堡特. 论人类语言结构的差异及其对人类精神发展的影响[M]. 姚小平，译. 北京：商务印书馆，2008.

洪堡特. 论人类语言结构的差异及其对人类精神发展的影响[M]. 姚小平，导读. 北京：世界图书出版公司，2008.

洪珺．从传播效果看新闻翻译：论新闻中译英过程中的编译[D]．上海外国语大学硕士论文，2005．

胡雍丰．编译技巧在新闻文章汉译英方面的应用[D]．对外经济贸易大学硕士论文，2006．

胡远兵．广告的变译[D]．武汉理工大学硕士论文，2004．

胡煦．周易函书[M]．北京：中华书局，2008．

黄汉生．科技消息编译中的一些问题[J]．上海科技翻译，1989(5)．

黄侃．文心雕龙札记[M]．北京：中华书局，2014．

黄忠廉．翻译变体研究[M]．北京：中国对外翻译出版公司，2000．

黄忠廉．变译理论[M]．北京：中国对外翻译出版公司，2002．

季羡林．我的考证[M]//季羡林．季羡林作品集，北京：当代中国出版社，2006．

季怡．论林语堂编译作品的翻译策略[D]．湘潭大学硕士论文，2007．

贾洪伟．一部史书 功在千秋：读《对比语言学——历史与哲学思考》[J]．俄语语言文学研究，2009(3)．

贾洪伟．苏联语言学汉译历史分期[J]．中国俄语教学，2010a(2)．

贾洪伟．《巫术与语言》的译介考察[J]．长春师范学院学报（社会科学版），2010b(4)．

贾洪伟．王古鲁与语言学的译介[J]．安庆师范学院学报（社会科学版），2010c(4)．

贾洪伟．西方语义学思想在中国(1930—2010)[C]．哈尔滨论坛宣读论文，2010 年 7 月 2—3 日．

贾洪伟．《比较语音学概要》的译介考察[J]．安庆师范学院学报（社会科学版），2011(8)．

贾洪伟．编译研究综述[J]．上海翻译，2011(1)．

贾洪伟. 苏联语义学思想在中国[J]. 历史反思，2012(1).

贾洪伟. "语义学"称谓考[J]. 语言与翻译，2012(2).

贾洪伟. 20世纪上半叶西方普通语言学术语的译介与衍变[C]//语言学研究：第11辑. 北京：高等教育出版社，2012.

贾洪伟. 田野调查与语言研究考察：兼评《语言田野调查实录》[J]. 语言与翻译：2012(3).

贾洪伟. 1949年前西方普通语言学典籍汉译的影响[C]//中国博士后管理委员会主办"2012年全国外国语言文学及亚非语言文学学科博士后学术论坛"论文集. 延边大学，2012.

贾洪伟. 《新著国语文法》思想溯源[J]. 和田师范专科学校学报，2013(2).

贾洪伟. 摘译研究评议[J]. 民族翻译，2013(2).

贾洪伟. 缩译研究评议[J]. 民族翻译，2014(2).

贾洪伟. 国外语义学在中国的传播与影响[M]. 上海：上海交通大学出版社，2014.

贾洪伟. 翻译符号学的概念[J]. 外语教学，2016(1).

贾洪伟. 方法论：学术论文写作[M]. 北京：中国传媒大学出版社，2016.

贾洪伟.1969年前苏联语义学影响下的中国词义研究[J]. 天津外国语大学学报，2017(1).

康德拉绍夫. 语言学说史[M]. 杨余森，译. 武汉：武汉大学出版社，1985.

邝日强. 我的业余编译活动[J]. 上海科技翻译，1986(8).

蓝纯. 认知语言学与隐喻研究[M]. 北京：外语教学与研究出版社，2005.

梁启超. 论小说与群治之关系[M]//饮冰室文集点校. 吴松，等校. 昆明：云南教育出版社，2001.

李蓓蓓. 论编译策略在广告翻译中的运用研究[D]. 合肥工业大学硕士论文，2007.

李寄. 晚清译述风尚及其成因[J]. 广东外语外贸大学学报，

2007(1).

李魁彩,等. 情报与文献工作辞典[M]. 北京:中国城市经济社会出版社,1990.

李双娟. 论多元系统理论观照下的清末民初小说翻译[D]. 河南大学硕士论文,2008.

李兆国. 译述与借鉴:梁启超西学中的实践[J]. 现代语文,2009(2).

李晗蕾. 《国语学草创》与现代语言学[J]. 北方论丛,2003(2).

林从龙. 读艳福译述《天演论》导言察变[M]//参见古典文学名著赏析:第三辑. 郑州:中州书画社,1984:253.

刘丹青. 语序类型学与介词理论[M]. 北京:商务印书馆,2004.

刘冰. 英汉新闻翻译的编译[D]. 对外经济贸易大学硕士论文,2006.

刘娟. 编译在外宣英译中的应用研究[D]. 对外经济贸易大学硕士论文,2006.

刘丽芬,黄忠廉. 编译的基本原则:变译方法研究[J]. 中国科技翻译,2001(1).

刘心力. 陈毅青年时期对法国文学的译述[J]. 科技创新导报,2008(6).

刘又辛,李茂康. 章太炎的语言文字学研究[J]. 西南师范大学学报(哲学社会科学版),1990(3).

龙元祥,李飞林. 论处理新闻文体翻译的独特性与方法[J]. 江西师范大学学报:哲学社会科学版,2006(2).

罗宾斯. 简明语言学史[M]. 许德宝,等译. 北京:中国社会科学出版社,2004.

吕叔湘. 通过对比研究语法[J]. 语言教学与研究,1977(2).

马逢菖. 当前科技词典编译质量上的一些问题:兼评《腐蚀与防腐词典》[J]. 中国科技翻译,1991(4).

马景秀. 协商与抵抗：文化身份视角的新闻编译策略[J]. 上海理工大学学报(哲学社会科学版)，2006(1).

马景秀. 英汉新闻编译的"求同存异"策略[J]. 辽宁工程技术大学学报(社会科学版)，2006(4).

马景秀. 跨文化传播视角的新闻编译：意义的解构与改写[C]. 第六届中国跨文化交际研究年会论文摘要汇编，2005.

马祖毅. 中国翻译通史：现当代部分：第一卷[M]. 武汉：湖北教育出版社，1999/2006.

梅海粟. 中国传统院落空间在当代语境下的转译[J]. 山西建筑，2009(34).

穆凤良，许建平. 源语意图的识别与翻译：关于翻译的文化因素思考[J]. 中国翻译，2001(4).

那晓宇. 新闻英语中的模糊限制语及其编译的动态语境研究[D]. 内蒙古大学硕士论文，2007.

帕默尔. 语言学概论[M]. 李荣，等译. 北京：商务印书馆，1983.

潘钧. 释"国语学"与"日语学"[J]. 日语语言研究，2007(1).

潘文国. 汉语构词法研究[M]. 上海：华东师范大学出版社，2004.

潘文国，谭慧敏. 对比语言学：历史与哲学思考[M]. 上海：上海教育出版社，2006.

濮之珍. 中国语言学史[M]. 上海：上海古籍出版社，1987.

冉诗洋. 马克思主义著作早期在中国的译介[J]. 时代文学(下半月)，2009(2).

任月花. 双语词典编撰中的翻译策略[J]. 吕梁高等专科学校学报，2008(3).

尚家骧. 欧洲声乐发展史[M]. 北京：华乐出版社，2003.

邵敬敏，方经民. 中国理论语言学史[M]. 上海：华东师范大学出版社，1991.

邵敬敏. 汉语语法学史稿[M]. 北京：商务印书馆，2006.

沈国威. "译词"与"借词"：重读胡以鲁《论译名》(1914)[J].

或问(Wakumon)，2005(9).

沈澄如. 谈《世界科技》编译工作[J]. 中国科技翻译，1988(2).

盛林，宫辰，李开. 二十世纪中国的语言学[M]. 北京：党建读物出版社，2005.

石安石. 二十世纪的中国普通语言学[C]//刘坚主编. 二十世纪的中国语言学. 北京：北京大学出版社，1998.

史忠平，马莉. 莫高窟唐代观音画像的转译与释读[J]. 新疆艺术学院学报，2010(4).

史仲文，等. 中华文化大辞海[M]. 北京：中国国际广播出版社，1998.

索绪尔. 普通语言学教程[M]. 高名凯，译. 北京：商务印书馆，1980.

索绪尔. 普通语言学教程[M]. 刘丽，译. 北京：九州出版社，2007.

索绪尔. 普通语言学教程[M]. 裴文，译. 南京：江苏教育出版社，2002.

索绪尔. 索绪尔第三次普通语言学教程[M]. 屠友祥，译. 上海：上海人民出版社，2002.

索绪尔. 索绪尔第三度普通语言学教程[M]. 张绍杰，译. 长沙：湖南教育出版社，2001.

孙玮，张礼恒. 新编中国近代史教程[M]. 青岛：青岛海洋大学出版社，1995.

谭慧颖. 从现代语义三角理论看先秦与古希腊名实论的异同[J]. 外语学刊，2011(2).

唐红. 论翻译的理论与实践：对外宣传材料的编译[D]. 福建师范大学硕士论文，2004.

唐若水. 编译技巧初探[J]. 贵阳师专学报，1998(1).

田传茂. 摘译新究[J]. 科技编辑研究，2005(1).

田传茂. 编译方法研究[J]. 哈尔滨学院学报，2006(4).

田传茂，黄忠廉. 浅论缩译的原则和方法[J]. 中国科技翻译,2006(1).

涂纪亮. 语言哲学名著选辑[M]. 北京：生活·读书·新知三联书店,1988.

王国安. 世界汉语教学百科辞典[M]. 北京：汉语大词典出版社,1990.

王洪君. Morris Halle 与生成音系学[J]. 国外语言学,1992(2).

王洪君. 生成音系学的形成和发展[M]//海外中国语言学研究. 北京：语文出版社,1994.

王力. 中国语言学史[M]. 太原：山西人民出版社,1981/上海：复旦大学出版社,2007.

王理嘉. 音系学基础[M]. 北京：语文出版社,1991.

汪榕培. 八十年代国外语言学的新天地[M]. 大连：辽宁教育出版社,1992.

王维贤. 语言学中国的易卜生[J]. 语文导报,1985(1).

王希杰. 略说胡以鲁对中国理论语言学的贡献[J]. 淮北煤炭师范学院学报,2003(12).

王希杰. 索绪尔学说和中国语法学的现代化：重读《中国文法革新论丛》[J]. 广西师范大学学报(哲学社会科学版),2005(1).

王心纯. 漫话编译生涯[J]. 中国科技翻译,1989(2).

王寅. 认知语言学探索[M]. 重庆：重庆出版社,2005.

王友贵. 中国翻译传统研究：从转译到从原文译(1949—1999)[J]. 中国翻译,2008(1).

王宗炎. 纽马克论翻译理论和翻译技巧[M]//外国翻译理论评介文集. 北京：中国对外翻译出版公司出版,1983.

魏晋慧. 浅谈编译[J]. 天津外语学院学报,1999(1).

维颐,嘉祥,同均. 常用译法归类[J]. 翻译通讯,1986(1).

文军,陈世军. 取舍之间：从一次调查看摘译及摘译时信息的取舍[J]. 天津外语学院学报,2001(4).

文军,齐荣乐,赖甜. 试论博物馆解说词适度摘译的基本模式[J]. 外语与外语教学，2007(12).

文军，宋佳. 论报刊英语新闻评论的编译原则[J]. 西安外国语大学学报，2007(1).

温玉仿. 摘译、编译与情报信息[J]. 航空情报工作，1989(2).

吴富恒. 语义学批判[J]. 文史哲，1955(5).

武金铭，等. 中华文化人物辞典[M]. 北京：中国国际广播出版社，1998.

吴朗. 普通话语音读本[M]. 济南：山东人民出版社，1957.

吴燕. 作为一种言说策略的"译述"：1910—1920年《小说月报》翻译方式探讨[J]. 贵州社会科学，2007(4).

吴雁南. 中国近代史纲：下[M]. 福州：福建人民出版社，1982.

谢飘云. 林纾与严复散文、译述之比较[J]. 华南师范大学学报（哲学社会科学版），2002(2).

谢天振. 译介学[M]. 上海：上海外语教育出版社，1999.

谢天振. 译介学导论[M]. 北京：北京大学出版社，2007.

徐建国. 编译及编译理论初探[J]. 遵义师范学院学报，2008(2).

徐思益. 论语言共时性与历时性[J]. 新疆大学学报（哲学社会科学版），1980(1).

徐一平. 日本语言[M]. 北京：高等教育出版社，1999.

徐志民. 索绪尔的语言学理论[J]. 复旦学报（语言文学专辑增刊），1980(1).

许国璋. 关于索绪尔的两本书[J]. 国外语言学，1983(1).

许明武. 编译研究概说[J]. 中国翻译，1998(6).

徐瑞岳. 刘半农评传[M]. 上海：上海文艺出版社，1990.

薛凤生. 北京音系解析[M]. 北京：北京语言学院出版社，1986.

璩鑫圭，唐良炎. 学制演变：中国近代教育史资料汇编[M]. 上海：上海教育出版社，1991.

杨义容. 汉英新闻编译中的接受美学[D]. 武汉理工大学硕士论文,2008.

杨元. 周珏良"译述"法及其译作《〈李尔王〉分析》[J]. 安徽理工大学学报(哲学社会科学版),2004(3).

姚小平. 17—19世纪德国语言学与中国语言学[M]. 北京:外语教学与研究出版社,2001.

姚小平. 语言学典籍汉译史[J]. 台湾辅仁外语学报,2007(4).

姚小平. 论中国传统语言学的特点:与西方传统语言学比较[M]/耿龙明,何寅主编. 中国文化与世界:第二辑. 上海:上海外语教育出版社,1994.

姚小平. 西方人眼中的中国语言学史[J]. 国外语言学,1996(3).

叶蜚声. P. E. Passy 词条[M]//中国大百科全书编写组,中国大百科全书:语言文字卷. 北京:中国大百科全书出版社,1988.

叶一君. 浅谈缩译在新闻报道汉译英中的应用[J]. 延安职业技术学院学报,2011(3).

易前良,李寄. 晚清译述风尚及其成因探讨[J]. 河海大学学报(哲学社会科学版),2006(3).

俞建村. 论新闻报道的翻译特点[J]. 上海科技翻译,2001(3).

于鹏飞,侯存治. 科普作品编译浅析[J]. 外语教学,1987(4).

余协斌,陈静. 我国历史上的转译及其利弊得失[J]. 上海科技翻译,2004(1).

曾昭涛,罗其娟. 从读者中心原则看英汉商务翻译策略[J]. 广东技术师范学院学报,2007(2).

张柏兰. 目的论视角下的新闻报道编译[D]. 西南大学硕士论文,2007.

张春新. 《汉俄教学字典》:理论构建与编纂实践总结[D]. 黑龙江大学博士论文,2004.

张伟. 英汉新闻编译的策略研究[D]. 中国地质大学硕士论

文,2007.

张永中,杨春燕,夏方耘. 编译微观策略系统论[J]. 江西师范大学学报(哲学社会科学版),2008(5).

赵蓉晖. 索绪尔研究在中国[M]. 北京:商务印书馆,2005.

赵艳芳. 认知语言学概论[M]. 上海:上海外语教育出版社,2001.

战英民. 综述性译文的编译技法[J]. 上海科技翻译,1989(5).

赵佃学. 早期国外外语教学理论译述[J]. 三明师专学报,1998(4).

赵振铎. 中国语言学史[M]. 石家庄:河北教育出版社,2000.

中国语言学会. 中国现代语言学家传略:第一卷[M]. 石家庄:河北教育出版社,2004.

周辨明. 八年抗战中国语文国际化的进展:Q. R. 1937—1945[M],厦门:国立厦门大学文学院,1945.

周法高. 论中国语言学[M]. 香港:中文大学出版社,1980.

周建设. 先秦指称理论研究[J]. 中国语文,2002(6).

周建设. 先秦语义来源理论[J]. 首都师范大学学报(社会科学版),2008(2).

朱林清. 汉语语法研究史[M]. 南京:江苏教育出版社,1991.

庄浩然. 周作人译述古希腊戏剧的文化策略[J]. 福建师范大学学报(社会科学版),2003(4).

卓振英. 汉诗英译中的风格变通[J]. 外语与外语教学,2003(10).

兹魏庚采夫. 语义学在语言各学科中的地位[J]. 方如英,译. 外语教学译丛,1955(3).

祖武. 从"迻译"所想到的[J]. 文字改革,1965(5).

后　　记

　　本书是在笔者博士论文《西方语言学典籍汉译（1906—1949）及其对中国语言学的影响》的基础上，经修改、扩充和完善而成。完稿之际，我回想起几年前的点滴生活。第一次遇到导师姚小平教授时的情景至今仍历历在目，当时我经李锡胤先生引荐给黑龙江大学中文学院的戴昭铭教授，继而加入"中国首届人类语言学国际研讨会"（与中国社会科学院少数民族所合办，2005）的筹备工作，由我负责论文摘要的翻译工作。开会期间，我负责一个会场的口译工作，恰好导师姚小平也在我负责的会场。会后，我跟姚老师谈起读博士的愿望，但考虑到我的中文基础较弱，通读古文有一定困难，那年我没有报考。毕业后，我到北京外国语大学培训学院做教员，一次偶然机会碰到姚老师，老师询问了我的近况，又提及考博的事情，说"语言学译介史"这个题目他在台湾讲过，自己不想做了，比较适合我，问我是否考虑做这个题目，我立即表示我可以做，就这样我如愿以偿地入了姚师之门。

　　姚师为我量身拟定的选题，让我在之后的三年问学中得以有条不紊地从事论文写作。在撰写论文期间，每遇难题与不解，姚师总会及时给予建议。业师虽出身俄文科班，但通解语言多门，对学生的语言文字表达要求甚严。在生活中，姚师亦时时给我询问、关心、鼓励，嘱咐我有效兼顾工作与学习。总之，在做人为学方面，我必将终身受益于姚师的谆谆教诲。在此，对姚师表示衷心感谢。

　　在撰写博士论文期间，我得到已故杨自俭教授（青岛海洋大学）的鼓励，受到史铁强（北京外国语大学俄语学院）、陈国华（北京外国语大学中国外语教育研究中心）、胡建华（中国社会科学院语言学研究所）三位教授在论文开题时给予的点拨与指导。答辩前期，顾曰国（中国社会科学院语言学研究所）、陈国华、史铁强、姜望琪（北京大学外国语学院语言学研究所）、钱军（北京大学外国语学院语言学研究所）、刘润清（北京外国语大学中国外语教育研究中心）等先生，在百忙之中为我评校论文，为我严格把关。在本书写作过程中，导师姚小平和李锡胤教授（黑龙江大学）一直给予关注和支持。在此，我谨向各位教授致以最诚挚的谢意。

借此机会，我还要专门感谢李锡胤教授、张家骅教授（黑龙江大学）和远在大洋彼岸的屈承熹教授及屈师母，没有他们的鼓励，不会有我今天的成绩。

多年来，我的人生导师李锡胤教授一直鼓励我坚持"为学"。不管我身处什么样的境地，老师及师母都一直在默默地关心我，支持我，给我莫大的自信和勇气。老师虽已至耄耋之年，还多次为我复印资料，寄送书籍，让我感动不已。

张家骅教授是另一位长期支持我、鼓励我的人生导师。在每一次的谈话中，老师都会给我提出"希望"和阶段性忠告，是老师的执着和坚持，才使我有了不断前行的动力，才在屡败中依然有勇气攀登学术的殿堂。

与屈先生初识于2004年的"汉语认知语法"讲习班。蒙先生及师母不弃，曾多次为我引介学界知名学者，影印语言学文献和资料。屈师的为人为学精神，值得我一生效仿。

此外，我要感谢多年来鼓励我走"为学"之路的各位师友及家人。感谢原北京外国语大学外国语言研究所李明炎老师，大连外国语大学杨俊峰教授，辽宁师范大学董广才教授，北京外国语大学王克非教授，西安外国语大学党争胜和王和平教授，北京大学许渊冲教授，四川外国语大学董洪川教授，天津外国语大学王铭玉教授，中国人民大学瞿霭堂教授和劲松教授，广东外语外贸大学黄忠廉教授，哈尔滨师范大学赵秋野教授，上海大学方梦之教授和傅敬民教授，中国科学院李亚舒教授，北京师范大学张政教授，四川大学曹明伦教授，北京外国语大学张西平教授、刘润清教授、陈国华教授、马海良教授，中央民族大学王远新教授和同门博士张谊、谭慧颖、董方峰、李翔、楚行军、段满福、秦晓惠等在三年校园生活中给予的帮助和鼓励，感谢首都师范大学刘晓天教授、邱耀德教授、常建勇博士、白晓煌博士、尹华东博士、张秀峰博士、马德峰博士、张淑娥博士、王瑞瑶老师等，以及本人好友陈国兴博士、张晓华博士、张凯博士、寇福明博士、武恩义博士、刘立平博士、马军博士、黄明博士、韩梅博士、王丽华博士、王斌博士、黄振华博士、刘健博士、侯建波博士、李杰博士、叶丽贤博士、吕红周博士、霍韩琦先生、刘长宏先生、金龙杰先生、肖晓辉先生、任宇心先生等在我为学和治学途中给予的帮助，使我得以顺利完成本书稿的写作任务。

我还要感谢我的父母及家人，是他们默默地陪伴和付出，让我在求学的路上没有后顾之忧，终得以完成学业、完成书稿写作，还要感谢北京外国语大学图书馆、中央民族大学图书馆信息咨询部的各位馆员为我搜查和复印相关资料。

谨以此后记献给多年来给予我支持和帮助的人，我内心深处对他们的敬意和感激难以言尽，仅以此著献给所有关心和爱护我的人！

最后，感谢北京市社会科学出版资助对本书的出版给予的支持和资助，以及首都师范大学出版社编辑为本书的付梓付出的心血。

贾洪伟

2016年1月

于京东落魄斋